地方発

多文化共生

の

徳田 剛／二階堂 裕子／魁生 由美子[編著]

しくみづくり

晃洋書房

目　次

序 章

日本の地方部の多国籍化・多文化化の現状と課題

徳田　剛

1　多国籍化・多文化化が進む日本社会

　日本という国は，アイヌなどの少数民族や朝鮮半島や中国などの出身者たちが暮らしていたという事実にもかかわらず，「単一民族神話」がまことしやかに語られるほどに「日本人／日本文化の国」という根強い先入観とともに長らく語られてきた［小熊 1995］。だが，21 世紀に入って 20 数年が経過した現在において，日本社会の多国籍化・多文化化の傾向[1]を否定する人はほとんどいないであろう。とりわけ外国人人口の多い地域では，隣人や職場の同僚，街中のコンビニや飲食店の店員として，外国にルーツを持つ人たちの存在を日常的に目にするようになっている。スポーツの世界では「外国ルーツの日本人」が活躍するケースをしばしば目にするし，学校現場でも，外国籍者や外国にルーツを持つ日本国籍者がクラスメートとなるケースも珍しくなくなった。

　元来はそうした国際的な人口移動が活発とは言えなかった日本の地方部においても，近年では技能実習生・留学生・国際結婚移住者などのニューカマー外国人の存在感が増してきている。田園風景の広がる中，自転車で連れ立って買い物に出かけ，外国語で会話をしながら日用品などを買い求める「外国人」の姿を，多くの地方部においても目にするようになってきた[2]。

　日本国内におけるこうした多国籍化・多文化化，およびその「地方化」の傾向は，移住者・定住者や長期滞在・就労者だけによってもたらされているわけではない。新型コロナウイルスが蔓延する前までは，中国からの観光客を筆頭に，インバウンドと呼ばれる外国人観光客が日本全国の観光地に賑わいと（時には）喧騒をもたらした。かつては外国人観光客の姿を見ることがまれであったようなところにも，インターネットや SNS による情報化の影響でにわかに外国人観光客が急増するようなケースも散見され，ひと頃は「地域産業の活性化」の目玉として，インバウンド向けビジネスの展開やそのための「外国人材」の登用などによる全国的なインバウンド獲得競争の様相を呈していた時期もあった。

　本章の当初の執筆時点である 2022 年後半においては，国際的な人の移動の流

れや（コロナで足が遠のいた）外国人観光客の来訪の本格的な再開には至っていなかったが，出入国の流れを次第に緩めていこうとする方向性はすでに示されており，移住・定住者，長期滞在・就労者，外国人観光客などの人の流れも，元の姿を取り戻しつつある。筆者が暮らす京都でも，2023年に入ってから，国内の観光客や修学旅行生らとともに，外国人観光客（インバウンド）の数が明らかに増加しており，市内の有名観光地での混雑が戻ってきている印象がある。後述の統計資料からも，中長期滞在の外国人についても同様の傾向が見て取れる。

2　日本の外国人人口の推移と現況

　以上のような日本の多国籍化・多文化化のこれまでの推移と現況について，在留資格を持ち日本に定住している外国籍者に着目し，統計データにより確認していきたい。基礎データとして，法務省の集計による在留外国人統計およびその前身の登録外国人統計を用いる。

　外国人人口全体の増減の推移とその「地域差」については次節以降で詳述するが，1990年代に入ってから日系南米人や中国籍人口の急増により増加傾向が続くも，2008年のリーマンショックと2011年の東日本大震災などが原因となって外国人人口は一時期減少傾向を示す。その後，2012年以降は右肩上がりで増加し，2019年12月末時点では293万人台にまで達するが，2020年に入ってからは新型コロナウイルスの蔓延が主要因となってその数を減らすことになった。ところが直近の数値では，20万人ほどの外国人人口の減少分がわずか半年で回復し，さらに過去最多を更新していることが分かっている。

　表序-1では，国・地域別での上位10か国とその他の人口動態についてコロナ禍直前の2019年12月から最近までの「人口数」と半年前との比較による「前回比」を示した。上位5か国は中国，ベトナム，韓国，フィリピン，ブラジルの順であり，これらの国についてはこの間の順位の変動はない。特筆すべき点として，全国的には2020年から2021年にかけての外国人人口数は減少傾向にあり，2019年12月と2021年12月を比べるとおよそ20万人の減少が見られた。だが，その半年後の2022年6月にはコロナ前を超える数にまで増加しており，特にベトナム，フィリピン，ネパール，インドネシアなどの増加が著しい。こうした動きは，新型コロナウイルス感染症の世界的な感染拡大に伴って各国で課された，国境を越えた人口移動の停止や厳しい制約の影響によるものであり，再増加の傾向はその緩和によるものと考えられる。

　それにしても，この直近の2022年前半の動向からは，渡航者にとっての「日本行き」の必要性と受け入れる側の日本各地における来住者へのニーズの高さが改めてうかがえる。近年において日本社会で急速に進行している多国籍化・多文

表 序-1　コロナ下における外国人人口の推移

（単位：人）

	2019.12	2020.6	2020.12	2021.6	2021.12	2022.6
中　国	813,675	786,830	778,112	745,411	716,606	744,551
前回比（%）	－	96.7	98.9	95.8	96.1	103.9
ベトナム	411,968	420,415	448,053	450,046	432,934	476,346
前回比（%）	－	102.1	106.6	100.4	96.2	110.0
韓　国	446,364	435,459	426,908	416,389	409,855	412,340
前回比（%）	－	97.6	98.0	97.5	98.4	100.6
フィリピン	282,798	282,023	279,660	277,341	276,615	291,066
前回比（%）	－	99.7	99.2	99.2	99.7	105.2
ブラジル	211,677	211,178	208,538	206,365	204,879	207,081
前回比（%）	－	99.8	98.7	99.0	99.3	101.1
ネパール	96,824	95,367	95,982	97,026	97,109	125,798
前回比（%）	－	98.5	100.6	101.1	100.1	129.5
インドネシア	66,860	66,084	66,832	63,138	59,820	83,169
前回比（%）	－	98.8	101.1	94.5	94.7	139.0
米　国	59,172	57,214	55,761	53,907	54,162	57,299
前回比（%）	－	96.7	97.5	96.7	100.5	105.8
台　湾	64,773	59,934	55,872	52,023	51,191	54,213
前回比（%）	－	92.5	93.2	93.1	98.4	105.9
タ　イ	54,809	53,344	53,379	51,409	50,324	54,618
前回比（%）	－	97.3	100.1	96.3	97.9	108.5
その他	424,217	418,056	418,019	410,510	407,140	455,488
前回比（%）	－	98.5	100.0	98.2	99.2	111.9
総　数	2,933,137	2,885,904	2,887,116	2,823,565	2,760,635	2,961,969
前回比（%）	－	98.4	100.0	97.8	97.8	107.3

出所：在留外国人統計．

化化がもはや不可逆的なものであることを再確認させるものと言えるだろう。

3　地方在住外国人の動向

　次に，「地方在住外国人の数が近年増加している」という本書が着目している動向について概観したい。前著では，日本の都道府県を「第1群（外国人人口数が10万人以上）」「第2群（2万5千人以上10万人未満）」「第3群（2万5千人未満）」の3つのグループに分類し，とりわけ第3群に属する県の外国人人口数をもって，地方在住外国人の人口動態を確認する手法を採った［徳田 2019］。本書でも同様

表 序-2　外国人人口の多寡に基づく全国の都道府県の3区分

	都道府県名（外国人人口数の多い順）
第1群 （外国人人口数が 10万人以上）	東京都，愛知県，大阪府，神奈川県，埼玉県，千葉県，兵庫県
第2群 （外国人人口数が 2万5千人～ 10万人未満）	静岡県，福岡県，茨城県，群馬県，京都府，岐阜県，三重県，広島県，栃木県，北海道，長野県，滋賀県，岡山県
第3群 （外国人人口数が 2万5千人未満）	宮城県，沖縄県，富山県，山梨県，新潟県，熊本県，福井県，山口県，石川県，福島県，奈良県，香川県，愛媛県，大分県，鹿児島県，島根県，長崎県，山形県，岩手県，和歌山県，宮崎県，佐賀県，徳島県，青森県，鳥取県，高知県，秋田県

出所：2021年12月時点の在留外国人統計をもとに筆者作成。

の手法を採用する。

　表 序-2 は，2021年12月末現在の外国人人口数に基づいた3つのグループへの分類の内訳である。「第1群」は東京・大阪・名古屋の三大都市圏を構成する都府県，「第2群」は南米日系人の集住地域が形成された中部・東海・北関東の各地方を含む太平洋ベルト地帯を中心とした府県によって構成され，「第3群」はそれ以外の，これまでは外国人人口数が決して多くなかった県が含まれる。これら3つのグループの自治体の構成は，人口数の多寡によるグループ内での自治体の順位の変動は見られるものの，前著で依拠した2017年12月末時点のデータと変わっていない。

　都道府県を分類したこれらの3グループごとに外国人人口数の増減（いつ頃，どの程度の人口数が増えたのか）を表したのが，次に示すグラフである。図 序-1 は，第1群，第2群，第3群それぞれの外国人人口数の増減を表したものである。それによれば，リーマンショック（2008年）とコロナ禍の直前（2019年）をピークとする増減傾向に沿う形で3つの自治体群の外国人人口数が推移していることが確認できる。第3群については，2000年代までの増減の振幅はさほど大きくないが，2014年から2019年までの約5年間の増加率が特に高くなっている。

　表 序-3 は，2007年，2012年，2017年と直近の2021年における，3つの自治体群ごとの外国人人口を表したものであり，先のグラフの特徴を節目の時期の数値によって確認する。構成比でみると，第1群の外国人人口が全体の6割強，第2群が3割弱，第3群が1割強という比率となっているが，2010年代においては，第1群の比率の上昇と第2群の下落の傾向が確認できる。第3群については，構成比上は各年ともに11％台と安定的に推移しているが，実数ではここ10年ほどで外国人総数が増加しており，これまで外国人人口が少なかった地方においても，同様に外国人人口が増加していることは明らかである。

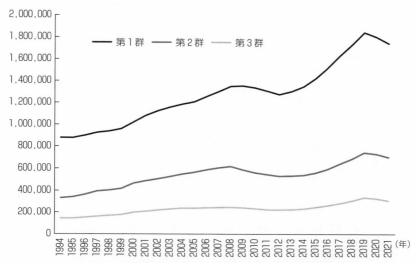

図 序-1　地域の3区分ごとに見た外国人人口数の推移

注：各年12月末時点での人口数。
出所：旧登録外国人統計，在留外国人統計をもとに筆者作成。

表 序-3　地域の3区分ごとに見た外国人人口数の推移

総数	2007	2012	2017	2021
第1群	1,301,359	1,275,517	1,632,617	1,744,404
（構成比）	60.4%	62.7%	63.7%	63.2%
第2群	606,439	531,529	643,344	703,917
（構成比）	28.2%	26.1%	25.1%	25.5%
第3群	245,175	222,812	283,789	310,520
（構成比）	11.4%	11.0%	11.1%	11.2%
未定・不詳	（集計なし）	3,798	227	1,794
総数	2,152,973	2,033,656	2,561,848	2,760,635
	100.0%	100.0%	100.0%	100.0%

注：各年12月末時点の人口数。
出所：旧登録外国人統計，在留外国人統計をもとに筆者作成。

4　国・地域別に見た都市部・地方部の人口分布

　このような外国人人口数の多寡による3つのグループ分けをもとに，さらには国・地域別に分布を見ることで，どの国の出身者が都市部に集中しているか，あるいは地方部も含めて散住しているかを示すことができる。**表 序4-1**から**表 序4-5**は，人口数の上位5か国の外国人人口について，3つの自治体グループに分

表序4-1　3区分ごとの人口推移（中国）

中国	2007	2012	2017	2021
第1群	366,730	417,978	517,834	533,325
（構成比）	61.0%	64.0%	70.8%	74.4%
第2群	143,039	147,750	137,557	122,011
（構成比）	23.8%	22.6%	18.8%	17.0%
第3群	97,120	86,532	75,272	60,979
（構成比）	16.2%	13.3%	10.3%	8.5%
未定・不詳	（集計なし）	335	227	291
総数	600,809	652,595	730,890	716,606
	100.0%	100.0%	100.0%	100.0%

表序4-2　3区分ごとの人口推移（ベトナム）

ベトナム	2007	2012	2017	2021
第1群	23,470	31,253	142,866	224,561
（構成比）	63.7%	59.7%	54.4%	51.9%
第2群	9,776	14,882	74,502	132,158
（構成比）	26.5%	28.4%	28.4%	30.5%
第3群	3,614	6,139	44,927	76,181
（構成比）	9.8%	11.7%	17.1%	17.6%
未定・不詳	（集計なし）	93	110	34
総数	36,860	52,367	262,405	432,934
	100.0%	100.0%	100.0%	100.0%

表序4-3　3区分ごとの人口推移（韓国・朝鮮）

韓国・朝鮮	2007	2012	2017	2021
第1群	419,279	373,986	344,545	297,171
（構成比）	70.6%	70.6%	71.6%	72.5%
第2群	119,423	106,408	94,356	78,044
（構成比）	20.1%	20.1%	19.6%	19.0%
第3群	54,787	47,641	42,372	34,509
（構成比）	9.2%	9.0%	8.8%	8.4%
未定・不詳	（集計なし）	2,013	249	131
総数	593,489	530,048	481,522	409,855
	100.0%	100.0%	100.0%	100.0%

表序4-4　3区分ごとの人口推移（フィリピン）

フィリピン	2007	2012	2017	2021
第1群	114,023	113,173	141,124	151,027
（構成比）	56.3%	55.8%	54.2%	54.6%
第2群	60,759	62,943	83,213	87,505
（構成比）	30.0%	31.0%	31.9%	31.6%
第3群	27,810	26,806	36,008	37,916
（構成比）	13.7%	13.2%	13.8%	13.7%
未定・不詳	（集計なし）	63	208	167
総数	202,592	202,985	260,553	276,615
	100.0%	100.0%	100.0%	100.0%

注：2017年，2021年は韓国籍のみの人口数。

表序4-5　3区分ごとの人口推移（ブラジル）

ブラジル	2007	2012	2017	2021
第1群	126,947	80,377	82,552	87,772
（構成比）	40.1%	42.2%	43.1%	42.8%
第2群	169,454	97,389	92,894	97,721
（構成比）	53.5%	51.1%	48.5%	47.7%
第3群	20,566	12,736	15,822	19,273
（構成比）	6.5%	6.7%	8.3%	9.4%
未定・不詳	（集計なし）	107	94	113
総数	316,967	190,609	191,362	204,879
	100.0%	100.0%	100.0%	100.0%

注：各年12月末時点の人口数。
出所：旧登録外国人統計，在留外国人統計をもとに筆者作成。

けて集計したものである。

　まず，**表序-3** で示された各グループの構成比である「第 1 群＝<u>63.2％</u>，第 2 群＝<u>25.5％</u>，第 3 群＝<u>11.2％</u>」という数値を，**表序 4-1** から**表序 4-5** までの各国・地域別の人口分布を評価する際の基準値とする。本書の主題である地方在住外国人の人口に着目すると，第 3 群の基準値 11.2％ を大きく上回っているのがベトナムの 17.6％，フィリピンの 13.7％ の 2 か国となっている。それに対して中国，韓国，ブラジルはそれを下回っており，都市部に人口が集中する傾向を示している。第 3 群に関する経年変化を見てみると，特に変化が大きいのが中国とベトナムである。中国は 2000 年代には第 3 群のエリアにも多く分布していたが，2010 年代に入ってそのシェアを大きく下げており，とりわけ第 1 群（三大都市圏）への集中が進んでいる様子がうかがえる。その一方で，ベトナムは 2007 年の時点では人口総数も少なく，どちらかというと都市部のシェアが高かったが，2010 年代に入って人口総数が急増するとともに，第 3 群の人口比率が急速に高まっている傾向が見て取れる。次に見る在留資格ごとの分析で明らかにされるが，第 3 群では技能実習の在留資格を持つ者の比率が高いことから，日本の地方部にやってくる技能実習生（以前は研修生と呼称）の出身国が 2000 年代の中国中心から 2010 年代にはベトナム中心へとシフトしていったことが見て取れる。中国籍者の多くが技能実習以外の在留資格で来日するようになり，それとともに地方から大都市圏へと主要な移住先が変化したのであろう。

5　在留資格別に見た外国人人口の分布

　表序-5 は，2021 年 12 月末現在の外国人人口を 3 つの自治体群それぞれについて在留資格別に見たものである（5 つの主要国からの来住者・出身者が多く持つと思われる在留資格を抜粋）。それによれば，主に在日コリアン住民が保有する特別永住者は第 1 群，日系人移民が多く持つ定住者は第 2 群のシェア率が基準値を上回っている。比較的外国人人口が少ない地方部（第 3 群）で基準値を上回っているのは，ここで挙げた中では技能実習と特定技能のみであり，外国人人口が比較的少ない地域では技能実習生の形で多くの外国人が来訪していることを改めて確認できる。

　ここで，かつての研修生，現在の技能実習生の動向について少し深堀りしてみたい。**表序 6-1** は 2007 年の在留資格「研修」（技能実習の前身）について，全国総数と中国籍について都道府県の 3 区分に基づいて示したものである。これによれば，3 つの自治体群の間でのシェアについて，外国人人口が少ない第 3 群では 28.0％ と，2021 年の技能実習総計と変わらない。特徴的なのは，2007 年当時の研修生の 75.6％ が中国からの研修生で占められていることであり，第 3 群にお

表 序-5　外国人人口の地域 3 区分別の比率（在留資格別，一部を抜粋）

2021	総計	特別永住者	永住者	定住者	留学	技能実習総計	特定技能
第 1 群	1,744,404	206,635	545,282	110,893	139,108	99,661	20,265
	63.2%	69.7%	65.6%	55.7%	66.9%	36.1%	40.8%
第 2 群	703,917	64,818	207,840	71,403	46,693	102,528	18,901
	25.5%	21.9%	25.0%	35.9%	22.5%	37.1%	38.1%
第 3 群	310,520	24,946	77,958	16,593	21,887	73,931	10,500
	11.2%	8.4%	9.4%	8.3%	10.5%	26.8%	21.1%
未定・不詳	2,098	24	58	104	126	142	
その他の合計	583	36	182	10	1	93	8
総計	2,760,635	296,416	831,157	198,966	207,830	276,123	49,666
	100.0%	100.0%	100.0%	100.0%	100.0%	100.0%	100.0%

注：技能実習総計は，技能実習 1 ～ 3 号イ・ロを，特定技能は特定技能 1 号・2 号を合計したもの。その他の合計は，総数 10 人以下の市区町村の合計のこと。数値は 2021 年 12 月時点のもの。
出所：在留外国人統計をもとに筆者作成。

表 序 6-1　2007 年の在留資格「研修」の人口数
（総数，中国）

2007	研修（総数）	%	研修（中国）	%
第 1 群	25,571	100.0%	17,011	66.5%
%	29.0%		25.6%	
第 2 群	37,889	100.0%	28,982	76.5%
%	43.0%		43.5%	
第 3 群	24,623	100.0%	20,583	83.6%
%	28.0%		30.9%	
総数	88,086	100.0%	66,576	75.6%
%	100.0%		100.0%	

出所：旧登録外国人統計をもとに筆者作成。

いては 83.6% とその大半が中国人研修生であった。

　表 序 6-2 は，2018 年の在留資格「技能実習」の総計について，3 つの自治体群と主要出身国別（中国，ベトナム，フィリピン）のシェアを表したものである。2007 年の在留資格「研修」と 2018 年の「技能実習」総計を比較してみると，全国では約 8 万 8000 人から約 32 万 8000 人，第 3 群では約 2 万 4000 人から約 9 万人と大幅に人数が増えている。国・地域別で見たときに特徴的なのは，2018 年の中国人技能実習生の数が 2007 年当時の研修生と実数ベースでほぼ変わらず，その比率を大きく下げているのに対し，2007 年当時は全国的に見ても少数にとどまっていたベトナム人の数がこの約 10 年で大幅に増えており，技能実習の在留資格を持つベトナム人の割合が全国および 3 つの自治体群別に見ても，その約

表 序 6-2　2018 年の「技能実習」総計の人口数（総数，中国，ベトナム，フィリピン）

2018	総数	％	中国	％	ベトナム	％	フィリピン	％
第 1 群	109,418	100.0%	23,971	21.9%	57,560	52.6%	9,690	8.9%
％	33.3%		30.8%		35.0%		32.0%	
第 2 群	128,345	100.0%	33,250	25.9%	60,079	46.8%	11,828	9.2%
％	39.1%		42.7%		36.5%		39.0%	
第 3 群	90,586	100.0%	20,582	22.7%	46,860	51.7%	11,828	13.1%
％	27.6%		26.5%		28.5%		39.0%	
総数	328,360	100.0%	77,806	23.7%	164,499	50.1%	30,321	9.2%
％	100.0%		100.0%		100.0%		100.0%	

出所：在留外国人統計をもとに筆者作成。

半数を占めるに至っている。この 10 年間で「中国人研修生」から「ベトナム人技能実習生」へとシフトしている傾向がここに明示されているが，第 3 群では在留資格別に見たときに技能実習生の比率が高いことからも，この「ベトナムシフト」の影響は小さくないと考えられる。

6　地方部での外国人受け入れに見られる諸特徴

　以上において，これまで外国人が比較的少なかった地方部においても 2010 年代に入って外国人人口数がにわかに増加してきていること，そしてその増加分の多くは，ベトナムやフィリピンなどのアジア諸国からの技能実習生が占めていることが確認できた。こうした海外からの人口流入の動向を受けて，日本の地方部における自治体や地域社会の対応はどのような状況にあるのであろうか。筆者が地方部における外国人受け入れについて検討する際には，地方部ならではの特徴や課題として以下の諸点を念頭に置いてきた［徳田 2019；2023］。本書の第 1 章以下の考察に先立ち，議論の前提条件としてここで確認しておく。

　ひとつには，地方部においては特定のエスニックグループなどによる集住地域が形成されにくく，しばしば外国人住民の「散住傾向」が見られること。これには，居住先や就労先を変更し移動する自由を持つ在日コリアンや日系人移民が地方部には少なく，国際結婚移住者・技能実習生など，居住地や就労先の変更が容易ではない人たちが多い，といった事情が関係している。日常的に同じ国や文化圏の出身者との対面的なつながりに事欠く散住地域では，同じ国や地域からの出身者の集住によって構成されるエスニック集団がまとまった形では存在しないことが多く，その代わりとして日本語教室や国際交流協会・NPO などの支援団体，子どもたちが通う学校，地域のエスニックショップや宗教施設（教会，寺院，モスクなど）がホスト社会や同胞との貴重な結節点となっている［徳田・二階堂・魁生

2016]。ただし，地域の中心部から離れたところに暮らしている人びとには，困りごとの相談への対応や日本語習得の機会提供などが難しい現状がある。

2つに，地方部では総じて外国に関する事柄の全般について関心が低い傾向が見られるが，中でも姉妹都市交流などをベースとした「国際交流」に関する活動には熱心であるが，同じ地域に暮らす外国にルーツをもつ人たちへのサポートや多文化共生に関する諸課題が低調となるなど，政策の重点化や資源配分における「偏り」がしばしば見いだされる。

3つに，上記の事情が理由となって，国際交流や多文化共生のための専従部署の設置や職員・スタッフの配置・育成，国際交流協会やこれらの活動に従事する市民団体の設立，およびこれらの部署・団体・スタッフらが活動するための予算の確保が容易ではない。これらの事情の背景には，先に述べた散住傾向によって同じ地域に暮らす外国人住民の姿が見えにくく，地域課題としての認知や（選挙時などでの）政策上の争点化が起こりづらいことも関係しているだろう。地域に暮らす外国人住民へのサポート活動や「多文化共生の地域づくり[3]」などに関心を持って従事しようとする地域住民やボランタリーな市民の数が増えにくく，地域の中で特定の人員や団体に過重な負担がかかりやすい構図が存在する。

4つに，行政・国際交流協会・市民団体などのスタッフが，地方ならではのよく似た課題を抱える他地域の人たちとノウハウを共有したり，研修機会を設けたりすることがこれまで難しかった点も挙げられる。これは，地方部では特に各現場が離れていてお互いにつながりやネットワークを持ちにくかったことや，移民政策や民族・エスニシティ研究などの学術分野において長らく大都市圏や外国人集住地域を対象とする研究が多く，「地方在住外国人の増加とその対応」といったテーマ設定による研究成果の蓄積・発信がなされてこなかったこと等がその理由である。前著および本書の第I部は，そうした対象地域の偏りを補正し，地方部での外国人受け入れや共生についての知見や活動成果を広く発信することを目指したものである[4]。

最後に指摘しておきたいのは，地方部においても農漁業や製造業，医療・福祉分野などのサービス業などにおいて外国人による労働力の移入が不可欠となってきている中で，求人数や給与水準，生活の利便性や文化・娯楽の多寡などさまざまな面で，地方部は都市部や外国人集住地域と比べると明らかな「条件不利地」であり，外国人労働力の誘致・導入に際して「いかにしてこの地に来てもらい，留まってもらうか」が大きな課題となる点である。のちに紹介するように，地方部において現場独自の努力によって，外国からの来訪者や就労者にとって魅力的な地域づくりやさまざまな支援制度・サポート活動を展開している地域や自治体も確かにある。しかし実際のところ多くの現場では，いったん決められた受け入れ先を変更したり居住地を移ったりする自由を持たず，受け入れ先の意に沿わな

い場合は容易に帰国させられてしまうような「技能実習制度」の基本ルールに依拠しながら，地方部での人材確保を何とか維持しているのが実情である。

　大都市圏に比べて地方への外国人・移民労働者の誘致や定着が容易ではないのは，決して日本に限ったことではない。諸外国でも，地方部ではいち早く少子高齢化や人口減少が進行し，外国からの移民や労働者の導入なしには現在および将来的に地域が回らない，といった同様の事情を抱えている。本書の第Ⅱ部の各章でも紹介されるように，大都市圏に偏りがちな外国人や移民の流入経路を地方にも振り分けて，国際的な人口移動に見られる地域間の不均衡を是正しようとするような政策や，各地域の人材ニーズに合った人材を何らかのインセンティブ（優遇措置）とともに募集・採用しようとするような政策を執っている国もある。本書ではこのような政策を「地方誘導型移民政策」と呼ぶが，各国の移民政策の基本的なしくみを把握したうえで「地方に必要な人材を招致することを企図するような移民政策」を例示し，日本の地方部の経済や地域社会にとっては技能実習制度への過度の依存を軽減させうる，新たな「地方誘導型移民政策」の方向性や可能性を探っていくことも重要な課題となっている。

7　地方部での外国人の受け入れは今後も続いていく

　新型コロナウイルスの対策がこのまま緩和されていくのかについては，新たな変異体ウイルスの発現等によって再び規制が強化される可能性もあり不確定要因であり続けてはいるが，今後については以下のように予測できる。2010 年代に急増したベトナムからの技能実習生については，ベトナム本国の経済発展およびもっと「稼げる」移住・就労先の選択肢が増えることなどによって，（とりわけ技能実習生としての）日本行きの人気は「下落」傾向にあるようである［出井 2021］。そうすると，2020 年代にはベトナムからの来住者の減少や，中国，ベトナムからのさらなる「シフト」により，別の国や地域からの技能実習生の本格的な導入が進むかもしれない。

　2020 年からのコロナ禍は，農漁業や製造業，医療・福祉その他のサービス業などでの技能実習生の受け入れを一時的にストップさせ，見込まれていた労働力の確保ができずに生産調整や休廃業に追い込まれる企業や事業所も散見された。技能実習生によって充足されてきた労働力の「代わり」を見つけるのが容易ではないことは，日本への入国に対する規制緩和とともに，すぐさまアジアからの来住者数が「急回復」したことにも表れており，地方部を含む全国の「現場」における技能実習生への「依存度」の高さを想起させる。だが，日本の「外国人受け入れ政策」の拡充によって長期滞在型の在留資格を持つ人たちの定住も進んでいくことだろう。

　こうした地方部における外国人人口の急増と表裏をなすのが，少子化と人口減少の進行とそれに伴う地域社会の活力低下の問題である。地方部の各地においては，以前なら可能であった既存の定住者だけでの維持・存続は今後ますます困難となり，将来的に地方自治体の"消滅"すら起こりうることを指摘するレポートも出されている［増田編 2014］。この問題への対応策についての目下のトレンドは，（主に都市部在住の）若年層の地方移住促進策を競って導入することにあり，大学卒業者や転職者のU・I・Jターンの促進や「地域おこし協力隊」の活用などによる地方への人口誘導策によってなんとか地域の活力と持続可能性を担保しようと各地がしのぎを削っている。だが，全国的な少子化傾向が今後さらに進めば，国内の「都市部から地方部への移動」施策の対象人口じたいが大きく減少していくことから，その政策効果は大きく下がることになるだろうし，昨今のコロナ禍による出生率の低下はそうした傾向を加速させるだろう。

　そうなると，「実効性を伴う有力な人口減少対策」として残るのは，海外からの"人材獲得"への方針転換くらいである。人口減少や少子化の進行によって地方部における人手不足がのっぴきならないところまで進むと，外国ルーツの住民の力を借りながら，地域社会や地元産業を回す「しくみ」について検討し，整備していかなければ立ち行かなくなる。結果として，「国内がだめなら国外から」と多くの自治体で方針転換が図られ，海外からの移住者の獲得競争が激化することも考えられるが，事はそう簡単ではない。近年の日本の「外国人政策」の変更により，「特定技能」の創設など，技能実習制度の延長線上に，長期滞在・就労や家族帯同が可能で，就労先や居住地を変更することができる在留資格の拡充が進みつつある。そうなると，国内の都市部の就労先との「競合」という問題が改めて立ちはだかってくる。[5] また，地方部における人口減少対策として外国からの移民招聘を検討しているのは，当然ながら日本国内各地だけではない。第15章で言及するようにカナダ・オーストラリア・韓国などの国々では，自国の地方部に外国からの移住者を誘致する「地方誘導型移民政策」がすでに導入・実行されており，これら諸外国の地方部との「競合」についても考慮に入れる必要が出てきそうである。何とかして「自地域にやって来た人たちをうまく受け入れる」ことに汲々としているのが日本各地の地方部の現状であるが，中国，ベトナムでの「技能実習離れ」が顕在化しつつある現状に鑑みれば，将来的には「（諸外国から）お願いして来ていただく」，あるいは「お願いしても来ていただけない」ような時代が訪れることも十分に考えられるのである。

　以上のような「未来予想図」から逆算していま取り組むべきなのは，日本国内の優れた取り組み事例や諸外国での地方部への移民誘導策などを学びながら，現行の日本の「外国人政策」や「多文化共生政策」の枠組のなかで，各地でどのような取り組みが可能であるかを，まずは考えることである。具体的には，ここ

10 年ほどでの外国人人口の急増に対し，スタッフ・組織・予算・経験値などさまざまな面で「ないない尽くし」の中で対応を迫られる地方の各現場において，現状としてどのような態勢や政策のもとに諸課題に対応しているかについて，事例の検証を積み重ねていくことである。それに加えて，日本政府および各自治体の外国人受け入れ政策の改変・改善をどのような制度設計のもとに進めていくべきか，外国からの来住者のより望ましい形での受け入れのための「しくみづくり」のためにはどのような方向性のもとに取り組めばよいのか等について早急に検討を進めていくことである。本書の第 I 部と第 II 部が目指すのは，これらの 2 つの課題に対して情報，知見および方向性を示すことにある。

8　本書の構成

　以上に見たような，日本の地方部が外国人人口を受け入れ，ホスト社会との共生と地域の持続的発展へと結びつけていくという大きな課題に際して，本書の第 I 部では「ローカルガバナンス構造」という枠組みに沿いながら，どのような組織・団体・スタッフが互いに連携しあいながら外国人の受け入れやホスト社会での共生に向けた諸課題に取り組んでいるかを明らかにし，その基本的な「しくみ」を明らかにすることを目指す。第 1 章では，外国人の受け入れや包摂の基本構図としての「ローカルガバナンス構造」について概説し，2 章以降では，「行政」，「地域国際化協会」，「企業・事業所」，「市民団体・NPO」，「宗教セクター」，「エスニックコミュニティ」という 6 つの基本セクターについて，その活動状況と成果，取り組み上の課題等について述べていく。第 I 部の各章およびコラムでは，それぞれの現場に詳しい研究者に加え，実際に現場で重責を担いながら実践を積み重ねてきた方々にも書き手に加わってもらっている。

　そして第 II 部では，諸外国の基本的な移民政策とそれに基づいた受け入れ態勢を概観し，とりわけ地方部での外国人受け入れや積極的誘致策などに着目しながら，日本の地方部においてより望ましい形での外国人の受け入れやホスト社会との共生の「新たなしくみ」について構想・提示する。第 15 章において，日本の外国人受け入れに関する基本的な制度としての出入国管理政策等について概観したのちに，韓国，台湾，ドイツ，カナダの順に，諸外国の移民政策と地方部の外国人受け入れに関する政策や取り組み例について紹介する。第 II 部の最後には，カナダ中部のマニトバ州における地域コミュニティ単位での外国人の受け入れおよび定着支援の取り組みについての詳細なレポートも収録している。

　終章では，第 I 部および第 II 部の各章で明らかにされた事例や論点を整理して，今後の日本の地方部における「移民政策」の改善点や新たな方向性についての示唆と問題提起を行う。

● 注

1）本章では，地域社会において外国籍者が増加するような形での社会情勢の変化を「多国籍化」，住民構成における国籍の違い（日本国籍か外国籍か）に関わらず，外国にルーツを持つ地域住民の割合が増加していくような変化を「多文化化」という語で表記する。

2）武田里子は著書『ムラの国際結婚』［武田 2011］の中で，新潟県の典型的な「日本の地方部」の田園風景のなかに，農家への結婚移住によって外国ルーツの女性たちが生活しており，貴重かつ重要な担い手ともなっていることを経験的に描出している。

3）本書のタイトルでも「多文化共生の地域づくり」という表現を採用しているが，異なる文化的背景を持つ人びとが互いの違いを認め合いながら共生する，といったような公式見解で説明される「多文化共生」は，本書においては「出発点」にすぎず，目指すべき「終着点」ではない。最終的には，「移民」すなわち（国籍に関わらず）移動・移住を経験した人たちが地域社会の担い手，支え手としてホスト社会に承認され，参加できるような「社会的共生」の状態に近づけつつ，ともに住みよい地域社会を作り上げていくことこそ，本書の目指すところである。

4）外国人受け入れに関する分野に限らず，所与の政策分野や社会活動についての知識提供や研修などの機会は「開催場所への訪問」を前提とする「直接参加」が原則であった。ところが，コロナ禍への対応として「密」状態の回避とオンラインの形での「リモート参加」のための技術開発・普及が進むことにより，移動距離や普段の活動における人材不足などの理由で「現地参加」が困難であった地方部の人たちがICTを介してセミナーや研修プログラムに参加する道が開かれた，と言ってよいかもしれない。筆者らは，本書のベースとなっている共同研究の成果発表を行う研究会を定期的に開催しているが，2021年度はオンラインのみ，2022年度はオンラインと現地の「ハイブリッド方式」で開催し，参加者からは好評を得ている。また，本書の第11章と第14章の事例では，外国人住民の散住傾向にもかかわらず，SNSなどを介した「オンライン」でのエスニックコミュニティの存在とその有用性が示唆されている。このように，「ウィズコロナ」状況で取り組まれた人びとの集まり方やつながり方についての工夫からは，散住する外国人住民の今後の社会生活およびサポートや共生に向けた諸活動の展開に際して，多くの示唆を得ることができそうである。

5）秋葉・平田・嶋［2022］によれば，外国人介護労働者の就労においては，EPA（経済連携協定）による介護福祉士候補者，在留資格「介護」，特定技能，技能実習などの選択肢があるが，EPAによる候補者への日本国内のニーズの高まりによって競合が生じており，雇用条件の良い都市部の事業所に取られてしまい秋田まで来てくれないという事態が生じている。また，特定技能などの所属する施設の移動が認められている在留資格だとせっかく育てた人材が流出してしまうリスクがあるのに対し，「技能実習は，同じ施設で働かなければいけないという制約があり，施設側にとっては，技能実習生の方が雇用期間の把握やマネジメントがしやすい」ことから，結局は安定的に人を確保できる技能実習生の採用という選択肢が選ばれる，という［秋葉・平田・嶋 2022：54］。

● 参考・引用文献

秋葉丈志・平田友香・嶋ちはる［2022］「秋田県内の先行事例にみる外国人介護労働者受入れの展望」，熊谷嘉隆監修，成澤徳子編集代表，秋葉丈志・豊田哲也・根岸洋編『人口減少・超高齢社会と外国人の包摂——外国人労働者・日本語教育・民俗文化の継承』明石書店.

出井康博［2021］「コロナ禍で加速するベトナム人の日本脱出」（Wedge REPORT 2021年5月21日付コラム）https://wedge.ismedia.jp/articles/-/23021（2021年9月28日閲覧）.

小熊英二［1995］『単一民族神話の起源——「日本人」の自画像の系譜』新曜社.

武田里子［2011］『ムラの国際結婚——結婚移住女性と農村社会の変容』めこん.

徳田剛［2019］「日本の地方部における多文化化対応の現況」，徳田剛・二階堂裕子・魁生由美
　　子編『地方発　外国人住民との地域づくり——多文化共生の現場から』晃洋書房.

―――［2023］「日本の地方部における外国人受け入れの現状と課題」『都市問題』114
　　（2023年2月号），後藤・安田記念東京都市研究所.

徳田剛・二階堂裕子・魁生由美子［2016］『外国人住民の「非集住地域」の地域特性と生活課
　　題——結節点としてのカトリック教会・日本語教室・民族学校の視点から』創風社出版.

増田寛也編［2014］『地方消滅——東京一極集中が招く人口急減』中央公論新社.

I
Part

地方の外国人住民の増加への
各セクターの対応

第1章

地域社会の多国籍化・多文化化対応における
ローカルガバナンス構造

徳田　剛

▶ 1　外国人受け入れ対応の基本的なしくみとは

　本書の第Ⅰ部では，地域社会が外国からの来住者を受け入れるにあたって，「どのような団体や個人が，どのような形で対応しているか」について，地方部の各現場の視点から明らかにしていく。それに先立って，本章では外国からの移住者や外国ルーツの人びとを地域社会が新たな構成員として受け入れていく際の「しくみ」について，その基本構図を確認する。

　本書では，そのような基本的なしくみのことを，地域社会の多国籍化・多文化化対応における「ローカルガバナンス構造」と呼ぶ。外国人の受け入れとその定着を支える地域社会のしくみについては，ひとつに「どのような団体や個人がアクター（活動主体）としてそれぞれの役割分担のもとに活動し，連携しているか」，そして「それらの活動を正当化（あるいは合法化）し権威づけるような社会政策がどの程度存在し，機能しているか」という2つの要素から説明することができる。ここでは前者を「活動資源」，後者を「政策資源」と呼び，以下にその基本的な特徴を素描する。

▶ 2　地域社会における多国籍化・多文化化対応の「活動資源」
　　　──どのような団体・個人が関与しているか

　本章では，外国人の受け入れとその定着を支える諸活動の担い手（アクター＝活動主体）として，「①行政（国・都道府県・市町村）」，「②地域国際化協会（国際交流協会などと呼称される）」，「③企業・事業所（主に外国人の雇用主として関与）」，「④市民セクター（外国人を支援する活動家・ボランティアとその団体等）」，「⑤宗教セクター（外国人に信者を多く持つ宗教団体とその施設）」，「⑥エスニックなコミュニティや団体（同じ国・地域の出身者によって構成される互助的な集団・団体）」の6つを想定している（図1-1）。これらの団体・個人は，海外からの来住者の受け入れと，それに伴って地域内で生じる問題やトラブルの解消，彼ら・彼女らの新たな生活基

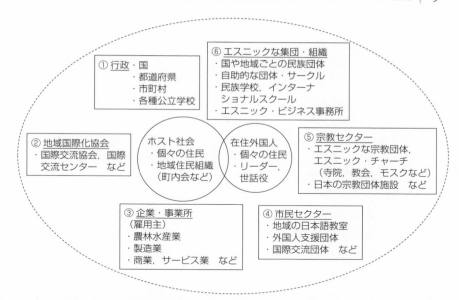

図1-1　地域社会での外国人受け入れの主要セクターの構成（ローカルガバナンス構造）
出所：筆者作成。

盤の確立とスムーズな地域生活への参加を促すために，それぞれの役割や職責を全うすることで分業的に関与している。

　6つのセクターの特徴と相互の関係性については，第Ⅰ部の「解説1〜6」での説明がなされているが，ここではそれらの概要について簡単に説明する。

　① 行政は，その範域の大きさによって「国」，「都道府県」，「市町村」と対応する団体が異なるが，主に税などの財源によって運営され，公共性・公益性・公平性をその基本的な活動原理としている。根拠となる憲法や法律などのルールに従って，国民・地域住民・在留外国人の権利や立場を守ったり，個人の責任を超えた部分での問題解決のサポートなどを行ったりしている。海外から来住して日本に3か月以上滞在する人は居住地の自治体（市区町村）に住民登録をしなければならないので，行政は日本に入国して最初期に接触するホスト社会のセクターということになる。また，行政はその政策課題に関連して地域国際化協会や市民団体と連携したり，雇用者としての企業・事業所を監督・指導する立場になったりすることもあるが，エスニックな集団・組織や宗教セクターと直接的に協働することはあまりない。

　② 地域国際化協会とは，「国際交流協会」や「国際交流センター」などの名称で呼ばれることの多い団体である。1989（平成元）年に発出された旧自治省の「地域国際交流推進大綱の策定についての指針」の中で，地域の国際交流を推進するための「中核的民間国際交流組織」を「地域国際化協会」として認定し，そ

の役割が例示されている。これらの団体は諸外国との交流や住民の異文化体験などを促進する業務を主に担ってきたが，各地の外国人人口の増加に伴い，外国からの来住者への対応やサポート，地元住民と外国ルーツの人びととの交流促進などの「多文化共生」に関する諸業務も担うようになっている。当初は都道府県と外国人人口を多く抱える市町村（大都市が多い）に設置されたことから，その立地は都市部に偏っており，地方部に位置する市町村の中にはそのような団体を持たないところも多い。役割としては，直接外国からの来住者への相談対応をしたり，外国人支援や多文化共生の取り組みにおいて行政，関係する市民団体，時にはエスニックな集団などとも協働したりするが，行政に近い組織原理で運営されているところが多い。

　③ 企業や事業所は，主に利潤を上げることや何らかの社会的な課題の達成を目的として活動する諸団体であり，外国からの来住者にとっては「雇用主」もしくは「商品・サービスの提供者」という立場での関わりが生じる。多くはホスト社会側の構成員によって運営されるが，中には外国からの移住者が自ら事業を起こすエスニック・ビジネスの形を取るものもある。地方部では外国人人口のうち技能実習生の占める割合が大きいことから，技能実習生の受け入れ先としての企業や事業所の動向がとりわけ重要になってくるだろう。

　④ 市民セクターは，ボランティア団体やNPO（特定非営利活動法人）などの，個人の自発的な活動への参加によって運営される任意団体によって構成される。具体的には，日本語教育の機会提供（地域の日本語教室），外国人住民への各種相談やサポート業務など，とりわけ行政や企業・事業所などが取り組みにくい課題に対して機動的に対応するところにその強みがある。だが，序章で述べたように地方部では同じ地域に暮らす外国ルーツの人たちを対象としたボランタリーな活動がさほど一般的でないところが多く，団体の数や参加人数の少なさが悩みどころとなりやすい。

　⑤ 宗教セクターは，同じ信仰を持つ人びとによって運営される団体およびその施設（寺院，教会，モスクなど）を指す。ホスト社会住民を檀信徒とする多くの仏教寺院にとって外国からの来住者は「遠い」存在と言えるかもしれないが，外国人の多くが信仰する宗教・宗派の施設がその地域に存在する場合，そこがホスト社会や同じ出身や信仰を持つ人たちとの貴重な結節点となったり，災害や不況などの危機的な状況の際には，外国人住民への支援活動の拠点となったりすることもある［髙橋・白波瀬・星野 2018］。ただし，信仰を共有しない人や集団とは接点を持ちにくい側面もあり，とりわけ「政教分離」の基本原則を行動原理としている行政との連携は生じづらい。

　最後に，外国にルーツを持つ人びと自らが設立・運営する ⑥「エスニックな集団・組織」が挙げられる。これらの団体や集まりは，ホスト社会においてある

程度の生活基盤や社会的なネットワークを形成することができた外国人住民によって運営され，同胞や異なる国から同じ地域に来住してきた人びとがお互いに助け合ったり交流の機会を持ったりすることができる場所である。具体的には，同じ国や地域から来た人びとによって構成される民族団体，同胞の子女の教育を行うエスニックスクール，外国ルーツの人たちの起業によるエスニック・ビジネスの事業所などが挙げられる。これらの場所は，外国ルーツの人たちにとっては異国の地における「同胞たちが集い，情報を交換し，会話やレクリエーションを楽しむ場」である。また，ホスト社会からすると自地域の中の「異文化」の存在を体現するものであり，通常時や有事における相談先や連携先にもなる。

　以上の6つのアクターが担い手となって相互に協力関係を築きながら，外国からの来住者のサポートや多文化共生の地域づくりに関する諸活動が展開される。これらのアクターとなりうる個人や団体がどの程度地域に存在するかや，各アクターの活動の活発度などを見ることで，その地域の「活動資源」の多寡やその強み・弱みを見積もることができる。

3　地域社会の多国籍化・多文化化対応を後押しする「政策資源」

　地域社会が外国からの来住者を新たな構成員として円滑に受け入れていくには，前節でみたような「活動資源」（どのアクターが地域で活動し，どの程度機能しているか）を見るとともに，地域の中の多国籍化・多文化化対応に関する諸課題を「当該地域で取り組むべき政策課題」として明確に位置付けられているかどうか，そして，その実行のための予算や人員配置の根拠となるような政策やルール，すなわち「政策資源」がどの程度整備されているかを見ておく必要がある。

　地域社会の多国籍化・多文化化への対応を当該地域の必須課題とみなし，さらには地域の持続的発展のための課題のひとつとして積極的な価値づけを行うような政策の存在は，地域に暮らす外国ルーツの人びとを同じ地域の一員として明確に認知し，必要なサポートを提供したり地域社会への参画機会を設けたりするような活動を後押しする。特に地方部では，厳しい財政状況のなかでこれらの活動に従事するセクションでの人員・予算・組織面での縮小・削減が生じやすく，そうした動きに抗いながら必要な諸活動を適切に運用するためにも，上述のような政策面での整備がとりわけ重要になってくる。

　そうした「政策資源」は，具体的には次のような諸課題への取り組みにおいて確認することができる。ひとつに，言語面でのバリアフリー対応がどの程度進められているかについてである。例えば，自治体の都道府県庁，市役所，町村役場等において「言葉の壁」を和らげるための措置として，諸資料・庁内の表示等で

の多言語化や「やさしいにほんご」を用いた資料や表記の導入など，言語面での
対応がどの程度進められているかは，この政策分野に対する当該自治体のスタン
スを図る重要な指標のひとつとなるだろう。

　次のチェックポイントは，地域社会への外国人受け入れを不備なく進め，地域
に暮らす外国ルーツの人たちも交えた「多文化共生」の地域づくりを目指すよう
な，明文化されたルールや政策（法律・条例・中長期計画など）を有しているかどう
かである。このテーマに関する政策内容に直接関係する政策としては，2006 年
に総務省が全国の自治体に策定を指示した「多文化共生推進プラン」がある。こ
れは地域計画の一種で，法律や条例ほどの拘束力を持たないものではある。だが，
筆者がこれまでに行ってきた行政職員や地域国際化協会スタッフらへの聞き取り
調査からは，このプランの存在が外国人住民向けの諸施策の推進に役立った，と
いう声を何度も耳にしており，その存在価値は決して小さくない。

　また，この政策分野に関する「推進派」の首長や議員の存在は，外国人や移民
に関する法律や条例，先の「多文化共生推進プラン」のような諸施策を策定し，
実行していく際に大きな後押しになるだろう。若山将実らは，自治体の首長が多
文化共生政策を重要課題として設定したり，この課題に関して地方議会で質問を
したり担当課に相談したりするような議員がいる自治体ほど，多文化共生政策が
実行されやすいという見解を示している［若山・俵・西村 2020］。地域に来住する
外国ルーツの人びとへの対応についての基本法を持たない日本にあって，地方部
での各種取り組みへの温度差はとても大きい。そうした意味でも，この分野を重
要とみなす首長や議員の存在は，全体としての地域のパフォーマンスを高めるに
あたっては大きな後押しになるだろう。

▼　4　地域社会の多国籍化・
　　　多文化化対応に関するチェックリスト

　以上が，地域社会が外国人住民を受け入れ，外国ルーツの人びとを交えた地域
住民間の共生を実現していくための「活動資源」と「政策資源」である。これら
の諸項目を検証していくことは，特定の地域が有している地域の多国籍化・多文
化化対応に向けたポテンシャル（実現可能性）やその際の「強み」や「弱み」を
浮かび上がらせることになるだろう。また，未達成項目のうち，どの項目が「着
手しやすい」もしくは「取り組みが急がれる」課題であるかなどを把握し，それ
らに優先順位をつける際の根拠にもなる。

　表 1-1 は，本章でこれまでに述べてきた「活動資源」と「政策資源」の諸項目
をリストアップしたものである。本表で示した諸セクターについては，おおむね
市区町村（基礎自治体）の規模の地域を想定している。「0 ＝あてはまらない」は，

そのような組織や個人，取り組みなどが存在しない場合，「1＝あてはまる」は
それらが存在する場合の得点である。それらの組織や個人が多数存在する，また
は活発に活動をしているケースや，この地域の「強み」と言えるくらいに取り組
みや政策課題などが積極的に進められているようなケースでは「3＝大いにあて
はまる」を選択し，3点を記入する。これによって，「活動資源」と「政策資源」
の小計と全項目の総計を算出できる。

　両資源とも高得点の場合は当該地域での多国籍化・多文化化対応が高いレベル
で実行されていることを，いずれも低得点の場合は全体的に低調であることを示
唆するだろう。「活動資源」に比べて「政策資源」が弱い場合は，各現場の取り
組みは活発であるが自治体としての政策的な承認や後押しが不足している可能性
があり，その逆の場合は，地域の多国籍化・多文化化対応についての行政の政策
立案内容に対して，現場の担い手とその実行力が不足している傾向を示唆するも
のとなろう。これから本格的に態勢整備に取り組む，あるいは取り組み状況の検

表 1-1　地域社会の多国籍化・多文化化対応の諸資源に関するチェックリスト

活動資源	1．この自治体には外国人の受け入れや多文化共生施策に関する業務の専従職員がいる。	／3
	2．この自治体には外国語で対応できる職員・スタッフがいる。	／3
	3．この自治体には「多文化」「外国人」などの名称をもった専従の部署がある。	／3
	4．この自治体内には地域国際化協会（国際交流協会など）がある。	／3
	5．この自治体内には外国ルーツの人々向けの日本語教室がある。	／3
	6．この自治体内には外国ルーツの人々をサポートする市民団体がある。	／3
	7．この自治体内には外国人労働者を受け入れている企業や事業所がある。	／3
	8．この自治体内には外国ルーツの人々が集まる宗教施設（寺院，教会，モスクなど）がある。	／3
	9．この自治体内には外国ルーツの人々の子弟が通うエスニックスクールがある。	／3
	10．この自治体内には外国ルーツの人々向けの商品を提供するエスニックショップがある。	／3
	活動資源小計	／30
政策資源	11．この自治体では表示や資料に外国語や「やさしいにほんご」を併記したものがある。	／3
	12．この自治体では外国人の受け入れや共生に関する条例が制定されている。	／3
	13．この自治体には「多文化共生推進プラン」もしくはそれに類する政策目標が策定されている。	／3
	14．この自治体の首長は，政策目標の1つとして外国人の受け入れや多文化共生を掲げている。	／3
	15．この自治体には外国人の受け入れや多文化共生の推進について積極的な議員がいる。	／3
	政策資源小計	／15
	合計	／45

0＝あてはまらない　　1＝あてはまる　　3＝大いにあてはまる

出所：筆者作成。

証とさらなるブラッシュアップを考えておられる現場担当者諸氏には，本表を用いて現状をチェックしてみてほしい。

おわりに

　本章では，地域社会が外国人の新たな受け入れや，外国ルーツの人びとを含めた地域内での「多文化共生」社会を構築していく上での「活動資源」と，その後押しをしていくような「政策資源」について明らかにした。このことによって，地域社会の多国籍化・多文化化を実際に進めていくための基本的なしくみとその担い手の構成（「ローカルガバナンス構造」）が示された。

　本書第Ⅰ部の各章では，「活動資源」で示された6つのセクターごとに，フィールドワークによって現場に詳しい研究者と，各現場のキーパーソンとして活動している人たちの執筆によって，取り組み事例の紹介とそこに見られる諸課題を明らかにしていく。わが国においては政府が長らく外国人の積極的な受け入れを否定してきた歴史があり，諸外国では「移民政策」と呼ばれる諸制度を充実させることに対して消極的であるため，移民政策に関するいわゆる「基本法」の不在等の状況が続いている。加えて，日本政府は法務省，出入国管理庁の監督のもと「出入国管理政策」に関する業務について力を注いできたのに対して，外国人住民へのサポートやホスト社会への「統合政策」については，都道府県や市町村などの自治体と現場の諸セクターの「裁量」に任せてきた経緯がある。「統合政策」については，総務省の監督・指導の下に「多文化共生推進プラン」の策定とそれに即した施策展開を各自治体が促されてきたが，法律や条例のような「強いルール」ではないために，自治体が抱える多様な政策課題の中で優先順位の低いものとされがちで，政策的な裏付けが乏しいまま役所の担当部署や地域国際化協会，市民団体などによる「現場対応」でしのいでいるのが実情である。序章で確認したように，「活動資源」や「政策資源」（あるいはその両方）がとりわけ不足しがちな地方部において，実際にどのような運営や取り組みがなされてきたのかについて，次章以降にて日本の地方部における各セクターの事例を検証し，状況を確認することとしたい。

● 参考・引用文献
　高橋典史・白波瀬達也・星野壮［2018］『現代日本の宗教と多文化共生——移民と地域社会の関係性を探る』明石書店.
　若山将実・俵希實・西村洋一［2020］「地方自治体による多文化共生政策の選択——首長や地方議員の行動および党派性が与える影響の検証」『移民政策研究』12.

行　政

　国や地方自治体などの行政機関は，住民や企業等から徴収した税を財源として，国民や地域住民に対する基本的な各種サービスの提供，範域内で生じた諸問題・諸課題への対応，ハード面や制度面などの生活インフラの整備などを担う団体である。「在留外国人」に関する事柄やホスト社会における「多文化共生」社会の構築なども行政が担うべき重要な課題のひとつではあるが，国境を越えた人の移動に対する「出入国管理」や，近年制定された日本語教育の拠点整備や技能実習制度の適正な運用等の特定課題については法律が制定されているが，いわゆる「移民政策」全般をコントロールする基本法がわが国にはなく，その時々の政策課題に対するアドホックな対応が採られる場合が多い。

　地方部における外国人の受け入れに関しては，2012 年より市町村において住民登録を行うよう制度改変がなされたことにより，正式に地方自治体の所掌事項となったが，先述のようにかつては外国人人口じたいが多くなかったこともあり，多くの地方部の自治体では優先的な政策課題とは位置付けられてこなかった。「多文化」や「外国人」などの名称を持つ専従の部署を持たず，市民・住民課や企画課などの一部署として位置付けられ，予算や人員面で十分な手配がなされていないケースも多い。これまでの政策展開の経緯から，国際交流や異文化理解を主に担当する有期雇用の外国人職員を配するところもあるが，近年増加している東南アジアなどからの来住者とは言語・文化面のミスマッチも生じやすく，十分な対応が採れている自治体は必ずしも多くない。

　また行政組織の特性上，限られた財源からの公金支出による予算措置の制約，人事ローテーション制度による担当職員の変更（言語能力や業務ノウハウを蓄積したスペシャリスト職員の育成がしづらい），住民ニーズの優先や首長交替等による政策変更の可能性を内包するなど，関連課題への持続的な対応がしづらい側面があり，次項以降で取り上げる地域国際化協会や市民団体などと連携し，直接的に課題対応するそれらの団体に対する側面・後方支援や活動環境の整備などの役割において力を発揮するケースが多い。「多文化共生推進プラン」やそれに類する政策目標を掲げつつ，関連団体との連携を取りながらうまく対応している自治体も見られるが，その一方で，協会の不在や活動可能な市民団体が少ないなどの「活動資源の過小」状態にある自治体では，対応に苦慮するケースも散見される。

　次の第 2 章では，近年の法制定により，日本語の学習支援拠点の全国的な整備と日本語教室の「空白地帯」の解消が進んでいる，日本語教育の環境整備について取り上げる。第 3 章では，地方部においては先進的な取り組みで知られる広島県安芸高田市における外国人受け入れと「多文化共生」社会に向けた取り組み状況について紹介する。

［徳田　剛］

第2章

外国人住民に対する日本語教育
——地方部の課題に着目して——

新矢 麻紀子

はじめに

　いかなる国・地域で暮らすにせよ，人にとってことばが必要かつ重要であることは疑いの余地がないであろう。労働，留学，結婚等，さまざまな理由で日本に来た外国人は，第二言語としての日本語を学習する権利を有するはずであり，彼ら・彼女らを受け入れる日本社会には，彼ら・彼女らに日本語学習の機会を提供する責任があるはずである。しかしながら，長きにわたって，日本には移民政策，言語政策は存在せず，日本語教育の公的な体制は整備されないままであった。

　そのようななか，2010年代には外国人の受け入れにかかわる複数の法律や施策が制定されていき，2019年6月に「日本語教育の推進に関する法律」（以下，推進法とする）が国会にて成立し，交付・施行された。それまで，心ある市民によるボランティア活動として位置付けられてきた日本語教育が，外国人をめぐる施策や実践のなかでも最もホットな領域のひとつとして俄かに注目を集めることになったのである。

　本章では，日本における「生活者としての外国人」に対する「地域における日本語教育」（以下，地域日本語教育）の変遷を確認し，法律や制度がどのような施策に反映されているかを明らかにする。特に地方部の日本語教育事情にいかに影響を与えているか，効果を発揮しているかについて検討し，いくつかの地方自治体における特徴ある日本語教育の実践事例を見ていく。そのうえで，本書のテーマである地方部における日本語教育の課題とその解決に向けた方策を検討し，地方部においても多文化共生に資する日本語教育サービスを充実させるには何が求められるのかなど，今後に向けての展望を示すことを試みたい。なお，年少者や就労者対象の日本語教育も同様に重要であるが，紙幅の関係上，本章では扱わない。

1　地域日本語教育の実態と課題

　1970年代頃までは，外国人といえば，留学生，外交官，ビジネス関係者等が，

特定の目的で来日し，一定の期間を主に都市部で生活し帰国する，というのが一般的であった。彼ら・彼女らは，生活支援は所属する大学や企業等の組織によってなされ，日本語教育も専門家による教育が所属組織によって準備されることが多かった。

　1970 年代以降，外国人の来日目的も多様になり，その数も増加する。しかし，日本が国の政策として国費を用いて日本語教育を行ったのは，中国からの帰国者（残留婦人・残留孤児），インドシナ難民，わずかな数の条約難民などに対してのみであった。

　1980 年代に入り，ブラジルなど南米からの日系人，日本人との国際結婚による移住者（主にアジアからの女性）をはじめ，長期滞在または定住を目的とする外国人が増加していく。また，技術研修生（1993 年から技能実習生）の増加も著しい。しかしそこに日本語教育の公的制度はなく，彼ら・彼女ら外国人に対する日本語教育は，長年，数々の課題を抱えてきた。その概要を以下に整理するとともに，地方部において特に顕著な課題については，それを示すこととする。

1-1　日本語教室空白地域

　「生活者としての外国人」に対する日本語教室が開設されていない市町村は「日本語教室空白地域」（以下，空白地域）と呼ばれる。小松［2017］によれば空白地域は当時全国の市町村の 3 分の 2，その後の文化庁日本語教育実態調査によれば，2019 年度 49.5%，2020 年度 49.3%，2021 年度 46.3% と報告されている。このように改善は見られるものの，2021 年度時点で全国の半数近く，877 市町村，17 万 8403 人が暮らす地域には，日本語教室がなく，日本語を学びたい外国人学習者にその場が用意されていない。

　この課題は，地方部でより顕著であることも上記調査から明らかになっている。2021 年度時点で，北海道では 11.7%，沖縄県では 7.3% の地域にしか日本語教室が存在しないなど，4 道県では 8 割以上の市町村が空白地域である。

1-2　日本語ボランティアへの依存

　地域日本語教室の多くは国際交流センター等で開催されている市民ボランティアによる教室である。行政が費用負担も教室の開催に向けた努力もせずに一般市民の善意に依存するフリーライド（ただ乗り）は長年にわたり各地で問題視されてきた。

1-3　地域日本語教育専門人材の不在・不足

　1-2 で述べたように，地域日本語教室は日本語ボランティアによって学習支援や教室運営がなされており，日本語教育の専門家の関与がそもそも少ない。その

理由は，日本語教師が地域日本語教育に関心を持たなかったというよりは，有償での雇用がほとんどなく「職」として成り立たなかった点が大きいと考えられる。

　日本語教育の専門人材のなかでも特に，地域日本語教育では「コーディネーター」の存在が必要かつ重要であることは以前より示されており［日本語教育学会 2008；門倉・新矢・野山 2010］，近年，国によって日本語教育人材の役割や資質・能力が検討され，「地域日本語教育コーディネーター」はその中で最も熟練の段階に位置付けられた［文化審議会国語分科会 2019］。しかしながら，現状では，コーディネーターというポスト自体がない教室や団体がいまだ多く，配置されている場合でも，地域日本語教育の経験がほとんどない人材が「地域日本語教育コーディネーター」や「総括コーディネーター」を務めているケースも少なくない。さらには，十分な人材養成研修体制が構築されていない［同上］ことも課題である。このような日本語教育人材の「質の担保・量の確保」［閣議決定 2020］という課題は全国的にあるが，地方部において一層顕著である。

　日本語教育人材不足に関しては地域日本語教育に限らず地域差が大きく，地方部では深刻である。日本語教師（ボランティアを除く）の4割超が東京都に集中し，山形県と三重県では教師1人当たりの生徒数が東京の約9倍に上ることが報告されている（日本語教育実態調査をもとに日本経済新聞が 2022 年 11 月 9 日の記事で報告）。

1-4　移民向けの第二言語カリキュラムや教材の不在

　日本では，日本語教育の研究・開発に関しては，日本語学校や大学での留学生を対象としたものが中心に進められてきており，「生活者としての外国人」すなわち移民向けの第二言語カリキュラムや教材がほとんどなかった。そのため，留学生用の教材や教育方法が地域の教室で援用されたものの，適切に機能しなかったという実態がある。

　なお 2013 年から文化庁国語課によりウェブサイト「日本語教育コンテンツ共有システム」（NEWS）が運営され，地域日本語教育に向けて各地で開発された教材等が無料公開されているが，活用は一部にとどまり，本来の目的で活用されない事例も見られると報告されている［文化審議会国語分科会 2022］。

1-5　多文化共生の場づくり

　多文化共生という観点から考えれば，日本語ボランティアによる日本語教室は，同じ地域コミュニティに暮らす日本人と外国人が対等に交流し，相互に学び合う場であろう［新矢 2019，他］。しかし，公的に日本語教育保障がなされず，日本語ボランティアによる教室が日本語習得の場としての機能までも担わざるを得ないのが現実である。そのため，日本人と外国人が「先生─学習者」として出会い「日本語を教える・教えてもらう」という行為をとおしてつながることになり，

一方向的で固定的な上下関係が生まれ，対等な隣人関係が築きにくくなってしまう［森本 2001］。

2　日本語教育の充実に向けて——法制化・制度化を中心として

2000 年代に入り，多文化共生をめぐる議論が盛んになってくる。多文化共生社会の実現には外国人の十全な社会参加が必要であるが，そのためには日本語習得・日本語教育が不可欠であると認識され，教育現場の実践者や研究者にも，国にも，政策提言等を含めたさまざまな動きが見られるようになる。

2-1　日本語教育保障／学習権保障の法制化を目指した実践者・研究者の動向

1990 年代以降，日本語教育や移民政策に関わる研究者や実践者の間で法制化の必要性が検討されるようになり，さまざまな動きが起こっていった。2001 年に「東京フォーラム全国ネット」が「東京宣言」および「行動計画」を発出し，2012 年にはそれを発展させた「神戸宣言」が採択された。

2006 年には，筆者ら日本語教育・法学・社会教育の専門家によって「日本語教育保障法研究会」が立ち上げられ，科研費による国内・海外での実態調査を経て，2011 年に「日本語教育保障法案」が取りまとめられた。これは人権的視点を重視した法案で，日本語学習者の学習権のみならず，日本語教育に従事する者の雇用の確保と安定に向けた環境の整備・充実を義務付けるところまで視野に入れた法案である。

また，ほぼ同時期に識字・日本語関係の動きも見られた。2003 年に始まった「国連識字の 10 年」を受け，2006 年に「識字・日本語連絡会」により「識字・日本語学習推進法（仮称）要綱案」が作成されている。

2009 年には，日本語教育学会に「国内外の日本語教育を振興するための法整備を検討し，日本語教育の緊急課題を提示する」ことを目的として「日本語教育振興法法制化ワーキンググループ」が設置され，日本語教育の法制化を目指した取り組みが行われ［日本語教育政策マスタープラン研究会 2010］，「日本語教育振興法案」の骨子として取りまとめられ，提案された［門倉 2012］。さらに，その発展的なものとして「日本語教育法制化推進委員会」が設立され，法案や条例案の作成マニュアル等が作成された［日本語教育学会 2014］。

2-2　国・自治体による政策提言等

国の外国人関連政策としては，共生に関連する語は 1980 年代から見られるものの，本格的に政策用語として用いられるようになったのは，2000 年代後半だ

とされる［神吉 2021］。その代表的なものと言えるのが，総務省による「地域における多文化共生推進プラン」［総務省 2006］である。これが地方自治体に対し多文化共生に関わる指針や計画の策定を促し，その後，毎年，都道府県や政令市の策定状況の調査も実施している。そして，日本語教育に関しても，各自治体が策定した多文化共生に関わる指針に基づいて日本語教育の推進施策等を策定したり，施策の策定までは至らなくとも，日本語教室実施の根拠にしたりしている事例がある。

　近年では，2018 年に外国人受け入れ政策を取りまとめた「外国人の受入れ・共生のための総合的対応策」（以下，総合的対応策）が示され，外国人を日本社会の一員として受け入れ，外国人が日本人と安心して生活することができるよう，より円滑な意思疎通の実現に向け，日本語を習得できるようにすることが極めて重要とされている。2022 年度の改訂では，外国人が生活のために必要な日本語等を習得できる環境の整備とその内容が示された。

　総合的対応策の改訂と同時に，「外国人との共生社会の実現に向けたロードマップ」が示され，生活に必要な日本語やライフステージに応じた日本語の習得機会提供という点から，「円滑なコミュニケーションと社会参加のための日本語教育等の取組」が重点項目として位置付けられている。

2-3　日本語教育の推進に関する法律

　そして，2019 年 6 月には「日本語教育の推進に関する法律」（以下，推進法）が成立，交付施行された。2020 年 6 月には，推進法に基づき「日本語教育の推進に関する施策を総合的かつ効果的に推進するための基本的な方針」（以下，基本方針）が閣議決定され，日本語教育の推進の基本的な方向や具体的施策例等の内容が定められた。推進法には，日本語教育を受けることを希望する外国人等に対し，希望や状況，能力に応じた日本語教育を受ける機会が最大限に確保されなければならないことや，日本語教育に関わる国，地方公共団体，事業主の責務が明記されている。

　基本方針では，日本語教育の対象者が「国内」と「海外」に分けられ，「国内」については幼児・児童・生徒等，留学生等，被用者等（労働者），難民，地域における日本語教育の 5 つに分けられている。地域における日本語教育に関しては，「地域に在住する外国人が自立した言語使用者として生活していく上で必要となる日本語能力を身に付け，日本語で意思疎通を図り生活できるよう支援する必要がある」と記されている。国としては，この法律と基本方針を主たる根拠として，各種事業が展開されることになる。

　その後，2022 年に日本語教育施策の整備・充実の指針として，『地域における日本語教育の在り方について（報告）』が示された。そこには地域日本語教育の基

本的な考え方から「日本語教育の参照枠」に基づく「生活 Can do」をはじめとする具体的な教育内容までが取りまとめられており，各地域で地域日本語教育の在り方を考え，実践を検討する際の「よりどころ」として活用されることが見込まれる［文化審議会国語分科会 2022］。

　さらに，2023 年 5 月に「日本語教育の適正かつ確実な実施を図るための日本語教育機関の認定等に関する法律案」が参議院で可決・成立し，2024 年 4 月に施行することが決まった。この法律によって，日本語教育機関や日本語教員の質が向上することが期待されている。

3　地方部の課題と法整備・制度化による効果
── 文化庁の「生活者としての外国人」向け事業を中心として

　法制化の効果がもっとも顕著に表れているのが，文化庁の日本語教育予算である。推進法が成立した 2019 年度から大きく予算が増額されていることがわかる（図 2-1）。

　では，これらの予算はどのように使用されていったのであろうか。

　1 節で記したように，地方部における日本語教育の課題は，主に日本語教室空白地域と人材不足の 2 点に集約できると言えよう。例えば 2023 年度には 10 の事業が計画されているが，中でも特に地方自治体を支援し，地方格差の解消に有効であると考えられる事業は，「地域日本語教育の総合的な体制づくり推進事業」と「「生活者としての外国人」のための日本語教室空白地域解消推進事業」（以下，空白事業）であろう。これらは推進法を根拠として事業予算が増額されて展開されており，この 2 事業で予算総額の 54%を占めている。

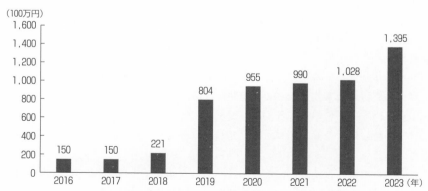

図 2-1　「外国人等に対する日本語教育の推進」予算の推移

出所：文化庁国語課作成「文化審議会国語分科会」資料等をもとに筆者作成。

3-1　地域日本語教育の総合的な体制づくり推進事業

　推進法に基づき，地方公共団体は国との役割分担を踏まえ，地域の実情に応じて日本語教育の推進に関する施策を策定，実施する責務を有している。また，都道府県・政令指定都市は当該地域の日本語教育の企画立案機能を発揮し，域内の市区町村や関連団体等と連携し，日本語教育の環境整備に取り組む体制が求められている。

　そこで文化庁は，2019 年度から「地域日本語教育の総合的な体制づくり推進事業」（以下，体制づくり）を開始した。応募は，都道府県，政令指定都市，またはそれらの指定を受けた地域国際化協会が行うことができる。基本的には事業経費の 2 分の 1 が補助されるが，2023 年度より「日本語教育の参照枠に基づく「生活 Can do」を用いた日本語教育プログラム」を実施する場合には，補助対象経費の 3 分の 2 まで補助率が上がる。2022 年度の実施団体は，全 67 自治体のうち 48 自治体で 72%，2023 年度は 54 自治体で 81％となっている。

　必須とされるのは，有識者等から構成される総合調整会議の設置と総括コーディネーターの配置ならびに地域日本語教育コーディネーターの配置に向けた取り組みである。それ以外はかなり柔軟に各地域の特色ある事業が展開可能である。人材育成，空白地域への日本語教室設置や，間接補助としての市区町村の事業支援も可能である。

　日本語教育の公的保障という観点からも本事業の意義は大きく，例えば，愛知県や兵庫県では，基礎日本語教育を県内の自治体で順次普及していっている。また，山梨県では日本語学校と連携し，専門人材の登用により教育の質の向上をはかっている。

3-2　地域日本語教育スタートアッププログラム

　上述したように，日本語教室空白地域の解消は，早急に解決すべき課題である。文化庁では，2016 年より「地域日本語教育スタートアッププログラム」（以下，スタートアップ）を開始し，2018 年からは空白事業の一環として，日本語教室の立ち上げから安定的運営までの支援を行っている。地域日本語教育専門家 3 名のアドバイザーとしての派遣，日本語教室開設に向けて活動するコーディネーターに対する支援が二本柱となる。事業期間は原則として 3 年継続で，経費は，1 年目 100 万円，2，3 年目が各 150 万円を上限とする。3 年間に教室を立ち上げ，事業終了時には，予算支弁も含め自立して教室運営ができるようになることが目指される。

　スタートアップは地方部にとっては非常に有効なプログラムである。特に地域日本語教育に知識や経験がない自治体がアドバイザーから学び，住民や学習者とともに地域コミュニティのあり方について議論しながら教室をつくり上げるプロ

セスは，日本語教室の枠を超えて地域全体のエンパワメントにつながる点で意義があると考えられる。また，申請書類も簡便で，採択率も非常に高く，活用しない手はないプログラムであることを追記しておきたい。

4　地域における取り組み事例

本節では，3節で紹介した2つの事業を活用している自治体の取り組み事例を紹介する。

4-1　体制づくり事業における都道府県と市町との連携——兵庫県＋三田市

兵庫県では，兵庫県国際交流協会（HIA）が1990年の創設以来，県内の地域日本語教育事業を実施してきた。2011年度で約100の日本語教室が存在したが，2012年度から2015年度の4年をかけて，「セーフティネットとしての日本語教室開設事業」として，日本語教室が存在しない1市8町での日本語教室開設を市町と協働で行った［財部 2015］。文化庁の体制づくり以前の早い時期での画期的な取り組みである。直近2021年の日本語教育実態調査でも，空白地域ゼロは兵庫県だけである。また，同じく体制づくり以前から，常勤の日本語教育専門職員（体制づくり以降コーディネーター）を2～3名配置していることも特筆に値しよう。各種プログラムの設置・運営，県内教室への支援やネットワーキング等，ほぼすべてをコーディネーターが担っている。

兵庫県による体制づくりのなかで「モデル事業」と呼ばれる興味深い事業を紹介する。モデル事業は，県内を神戸市を除く9地域に分け，各地域1市町に委託し，地域の特徴を活かした事業を2年間実施する。それらを地域内に波及することも目指しており，5年間で県全体をカバーする計画である。

以下では，兵庫県が三田市と協働で実施した取り組みとともに，いち早く日本語教育の基本方針を策定した三田市の理念や実践を，地方部の市町村のモデルになる事例として紹介する。

兵庫県三田市は，阪神地域北部に位置するベッドタウンである。2023年3月末時点で，総人口10万7744人，外国人数1197人で総人口に占める割合は1.11％と決して高くないが，総人口が年々減少し，外国人数が増加する（コロナ禍期間を除く）という現象は近年継続しており，今後も外国人比率の上昇が見込まれる。

2022-2023年度に兵庫県の「地域日本語教育の総合的な体制づくり推進事業」による阪神地域のモデル事業として三田市が選ばれ受託した。プロの日本語教師が派遣され，初級日本語講座が開催された。三田市国際交流協会で長年取り組ま

れてきた市民ボランティアによる「日本語サロン」は，外国人と日本人の交流活動の場であり彼ら・彼女らの居場所である一方，日本語教師による日本語教室は，日本語教育保障の場であり，そのどちらもが必要かつ重要である。そして，日本語教育システムの運営には熟達したコーディネーターの存在が必要であると先に述べたが，地域日本語教育の経験が豊かな専門家がコーディネーターを務めており，双方の取り組みを支えている。さらに，兵庫県国際交流協会（HIA）の総括コーディネーター2名による行き届いたサポート体制も事業を成功させることに大きく貢献している。

　具体的に2022年度に実施された事業としては，上記を含め，外国人対象の日本語教室が3コース（初級対面・初級オンライン・子育ての日本語対面）と，受け入れ側の住民や日本語学習支援者対象の「やさしい日本語」をテーマとする講座が3つあった。2023年度は，新たに外国人参加の防災訓練や外国人を雇用する事業者対象の「やさしい日本語」研修も企画されている。

　また，三田市独自の事業として，2023年3月，「三田市地域日本語教育推進基本方針」が策定されたことも，この規模の市町村としては特筆に値する。その趣旨には，「外国人市民が不安なく社会生活を営むことができるよう，関係団体や企業と連携して地域日本語教育の提供体制を整備し，地域住民とともに多文化共生社会の実現に向けた取組を推進していくため，三田市地域日本語教育推進基本方針を策定します。」と書かれており，また，「この方針は，日本語教育の推進に関する法律（以下「日本語教育推進法」）第11条で努力義務として位置付けられている，日本語教育推進のための「地方公共団体の基本的な方針」として策定するものです。」とも説明されている。

　都道府県・政令指定都市でも基本方針を有している自治体は多いとは言えず（例えば，大阪市は2023年6月時点で素案検討中），市町村ではまだほとんどが有していないなかで，外国人数が1000人程度で人口比約1％の市が策定したことは画期的だと言えよう。さらにこの方針の上位には「三田市多文化共生推進基本方針」があり，その上位には「三田市人権施策基本方針」があること，また担当部局が「人権共生推進課」であることにも注目したい。筆者らの調査でも，「外国人の課題は国際関係部局や国際交流協会に任せておけばよい」という認識・構図で，他部局が関与しようとしない自治体は少なくない。しかし，多文化共生にせよ言語教育・言語保障にせよ，その根幹は「人権」であることは今一度確認が必要である。

　また，基本方針の内容や推進体制も興味深い。特に4つの目指す方向性のひとつである「日本語教師とボランティアの両輪で進める地域日本語教育」というあり方は，山田［2002］や日本語教育学会［2008］をはじめ，地域日本語教育の研究者や実践者が長く訴えてきた教育体制が方針として具現化されたものと言えよう。

このように見てみると，第1章で示されたローカルガバナンス構造をなす政策資源と活動資源が豊かに存在していると言えるのではないだろうか。

4-2　スタートアップを活用した日本語教室開設——愛媛県宇和島市

　愛媛県宇和島市は，文化庁事業であるスタートアップを活用し，日本語教室を開設した。愛媛県は地理的・文化的に東予，中予，南予の3地域に大きく分かれるが，宇和島市が位置する南予は過去には日本語教室があったものの，2017年時点では常設の日本語教室が存在しない空白地域であった。2019年4月から2022年3月まで3年間，スタートアップにより教室開設準備と教室のトライアルを実施し，2022年4月から自立し，市の自主財源で教室を継続開催している。

　宇和島市での日本語教室開設までの経緯は次のようであった。南予には国際結婚により現地に在住するフィリピン人を中心とした女性たちがおり，読み書きができないことで生活や就労に苦労していた。「漢字を勉強したい」という彼女らの要望を受け，筆者らの研究グループは，2009年2月から年に1～2回，愛南町と宇和島市に行き，出前漢字教室を開催してきた（筆者は2度目から参加）。宇和島市では，カトリック教会が漢字教室の場所となった。フィリピン人は敬虔なカトリック信徒が多く，日曜日午前に開催される教会のミサには移住女性らも数多く集うことから，筆者らも時々ミサに参加し，ミサ終了後に談話室と呼ばれるキッチン付きの小部屋で，お茶を飲んだり軽食を食べたりしながら，5名前後のフィリピン人女性に1時間程度，漢字指導を行う，という活動を行っていた。またそれと同時に，外国人を受け入れる側である地域コミュニティの変容なしに多文化共生社会の実現は困難であるという気づきから，筆者ら4名で研究プロジェクトを立ち上げ，宇和島市と愛南町で2013年4月から2020年3月まで，移住女性のリテラシーの実態把握と彼女らの生活環境や学習環境（識字環境）の改善を目指したアクションリサーチを行った［新矢・棚田 2015；髙橋他 2019，他］。筆者らが設定したゴールは，両自治体における日本語教室の設置であった。

　そして，これら2つの自治体での結果は対照的なものとなった。愛南町には教室が設置されず，宇和島市にはスタートアップを活用した教室が開設されたのである［髙橋他 2019］。何がこの明暗を分けたのであろうか。

　筆者らは，2017年8月に宇和島市役所の外国人関係部署である商工観光課を訪問し，課長補佐と係長と面談をした。少子高齢化の労働力不足への対応として外国人とともに多文化共生社会をつくる必要性，そして共に暮らす外国人への日本語教育の必要性を伝えた。そこでスタートアップを紹介し，応募を勧めた。職員らの反応は，「市の現状も理解しており，外国人住民への日本語教室もあったほうがいいとは思うが，今すぐに返事はできない。検討しておく」という，ある程度予想されたものであった。ところが，2018年夏に，「スタートアップに応募

してみる」という意思表示がなされたのであった。それを受けて，県の国際交流協会の職員と筆者らが訪問し，応募に向けての準備等について助言を行った。

　この急展開はいかなる事情から生じたのであろうか。それには複数の重要な要因があると考えられる。ひとつは，管轄部署の担当者の「多文化共生」や「日本語教育に対する公的責任」に関する意識と機動力である。これは担当部局が外国人への対応を「自分ごと」としてとらえているかによる。応募を前向きに検討していたであろう 2018 年 9 月に市内で開催された，県の国際交流協会・愛媛大学・JICA 共催の地域日本語教育に関する講座に該当部署の職員 2 名と，他部署からも数名が参加しており，知識や情報の収集に積極的な姿勢が見て取れた。2つ目は，市長をはじめ，市の上層部の理念や意思決定である。2017 年に新市長が，2018 年に新教育長が就任している。彼らとは筆者らも会って話したが，市の将来を考えた時に外国人受け入れが不可欠であることを認識し，多文化共生社会という新たなコミュニティづくりに向けて柔軟な姿勢を有していることが感じられた。3 つ目は，外国人受け入れに前向きな市議会議員の存在である。当時，ある議員が議会で外国人受け入れについて質問をしたそうである。それへの回答作成をとおして職員等の意識啓発につながったとも考えられる。そして 4 つ目は，県の国際交流協会や文化庁からの働きかけである。日本語教育に詳しくない行政職員の不安と戸惑いは大きい。それを解きほぐしつつ，後押ししてくれる相談・支援態勢があることは重要である。この 2 つ目と 3 つ目は，若山他［2020］で述べられている，理解ある自治体首長や議員の存在が重要であるという見解にまさしく当てはまる。今後，他の自治体が制度改革や政策課題解決を進めていくにあたって，大いに参考になるのではないだろうか。

　スタートアップの応募のプロセスや開設準備にはさまざまな苦労が伴ったにちがいないが，応募し，無事に採択され，2019 年度から宇和島市におけるスタートアップが始まった。そこで課題となったのが，人材の発掘と養成である。地域日本語教室にはコーディネーターが不可欠であることは上でも述べたが，地方部には，日本語教育の知識や経験を有し，その地域の実情に通じ，かつ教室をリードできる人材を見出すことは至難の業である。そのため，松山市から愛媛大学で日本語教育を専門とする教員 2 名（1 名は筆者らの研究メンバーである高橋志野教授）がコーディネーターに就任し，片道約 2 時間を通っている。その他の課題をかかえながらも，志高く熱心な担当職員たち，2 名の日本語教育コーディネーター，現地在住で教室運営に関わる 1 名の日本語サポーターを中心に，文化庁から派遣される 3 名のアドバイザー，そして地元の日本語ボランティアたちの協働により，3 年間のプログラムを 2022 年 3 月に無事に満了した。文化庁からも先進事例として多方面に紹介されるなど，広く「優良事業」として高い評価を得た。

　プログラム終了後は，予算や人材，すべてにおいて「日本語教室が自立」をし

ていかなければならない。「自立」から約半年を経て現地を訪問したところ，さまざまな課題が見えた。第一には学習者の減少と広報の課題が担当の商工観光課からあげられた。学習者が集まらないと，予算の継続的確保も困難になる，ということであった。また，担当職員の交代による理念やノウハウの継承の困難さ，支援人材の確保，等がある。さらに，他部署や市民にも日本語教室の情報が浸透しておらず理解が不十分であることや，日本語ボランティア養成の必要性もうかがえた。コーディネーターについても，将来的には地元の人材が担えるように進める必要があろう。

　日本語教室は，まずは「新規開設」というハードルがあるが，それを克服できたとしても，「継続」していくという次のハードルがあることが明らかになった。「自立」「継続」の苦労や困難さは他のスタートアップによる教室においてもよく聞かれるが，地方部においては，特に人材の発掘・確保・育成という課題がより高いハードルとなっていることがあらためて確認された。

おわりに

　本章では，これまでの地域日本語教育の展開について時系列的に把握しつつ，2019年の日本語教育推進法の施行を嚆矢とする，日本語教育に関する法制化や制度化の動きとそれを根拠とする事業の効果について検証した。中でも，これまでに日本語学習機会の提供が困難であった地方部において，法律や制度の整備によって何が変わったか，そして法律の存在をもってしても一朝一夕に状況を好転させることが難しい，地方の現場の課題について事例の検討とともに明らかにすることを試みた。

　本章の考察によって明らかとなったのは，以下の諸点である。まず，日本語教育推進法の交付・施行は，地方部における地域日本語教育の体制整備を「後押し」する要因として作用していることは明白である。その効果はとりわけ，行政や地域国際化協会などの公的セクターの動きの変化に見いだされる。地域日本語教育の文化庁の予算は全体的に大きく増えており，地方部に多く見られる地域日本語教室の「空白地域」の解消に向けた各地での取り組みも，大きく進んだ。第1章の用語でいえば，この分野における「政策資源」が法制定によって大きく底上げされたと言える。移民基本法を持たず，統合政策関連の各課題については「多文化共生推進プラン」での取り組みの推奨にとどまりがちな日本の外国人受け入れ政策の中にあって，日本語教育の分野においては現場の取り組みに対する法制定の効果の大きさが立証されたと言える。

　だが，法律に基づいた運用をもってしてもなお，日本語教育の環境整備に見られる「地域差」，とりわけ後手に回りがちな地方部での課題が一足飛びに解消さ

れるわけではないことも明らかになった。市町村の事例では，地域日本語教育の推進や多文化共生の取り組みにおいて一定の蓄積を有した中で法施行のタイミングを迎えた兵庫県三田市の状況と比べて，近年新たに日本語教室とそのバックアップ体制が立ち上げられた愛媛県宇和島市の事例では，立ち上げ後の「継続」に大きな課題が見られた。日本語教育コーディネーター，日本語教育専門家，日本語ボランティア，および行政の担当課職員という人材確保と育成の難しさが最大の課題である。また，行政内での他の部署や住民の理解と協力の不足，外国人雇用事業所の意識の低さや責任感の不在，日本語教室への参加者の変動やニーズの変化が生じたときの予算や事業継続の根拠づけの難しさなど，この分野における「活動資源」の脆弱さに由来する諸課題が浮き彫りとなった。

　そこで鍵となってくるのは，都道府県の担当課および地域国際化協会による，現場となる市町村や地域日本語教育に対する「中間支援」の動きである。本章で取り上げた兵庫県の事例や本書第4章の京都府国際センターによる支援事業に見られるような，力量豊かなコーディネーターの配置が不可欠であることがあらためて確認できた。地方部における総括コーディネーターや地域日本語教育コーディネーターの人数や力量不足の解消は，地方部の地域日本語教育の発展に向けた大きな課題である。

　なお，地域日本語教育の質の向上と維持には，御舘［2019］も適切な人材配置と役割の明確化，立場の保障が必要であることを指摘しているが，現状のように日本語教師やコーディネーターを非常勤や有期で雇用することでは経験の蓄積も見込めず，有能な人材も得られない。予算を確保し，正規職としてポストを設けなければ，日本語教育体制の，ひいては多文化共生社会の持続的な発展は望めないことを強調しておきたい。

　最後に指摘しておきたいのは，日本のどの地域，自治体にやって来たとしても，新天地での定着や社会参加の成否を大きく左右する「日本語習得機会の提供」は，人として当然のごとく与えられた「権利」として保障されるべきものである，という考え方の重要性である。地域日本語教育の体制整備とその維持に持続的に取り組むにあたっては，外国人住民を受け入れることによる人口政策や地域経済の活性化などの「メリット」を強調するだけでは不十分である。そうした理由づけのみでは，その時々の経済情勢や人材ニーズの変化，あるいは現場担当者や推進派の首長・議員等の交替などの要因によって，取り組みが一気に後退するリスクをはらむからである。

　一方，法務省委託事業として日本に暮らす外国人に対して行われた，日本社会における差別・偏見の有無に関する調査でわかったことは，外国人の日本語習得の度合いに関係なく差別や偏見が存在する，という事実である［人権教育啓発推進センター 2017］。つまり，外国人への日本語学習機会の提供とともに，マジョリ

ティの日本人・日本社会への啓発活動が必要だということである。さらに言えば，世界の 110 の国に設置され，国連の人権理事会からも設立を求める勧告を受けながら未だ設立されていない，政府から独立した国内人権機関の設置も必要であろう［日本弁護士連合会］。難民認定の手続きや収監施設での非人道的な取り扱い，ヘイト事案への日本社会の対応の鈍さなど，日本の「外国人政策」の分野全体においてこのような「人権意識」の希薄さが見られる中で，「第二言語保障としての日本語教育の提供」という発想を浸透させ，制度化していくことの難しさは想像に余りある。法制化により日本語能力が在留の条件になり，差別や排除の手段になってしまえば本末転倒である。この点については，現場の「自助努力」で対応できる次元の話ではなく，他国における第二言語習得機会の提供の政策理念や運用のしくみ，具体的な言語習得プログラムの内容やそれを支える人材の確保・育成のノウハウなどを参照しつつ，日本の現状にあった制度設計について専門家や実践家，政府や各自治体の政策担当者らで知見を共有しつつ，この度の法制化の「先」のありようについて模索し，提言していくしかないであろう。

　「日本のどの地域，自治体にやって来ても必要なレベルの日本語を学ぶことができる」こと，すなわち地域日本語教育の「標準装備」化への道のりはまだ緒に就いたばかりで，「生活者」のみならず，「就労者」や「年少者」への日本語教育も今後ますます注力が必要な分野であり，その道のりは果てしなく長い。だが，実態としてすでに「多国籍・多民族・多文化」になっている日本にとって，避けて通ることのできない道程であり，問題意識の周知をはかりつつ，国・地方自治体・教育現場・研究者・市民（日本人・外国人）が協働し，継続的に取り組んでいかなければならない。

付 記

本研究は JSPS 科研費 JP25580118，JP16K02828，JP20K00712 の助成を受けたものである。

● 参考・引用文献

石井恵理子［2010］「多文化共生社会形成のために日本語教育は何ができるか」『異文化間教育』32.

榎井縁［2020］「移民政策なき日本社会における外国人支援——地域国際交流協会の提言としての実践」『異文化間教育』51.

御舘久里恵［2019］「地域日本語教育に関わる人材の育成」『日本語教育』172.

閣議決定［2020］「日本語教育の推進に関する施策を総合的かつ効果的に推進するための基本的な方針」 https://www.bunka.go.jp/seisaku/bunka_gyosei/shokan_horei/other/suishin_houritsu/pdf/92327601_02.pdf（2023 年 7 月 20 日閲覧）.

門倉正美［2012］「日本語教育学会の日本語教育に関する取り組みと課題」『日本語教育推進会議』報告資料.

門倉正美・新矢麻紀子・野山広［2010］「地域日本語教育システム（1）コーディネーターと地域日本語教育専門家」，日本語教育政策マスタープラン研究会『日本語教育でつくる社会——私たちの見取り図』ココ出版.

神吉宇一［2021］「共生社会を実現するための日本語教育とは」『社会言語科学』24（1）.

金侖貞［2022］「『社会統合』に向けた学びの保障とは——多文化共生社会への壁と課題」，佐藤一子・大安喜一・丸山英樹編『共生への学びを拓く——SDGsとグローカルな学び』エイデル研究所.

公益財団法人人権教育啓発推進センター［2017］『平成28年度法務省委託調査研究事業　外国人住民調査報告書——訂正版』.

（公財）とよなか国際交流協会編，牧里毎治監修［2019］『外国人と共生する地域づくり——大阪・豊中の実践から見えてきたもの』明石書店.

小松圭二［2017］「文化庁における日本語教育施策」『第32回国立大学日本語教育研究協議会』配布資料.

三田市［2023］『三田市地域日本語教育推進基本方針』.

識字・日本語連絡会［2006］『「識字・日本語学習推進法（仮称）」要綱案』.

出入国在留管理庁「外国人材の受入れ・共生のための総合的対応策（過去の資料）」 https://www.moj.go.jp/isa/policies/coexistence/04_00019.html（2023年7月26日閲覧）.

———［2022］「外国人との共生社会の実現に向けたロードマップ」 https://www.moj.go.jp/isa/policies/coexistence/04_00033.html（2023年7月26日閲覧）.

新矢麻紀子［2019］「市民による日本語交流活動の広がり」，（公財）とよなか国際交流協会編，牧里毎治監修『外国人と共生する地域づくり——大阪・豊中の実践から見えてきたもの』明石書店.

新矢麻紀子・棚田洋平［2015］「日本語教室不在地域における国際結婚移住女性のリテラシー補償と社会参加——生活史と学習環境に着目して」『大阪産業大学論集　人文・社会学科編』26.

杉本篤文［2020］「『日本語教育推進法案』の法的意義と課題」『社会言語学　別冊Ⅲ』.

総務省［2006］「地域における多文化共生推進プランについて」 https://www.soumu.go.jp/main_content/000770082.pdf（2023年7月24日閲覧）.

髙橋志野・新矢麻紀子・向井留実子・棚田洋平［2019］「地方部における日本語学習支援——愛媛県南宇和郡愛南町での取り組みから」，徳田剛・二階堂裕子・魁生由美子編『地方発　外国人住民との地域づくり——多文化共生の現場から』晃洋書房.

財部仁子［2015］「空白地域解消に向けたセーフティネットとしての日本語教室開設事業——地域と共につくる日本語教室」平成27年度文化庁日本語教育研究協議会資料 https://www.bunka.go.jp/seisaku/kokugo_nihongo/kyoiku/kyogikai/h27/h27_osaka/pdf/shiryo_6.pdf（2023年7月20日閲覧）.

徳田剛・二階堂裕子・魁生由美子編［2019］『地方発　外国人住民との地域づくり——多文化共生の現場から』晃洋書房.

内閣府［2023］「経済財政運営と改革の基本方針2023　加速する新しい資本主義〜未来への投資の拡大と構造的賃上げの実現〜」（骨太方針2023） https://www5.cao.go.jp/keizai-shimon/kaigi/cabinet/honebuto/2023/decision0616.html（2023年7月10日閲覧）.

日本経済新聞［2022］「日本語教室『空白地域』46％」2022年11月9日記事.

日本語教育学会［2008］『平成19年度文化庁日本語教育研究委嘱　外国人に対する実践的な日本語教育の研究開発（「生活者としての外国人」に対する日本語教育事業）——報告書』.

———［2014］『日本語教育法制化推進委員会最終報告書』.

日本語教育政策マスタープラン研究会［2010］『日本語教育でつくる社会——私たちの見取り

図』ココ出版.

日本語教育保障法研究会［2009］『日本語教育保障法案』.

日本語フォーラム東京ネット［2001］『多文化・多言語社会の実現とそのための教育に対する公的保障を目指す東京宣言──略称：東京宣言』.

──────［2012］『多文化共生社会の実現とそのための教育の公的保障を目指す神戸宣言──略称：神戸宣言』.

日本弁護士連合会「国内人権機関の設立に向けた取組（国内人権機関実現委員会）」 https://www.nichibenren.or.jp/activity/human/human_rights_organization.html（2023 年 7 月 24日閲覧）.

野呂香代子・山下仁編［2001］『「正しさ」への問い 批判的社会言語学の試み』三元社.

文化審議会国語分科会［2019］『日本語教育人材の養成・研修の在り方について（報告）改訂版』 https://www.bunka.go.jp/seisaku/bunkashingikai/kokugo/kokugo/kokugo_70/pdf/r1414272_04.pdf（2023 年 7 月 23 日閲覧）.

──────［2022］『地域における日本語教育の在り方について（報告）』 https://www.bunka.go.jp/seisaku/bunkashingikai/kokugo/hokoku/pdf/93798801_01.pdf（2023 年 7 月 15 日閲覧）.

文化庁［2013］「日本語教育コンテンツ共有システム NEWS」 https://www.nihongo-ews.bunka.go.jp/（2023 年 7 月 25 日閲覧）.

──────［2019］「日本語教育の推進に関する法律について」 https://www.bunka.go.jp/seisaku/bunka_gyosei/shokan_horei/other/suishin_houritsu/index.html（2023 年 7 月 23日閲覧）.

──────［2023］『外国人材受入れ・共生のための地域日本語教育推進事業　地域日本語教育の総合的な体制づくり推進事業』 https://www.bunka.go.jp/seisaku/kokugo_nihongo/kyoiku/chiikinihongokyoiku/（2023 年 7 月 25 日閲覧）.

──────「日本語教育実態調査等」 https://www.bunka.go.jp/tokei_hakusho_shuppan/tokeichosa/nihongokyoiku_jittai/（2023 年 7 月 21 日閲覧）.

──────［2023］『令和 5 年度「生活者としての外国人」のための日本語教室空白地域解消推進事業 地域日本語教育スタートアッププログラムの募集について』 https://www.bunka.go.jp/shinsei_boshu/kobo/93818001.html（2023 年 7 月 22 日閲覧）.

文化庁国語課［2023］「文化庁における国語施策・日本語教育施策（令和 5 年度予算）」文化審議会国語分科会第 84 回 参考資料 6.

文部科学省［2023］「日本語教育の適正かつ確実な実施を図るための日本語教育機関の認定等に関する法律案」 https://www.mext.go.jp/b_menu/houan/an/detail/mext_00042.html（2023 年 7 月 21 日閲覧）.

細川英雄編［2002］『ことばと文化を結ぶ日本語教育』凡人社.

森本郁代［2001］「地域日本語教育の批判的再検討──ボランティアの語りに見られるカテゴリー化を通して」野呂香代子・山下仁編『「正しさ」への問い 批判的社会言語学の試み』三元社.

山田泉［2002］「地域社会と日本語教育」，細川英雄編『ことばと文化を結ぶ日本語教育』凡人社.

若山将実・俵希實・西村洋一［2020］「地方自治体による多文化共生政策の選択──首長や地方議員の行動および党派性が与える影響の検証」『移民政策研究』12.

第3章

安芸高田市の外国系市民をめぐる施策展開

明木一悦

1 安芸高田市と多文化共生の歩み

　安芸高田市は，2009年に人口減対策として多文化共生への取り組みを決定した。2010年には人権多文化共生推進室を設置した。部署の名称については「国際室」と言う声もあったが，アジア系の市民が増える中で，一部市民の潜在意識には，外国系住民を見下した対応や雇用などが見られた。そこで外国系住民の人権擁護に主を置いた政策が必要であると考え，市民部に人権多文化共生推進室を設置した（2014年に人権多文化共生推進課に昇格）。同年に，日本人市民と外国系市

表3-1　アンケート結果から見る安芸高田市民の意識の変化

あなたは外国国籍の方が安芸高田市に住むことをどう思いますか

平成22（2010）年度		平成29（2017）年度	
よいと思う	30.8%	よいと思う	48.4%
あまり好ましくない	8.5%	あまり好ましくない	6.6%
どちらでもない	44.0%	どちらでもない	39.8%
わからない	11.3%	わからない	5.1%

あなたは「多文化共生」という言葉を知っていますか

平成22（2010）年度		平成29（2017）年度	
聞いたことがあり意味も知っている	21.9%	聞いたことがあり意味も知っている	40.0%
聞いたことはあるが意味までは知らない	23.4%	聞いたことはあるが意味までは知らない	28.0%
聞いたことがない	48.8%	聞いたことがない	31.0%

あなたは外国国籍の方と共生すると，よいことがあると思いますか

平成22（2010）年度		平成29（2017）年度	
ある	60.7%	ある	82.0%
ない	28.0%	ない	15.4%

出所：筆者作成。

民を対象に，多文化共生に対する意識調査アンケートを実施している（**表 3-1**）。

　2011 年には多文化共生相談員，多文化共生推進員，通訳翻訳員を招致した。2013 年に第 1 次安芸高田市多文化共生推進プランを，2018 年には第 2 次プランを策定した。安芸高田市の多文化共生推進プラン策定は，コンサルタントや事務局による安芸高田市多文化共生推進プラン（以下「プラン」）の原案がなく，安芸高田市多文化共生推進委員会の外国系住民や地域住民，関係団体に加えて有識者による研修会やワークショップを繰り返し，関係者に出来るだけ寄り添える様に作り込んでいる。プランの実績は，市と NPO 法人安芸高田市国際交流協会が，協働して取り組んできている。2022 年に人権多文化共生推進課は社会環境課多文化共生係となり，第 3 次プラン策定も延期されている。

2　安芸高田市多文化共生推進プランの主な課題

　第 1 次プランは，外国系住民の人権擁護や，他の市民同様の行政サービスが利用できるように，多文化共生啓発を主課題とした。第 2 次プランでは，当初の目的であった人口減対策として外国系住民の人口増加を目指し，地域の魅力づくりと市外からの移住・定住促進，地域行事への参画を主課題とした。そして 2022 年の取り組みは，第 1 次プランを「ホップ」，第 2 次プランを「ステップ」，第 3 次プランを「ジャンプ」とし，そこではこれまで要支援者とされていた外国系市民が支援者として活躍できるプランに仕上げることに期待していた。

3　安芸高田市多文化共生推進への実践

　「協働」：多文化共生の取り組みは，市行政組織だけでは達成できない。多文化共生に関わりある個人団体が関わり推進する必要がある。そこで 2008 年に設立され 2014 年に特定非営利活動法人化した安芸高田市国際交流協会（以下「AICA」）と協働して推進する事を模索した。現在では，市と AICA が協働で実践企画を行い，市が予算化して，AICA が委託事業として実践している。

　「支援活動」：支援と言われる活動は，市役所内と AICA にある外国人相談窓口での相談内容の延長線上にあり，「自転車（電動アシスト自転車）供給」，「防寒着リユース」，「コロナ禍での食糧調達」，「日本語学習」，「子ども学習（学校教育）」，「各種資格取得」，「居住」，「医療」，「家庭問題」等多種多様にわたる。

　「コミュニティづくり」：散住地域では外国系市民の顔が見える関係づくりが難しく，情報交換や共有の機会がない。これは災害など緊急時に於いても，地域内における必要な情報伝達がしづらい状況をもたらす。そのために同言語に

よるコミュニケーションが出来る交流会を行っている。

「地域づくり」：市民どうしが寄り添って暮らせるためには，お互いの文化，生活，宗教等を教えて学ぶことが大切である。食の交流，防災訓練や地域イベントへの参加を通してお互いのことを知り，今後の相互連絡のためにそれぞれの窓口となる者を決めて地域における多文化共生を推進している。

4　安芸高田市の外国系市民が抱える課題

　安芸高田市は，広島県北部の中山間地域に位置する面積約 560 km^2，人口約 2 万 6500 人，外国系市民の割合は 3.0%，その高齢者率 4.0% の自治体である。外国系市民の国籍は，ベトナム人，中国人，タイ人，ブラジル人と続き，在留資格別で見ると技能実習と特定技能が全体のほぼ 8 割を占めている（**図 3-1，3-2，3-3** を参照）。居住地の環境や国別・在留資格別に課題がありひとくくりに外国系市民の課題としてまとめることは難しいが，それぞれが抱える課題事例を示す。

（1）日本国内にいるベトナム人ブローカーの「お金がもっと儲かる」という甘い言葉に誘われて，突然姿を消してしまういわゆる失踪問題がある。以前は，交通機関がバスと JR しかなくて足取りがつかみやすかったが，最近では車で迎えに来るケースもあり見つかりにくくなってきているようである。ブローカーが心の隙間に入ってこられないように常日頃から寄り添い，メンタルヘルスケアに努めているが，支援者側が母語を使えないために結局失踪させてしまったケースもある。そこで現在増えているベトナム人の支援を強化していくために，ベトナム語対応ができる体制づくりをこれから進めて行く予定である。

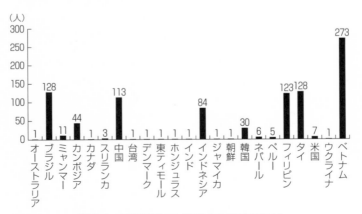

図 3-1　国籍別人口（2022 年 3 月 31 日現在）

出所：筆者作成。

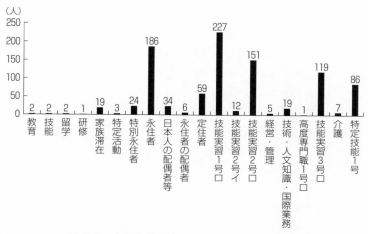

図 3-2　在留資格別人口（2022 年 3 月 31 日現在）

出所：筆者作成。

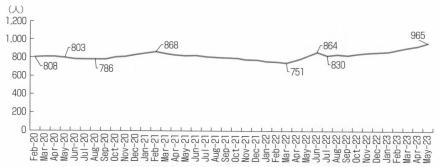

図 3-3　安芸高田市外国系市民人口動向（2020 年 2 月～2020 年 3 月）

出所：筆者作成。

（2）安芸高田市のような中山間地域では，交通手段が暮らしに必要不可欠である。定住者，永住者，配偶者などの在留資格の者は，自動車運転免許を取得している。しかしながら外国系市民の大半を占める技能実習や特定技能の者は，雇用先から貸与された自転車を利用する。地域には公共交通網はあるのだが，利便性が悪く外国系市民の利用はほぼない。時として彼ら・彼女らは，起伏のある道を 1 時間程度かけて買い物に行くこともある。技能実習生や特定技能者のほぼ全員がアジア地域から来ており，彼ら・彼女らは母国ではバイクに乗っていたという。しかしながら，雇用先の命令によりバイク免許の取得が制限されているところもあると聞く。日本人の若い社員がバイク免許を取得するにあたって，雇用先の許可が必要とされているだろうか。バイクに乗る際のリスクマネジメントを徹底させる教育の

実施とともにバイク免許を取得させて利便性を向上させていくことが，地域の魅力につながるのではないかと考える。これから技能実習生や特定技能者に対する免許取得に向けた支援施策に取り組んでいく予定である。

（3）ライフサイクルの中にある就労，生活，地域，教育，医療，金銭，家庭，子育て等の悩みごとや困りごとをどこで相談すればよいのかが周知されていないために，外国系市民が一人で悩んでいるケースが見受けられる。特に受入組合や雇用先に相談できない内容については，特に一人で抱えこまざるをえない。安芸高田市には，外国人相談窓口が市役所と AICA にあり，相談できる時間帯も平日の日中だけではなくて，夕方や週末も対応できる施策を取っている。しかしながら，その存在を転入者に伝えきれていない。今後は安芸高田市への転入時に外国人相談窓口の紹介チラシを渡す仕組みを作る予定である。ただし相談に来る時には1人で来てもらうか，もしくは2人以上できた場合には1人ずつ別々に相談対応をする。これは以前に2人で来た相談者のうちの1人が組合と雇用先のスパイであったために，雇用条件の相談で来た相談者がその後相談に来られなくなった事例があるからである。

（4）外国系市民の多くは日本語の理解ができないために，日本語の情報では届きにくい。また，情報の多言語化にはまだまだ限界があり，情報伝達が十分にできていない。情報発信はしているが，どれだけ見てくれているのか，届いているのかはわからない。これは安芸高田市だけの問題ではなく，全国共通の課題となっている「情報共有の手法」の問題である。一方的な情報発信は，相手にそれを見る意識がなければ届かない。まして日常的に使っていない媒体によって発信しても，見られることはほとんどない。当事者たちも，日常生活に必要な情報でなければ興味はない。AICA では，情報発信から情報伝達へと，情報共有の手法を変化させている。その情報伝達の方法として取り入れたのが，情報多言語化チームの構築とインフルエンサーの拡大である。情報多言語化チームは，ネット上のグループメッセージを使いそこに投稿した原文をそれぞれが感知して，翻訳者が原文を理解した上で伝わる様に翻訳をして返ってくる。それを外国系市民の中にいるキーパーソン（インフルエンサー）にダイレクトメールで送り，友達に拡散してもらう。現在 AICA では6～8言語の対応が可能で，最初に情報展開を依頼するインフルエンサーは，約30人程度存在している。この仕組みは通常のみでなく災害予想及び災害発生時にも，多言語支援センターの情報多言語化チームとして有効な仕組みとなっている。今後は多言語化チームメンバーとインフルエンサーを増員していく予定である。

（5）集落で暮らしている外国系市民とそこで暮らす住民の接点が，なかなか持

てない。そこではコミュニケーションの壁があると考えられており，お互いに付き合いが希薄になっている。お互いに興味はあり近づきたい気持ちはあるようだが，そのきっかけがないようだ。そこで win-win の関係づくりで，地域保全を目指す取り組みとして集落にコーディネーターを入れて地域住民と外国系市民とが寄り添える関係づくりに取り組んでいる。まずは，集落に在住している外国系市民の中からリーダー的存在を探し出して，地域住民の中のリーダーと話せる機会づくりを行う。そこでコミュニケーションにおける言葉の壁を少しでも下げるために「やさしい日本語」が共通言語であることをお互いに理解してもらう。

おわりに

　コロナ禍で近年目まぐるしく在留資格や在留制限が変更され，入管の対応，外国系市民施策や外国系市民をめぐる現状や課題も変化している。それに対応すべく安芸高田市では，在留資格や地域社会の環境の中で起こる課題解決に向けて，外国系市民に向けた施策を展開してきている。まずは本文中で上げている「安芸高田市の外国系市民が抱える課題」を企業，団体，地域，行政そして外国系市民が共有し，新たな公の場として互いに協働し多文化共生社会によるまちづくりを進めて行くことが，将来に存続できる安芸高田市につながると考える。

地域国際化協会

　地域国際化協会は，「国際交流協会」や「国際交流センター」等の名称で呼ばれる一連の団体である。1980年代の終わりごろに，旧自治省（現在の総務省）が当時の「国際交流ブーム」の中で海外の国や地域との交流（自治体外交）を通じて地域社会の発展を図る「地域国際化政策」の一端を担う団体（「地域の中核的民間国際交流組織」）として認定したものである。認定の要件としては，「a 連絡調整会議，b 国際理解講座，c 情報提供事業，d 外国人と地域住民との交流事業，e 施設の管理・運営，f 在住外国人等への相談窓口の設置」の6つが挙げられており，これらが地域国際化協会の主要業務と言ってよい。すべての都道府県と外国人人口の多い大都市を中心に設置されたために，本書で中心的に取り上げている地方部においてはこうした協会を持たない市町村も多く，これらの業務を自治体と都道府県の地域国際化協会がカバーしつつ対応する形がしばしば見られる。

　団体の基本的な位置づけとしては，行政と民間・市民との中間において諸業務を円滑に遂行することを目的とする組織である。先に見た行政組織とは違って，業務内容に合った能力・経験を有する専任・専従のスタッフを長期的に雇用することができることから，地域国際化協会は国際交流や多文化共生に関する諸課題の現場での遂行・対応において重要な役割を果たしている。ただし，所管の地方自治体からの補助金等を主な財源としていることや人事面で役所からの出向や国際交流員の兼務などでサポートを受けていることから，行政組織と類似した組織・運営構造を持っている。その点で言えば，昨今の自治体の財政難の影響を受けて予算面などで厳しい制約のもとに活動しなければならない状況にある。

　また，政府の「地域国際化政策」が（主に自治体外交に関わる）「国際交流」と「国際貢献」についての従来の取り組みに加えて，在留外国人へのサポートや生活環境整備，地域住民と外国人住民との交流および共生を目指す「多文化共生」への取り組みを求めるようになったため，協会の所管業務も増加・拡大の一途をたどっていて，業務遂行に必要な予算・人員の慢性的な不足に悩まされる協会も少なくない。

　以下の第4章では京都府の「京都府国際センター」，第5章では京都府城陽市の「城陽市国際交流協会」の活動例を紹介する。まず，京都府全体および京都府下の市町村の外国人住民の分布や動向が紹介されたのち，同センターが現在力を入れている「日本語教室の空白自治体の解消」に向けた取り組みを中心に，都道府県の地域国際化協会の活動状況とその課題が紹介される。次に，京都府南部の近郊都市である城陽市における外国人人口の現状と協会の沿革，通常の活動内容や今後の課題・見通し等が述べられる。

［徳田　剛］

第**4**章

京都府における国際化の現状と日本語学習支援
──京都府国際センターの取り組みから──

近藤徳明

1 京都府の外国人住民の現状

　京都府の外国人住民は 2022 年現在 6 万 7356 人で，前年から 9736 人の増加となり，過去最多となっている。新型コロナウイルスの影響により一時的には減少したが，入国制限が緩和されて以降は留学生や技能実習生を中心に回復し，再び増加に転じている。国籍別では韓国・朝鮮（2 万 2769 人），中国（1 万 8050 人），ベトナム（7738 人），フィリピン（2738 人），ネパール（2507 人），米国（1668 人），インドネシア（1581 人），タイ（812 人）の順で（図 4-1），在留資格別では特別永住者（1 万 9350 人），留学（1 万 5253 人），永住者（9691 人），技能実習（4627 人），技術・人文知識・国際業務（4410 人），家族滞在（3282 人），特定技能（2454 人），日本人の配偶者等（2341 人）の順となっている（図 4-2）。

　また上位の国籍ごとに主な在留資格を見ると，韓国・朝鮮は特別永住者（84.9%），永住者（5.7%），留学（5.1%），中国は留学（44.1%），永住者（27.4%），技術・人文知識・国際業務（7.0%），ベトナムは技能実習（39.2%），特定技能（16.3%），技術・人文知識・国際業務（16.1%），フィリピンは永住者（46.8%），定住者（13.3%）

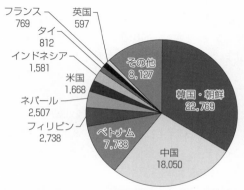

図 4-1　京都府内の国籍別外国人住民数（単位：人）
出所：2022 年 京都府国際課。

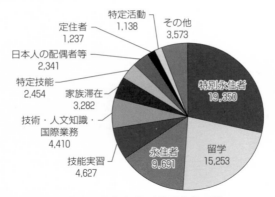

図 4-2　京都府内の在留資格別外国人住民数（単位：人）

出所：2022 年　京都府国際課。

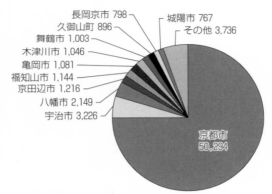

図 4-3　京都府内の市町村別外国人住民数（単位：人）

出所：2022 年　京都府国際課。

日本人の配偶者等（10.3%）となっている。

　市町村別の数を見ると京都市に75%の5万294人が居住し，以下宇治市（4.8% 3226人），八幡市（3.2% 2149人），京田辺市（1.8% 1216人），福知山市（1.7% 1144人）と続き，京都市以外の25市町村に広く散在している状況である（**図4-3**）。

　一方，外国人住民比率で見ると，久御山町（6.0%），宇治田原町（4.6%）は京都市（3.5%）よりも比率が高く，八幡市（3.1%），井手町（2.9%）も含め南部地域では近年外国人住民比率の増加が顕著である。北部においても地域産業の担い手となっている技能実習生や特定技能外国人の流入により増加傾向となっている。

　外国人住民数の推移を見ると，全国ではリーマンショックと東日本大震災の際の減少はあるものの，右肩上がりで増加してきたが，京都府は5万〜5万5000人あたりで増減を繰り返してきた（**図4-4**）。これは，歴史的な経緯によりオールドカマーである特別永住者が多いことによるものだが，ニューカマーの数がオー

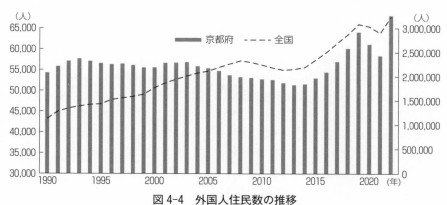

図 4-4　外国人住民数の推移

出所：法務省「登録外国人統計」「在留外国人統計」をもとに筆者作成。

ルドカマーの数を逆転する 2013 年からは全国の推移と同じ動きをするように
なってきた。特別永住者は年々減少を続けており，2006 年には 3 万 1820 人だっ
たが 2021 年には 1 万 9932 人と，少子高齢化や帰化などにより平均して年間約
800 人のペースで減少している。一方，ニューカマーである永住者や定住者，日
本人および永住者の配偶者等の，活動に制限のない「身分・地位に基づく在留資
格」はこの 15 年間で 45％増の 1 万 3528 人となっており，特別永住者の減少を
補って余りある増加を続け，いつかは母国に帰国する「ゲスト」ではなく，地域
社会の構成員として共に暮らす「地域住民」の割合が拡大している。

2　自治体における多文化共生の現状

　京都府は，京都市を除いて各市町村別にみると外国人住民が多いとは言えない
少数散在地域であることから，行政施策において多文化共生や日本語教育など外
国人住民に対する取り組みの優先順位は高くない。自治体の中でも担当部署や役
割分担が明確ではなく，国際交流事業を担当する総務課や秘書課，企画課などが
「外国」つながりで図らずも担当部署になっているような状況である。今後，京
都府内で多文化共生の取り組みを進めていくには，京都府を含め各自治体におけ
る多文化共生の推進に係る指針や計画など拠り所となるものが必要となってくる。
　京都府国際センターは，都道府県・政令指定都市に設置されている総務省認定
の地域国際化協会のひとつである。都道府県の地域国際化協会としては最も遅い
1996 年に設立された。地方公共団体は 1980 年代後半から旧自治省により策定さ
れた「地方公共団体における国際交流の在り方に関する指針」(1987 年)，「国際
交流のまちづくりのための指針」(1988 年) および「地域国際交流推進大綱の策
定に関する指針」(1989 年) に基づき，地域の国際化施策において「国際交流」

に主に取り組んだ。その中で，交流活動を担う中核団体として 1989 年以降に全
国に続々と設立された地域国際化協会は，その後，在住外国人の増加により「多
文化共生」を新たな柱とし，総務省によって 2006 年に策定された「地域における
多文化共生推進プラン」に基づき「内なる国際化」に活動内容をシフトしてきた。

　府内自治体において多文化共生施策の優先順位が低い中，広域自治体の地域国
際化協会である当センターが府内全域で事業を展開していくには，各地域に在住
する外国人住民と直接つながっている市町村の国際交流協会や日本語教室がカウ
ンターパートとして欠かせない存在となっている。一方で，府内には地域国際化
協会である京都市国際交流協会を除き，16 の市町村国際交流協会があるが，協
会の体制としては自治体の所管部署が兼務で事務局を担っているところが多く，
事務局が独立して存在しているケースは少ない。有給スタッフを配置できている
ところはさらに限られる。多くの地域では，協会は存在するが，事業の企画や実
施などその運営はボランティアである役員や会員が無償で担っている状況にあり，
財政的に脆弱である上にマンパワー不足の理由から取り組みが進まないという課
題を抱えている。そのため当センターは中核支援組織として各協会で取り組みが
進めやすくなるよう，さらなる協働の充実を図っていきたいと考えている。

3　日本語学習支援の取り組みについて

　京都府内には現在，26 市町村のうち 17 の市町に 31 の地域日本語教室がある
が，外国人労働者の多い地域では希望者すべてを受け入れられない，北中部など
市町村域が広い地域では教室があってもアクセスが不便なため学習希望者が利用
できない，そもそも教室がない空白地域もあることから，日本語を学ぶ機会が十
分に提供されているとは言えない。

　また，日本語を指導する人材についても，日本語教育について学べる大学や日
本語学校などの教育機関や施設のほとんどが京都市内に集中しているため，特に
アクセスの不便な北部では日本語教室の担い手人材が限られる。そのため，地域
の日本語教育を支えている日本語教室には日本語を専門的に教えられる人材がお
らず，スキルアップを目的とした研修を行おうにも，ボランティア主体の日本語
教室には人的・財政的余裕がない。一部の熱心なボランティアによって教室の運
営がかろうじて成り立っているケースも多く，活動を持続可能なものとしていく
ためには社会全体で支えていく仕組みづくりが必要となる。また，ボランティア
ベースで行われている日本語教室の運営を続けていくにあたり，教室同士の横の
つながり，教室のネットワーク化も問題解決のための情報交換や相互研修が可能
となり有用である。

　これらの課題に対応するため，当センターでは早くから文化庁の「生活者とし

ての外国人」のための日本語教育事業を活用して以下の取り組みを行ってきた。

3-1　人材の養成・研修

　府内各地で日本語支援ボランティア養成講座や研修会を実施し，外国人住民に対して日本語学習の機会を提供する上で大きな役割を担っている「地域日本語教室」の活動を支援・促進している。特に養成講座は講座修了者を中心として，教室の立ち上げを目指すもので，教室空白地の解消にもつながっている。これまで京丹後市を皮切りに，城陽市，南丹市，亀岡市，京丹波町，福知山市，舞鶴市，久御山町の 8 つの地域で講座を実施し，各地域で教室が開設されている。各地域における日本語教室の開設は，外国人住民が集い，その声を聴く機会を得ることにつながり，それまで交流事業を主な取り組みとしていた市町村国際交流協会に日本語学習支援のみならず相談対応や災害時支援など多文化共生推進の取り組みにも目を向けてもらえる契機となったことと，日本語教室という地域におけるカウンターパートを得ることができたという点でも大変有意義な事業となった。

3-2　モデル日本語教室の開催

　外国人住民が日本で生活する上で必要な日本語の習得を支援するとともに，府内各地の地域日本語教室やそこで活動する日本語支援ボランティアをサポートするため，京都府国際センターでは，モデルとなる授業の見学やテキスト・指導書を公開し，授業・運営・カリキュラム・学習教材などについてのモデル事例を提示している。コロナ禍以降はオンラインでの開催となったが，距離と時間の制約から解放され，府内全域の学習者に対して学習機会を提供できるようになった。

3-3　ネットワークの形成

　府内の日本語学習支援体制を整えるため，京都府日本語教室ネットワーク会議を南部と北部でそれぞれ開催し，教室運営の相互把握や課題解決の方策について情報交換するとともに，支援者の交流を促進する機会を設けている。その中で大きな役割を果たしているのが，府内 23 の日本語教室が参加している日本語教室ネットワーク組織「京都にほんご Rings」である。2022 年に 20 周年を迎え，日本語教育を通じた多文化共生社会の推進に貢献したとして，京都府自治功労者表彰（2021 年）や文化庁長官表彰（2022 年）を受賞している。2002 年に当センターの呼びかけにより結成されて以降，日本語学習支援に係る定期的な情報交換や研修会を当センターと協働して実施している。近年は府内日本語教室の情報をまとめた「京都にほんご教室マップ」の作成や，当センターが府内各地で実施する日本語学習支援事業において講師派遣や人材養成プログラムの作成を担うなど重要な事業パートナーとなっている。

おわりに

　地域日本語教室は，日本語を学習する場所であるだけでなく，学習者が他の学習者やボランティアである日本人とつながりを持つ「地域社会との接点」である。平時には地域の生活情報や文化，決まりなどを知る，気軽に相談ができる場であり，災害時には学習者である外国人住民への情報発信や安否確認を行う「セーフティーネット」としても機能する。コロナ禍においてもマスクや消毒液の入手方法，特別定額給付金の申請など日本語教室が情報の入手先として学習者の拠り所となっていた。日本語教室の担う役割は非常に大きなものであるため，当センターは今後も地元市町村や国際交流協会などと協力して，空白地の解消と教室活動が持続可能なものとなるための必要な支援を続けていきたいと考えている。また，外国人住民が日本語で意思疎通を図り，生活できるようになるだけでなく，地域住民が外国人住民と円滑なコミュニケーションを図ることは地域の住みやすさや活性化につながる。こうした日本語教育の意義を受け入れ側の日本人住民に周知し，その必要性を理解してもらうことや，外国人住民を支援の対象としてだけ捉えるのではなく，エンパワメントされることで社会参画ができ，地域の担い手となり共に社会を支えていく存在であるという視点を持って地域で受け入れることが必要となってくる。

　2018 年に政府によって「外国人材の受入れ・共生のための総合的対応策」が策定，2019 年に「日本語教育の推進に関する法律」が公布・施行され，文化庁による「地域日本語教育の総合的な体制づくり推進事業」が実施される中，生活に必要となる最低限の日本語教育は，社会統合政策や言語保障という面からもボランティアの善意と熱意に頼っている現状から脱し，国や自治体の公的な住民サービスとして実施されることが期待される。

第5章

城陽市国際交流協会による多文化共生事業の取り組み

大久保 雅由

1 城陽市の外国人状況

　城陽市は京都府南部に位置し人口7.4万人，大都市近郊の住宅都市である。外国人の住民はこの10年0.7％台から少しずつ上昇し，2020年に1.04％となったが，2021年末は新型コロナウイルス感染症の影響で若干減少している。

　その内訳を（**図5-1**参照）国籍から見ると，韓国・朝鮮の一貫した減少（26.6％減）とベトナム籍の急増（26倍），中国籍の減少（31.2％減），ネパール籍の増加（0から16人），また全体では23か国から28か国と多様化が進んでいる。

　次に，在留資格（**図5-2**参照）をみると2016年以降のデータとなるが，特別永住者が減少（317人から278人，12.3％減），技能実習，技術・人文知識・国際業務，新規の特定技能など就労資格者が増加（98人から217人，120％増）している。家族滞在も10人から24人に増加した。地域の外国人材受入が始まり，それに伴い家族滞在者が少しずつ増加していると思われる。

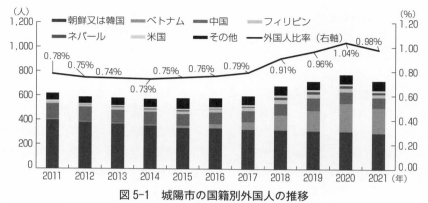

図5-1　城陽市の国籍別外国人の推移

出所：筆者作成。

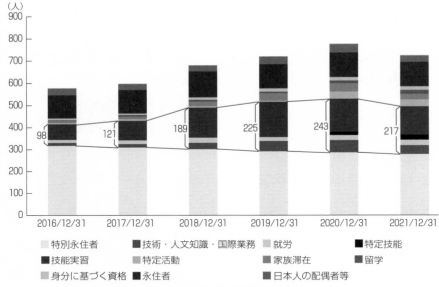

図 5-2 城陽市の在留資格別外国人人口の推移

出所：筆者作成。

2 城陽市国際交流協会の多文化共生事業

　城陽市国際交流協会（以降，当協会と記述する）では，多文化共生に係る事業として，2011 年度から，日本語教室と災害時における外国人支援を行っている。2018 年からは生活情報を中心に多言語による情報提供を進めている。次に，これらの取り組みについて紹介する。

2-1 日本語教室

　当協会では 2011 年からボランティアによる日本語教室の運営を行っている。2010 年以前も小規模ながら数名のボランティアと学習者の教室を実施していたが，2010 年に技能実習生から「日本語教室に入りたい」という問い合せが急増し，受講希望日も土日の要望が高くなり，求められる内容にも変化がでてきた。これを受け当協会では，課題解決に向けて京都府国際センターや京都にほんごRings [1] に協力を得て，日本語支援ボランティアの養成講座を開講し，支援者の増加，強化を行おうという目標を立てた。現在も隔年程度で養成講座を開催し，講座を修了された方々に日本語教室で日本語学習支援をしていただいている。このことが，教室運営における大きな力となっている。

　当協会の教室は，決まった曜日・時間に開催するクラス形式ではなく，学習者

とボランティア支援者をマッチングし，両者で日程，時間を決め，１対１や小グループで学習を行っている。場所は協会内の３つの会議室と市の男女共同参画支援センター（ぱれっと JOYO）を教室として利用している。都合の良い時間で授業日を決め，その日時に利用できる場所が提供できるよう，土日，夜間を含めた利用可能な場所の確保ができたことは，教室の利便性を大きく高めたと考えている。

　教室を継続していく中で気づいた，近年の状況の変化について触れる。教室開催数・学習者数・支援者数（図 5-3 参照）は，2019 年まで毎年増加していたが，2020〜2021 年度は新型コロナウイルス感染症に大きく影響を受け大幅な減少となった。しかしながら，新たに，オンラインでの授業に取り組む支援者もあり，2021 年度は 64％の授業がオンラインでの開催となった。

　学習者の在留資格別の内訳は，就労資格の学習者が 65％，続いて永住者 10％，日本人の配偶者 10％，家族滞在 8 ％などである。コロナ禍前の 2018〜2019 年の２年間は就労資格の学習希望者が非常に増え，急激な変化に対応しきれず，受講の待機や，受講受付の停止をした期間が発生した。コロナが収束し，外国人材の受入が再開された時，同様に学びたい学習者が機会を損失する状況が再び発生するではないかと危惧している。就労者の急増による学習希望者過多において，ボランティアを中心とした日本語教室の努力のみでは，担いきれない現実がある。多様なニーズを持つ多くの学習者にどのように応えていくかは，教室運営側の大きな課題である。しかしながら，学習者の外的条件（時間的条件，学習環境，生活環境，経済的条件など）については，雇用する企業の理解，協力があればできることがあるのではと思う場面にも数多く遭遇し，次の予測される事態に対して改善への糸口を模索している。

図 5-3　日本語教室の開催数・学習者数・支援者数の推移

出所：筆者作成。

　また，学習者の増加については，当市在住以外の学習者が増えているという視点での分析も必要だと考えている。2021年度学習者52人の3分の1程度が市外在住者である。隣接する自治体だけでなく，京都市からの参加者が12%となっている。これは，当協会が交通の利便性の良い場所に所在する立地の条件と，日程の自由度が高いことに起因していると想像できるが，当市内在住で，他の自治体の教室で学んでいる学習者がいることも想像され，近隣地域全体で学習を希望する対象者にどの程度の提供が行えているのかの実態把握をふまえ，今後の教室の設置や拡充にあたるべきだと考える。近郊地域と情報共有を行いながら統計値を分析できればと考えている。

2-2　外国につながる子どもの日本語習得と就学

　ここまで，当協会における日本語教室の取り組みの状況について述べてきたが，もう1点，日本語教室運営から派生する外国につながる子どもの日本語習得，日本での就学の事案に触れておく。当協会では小中学生の転入ではなく，「母国で中学を卒業，または，日本の義務教育満了年数（9年）を達成できていないが，日本の義務教育修了年齢を超えた（学齢超過の）子どもが，中等教育，高等教育を受け，将来日本で定着したいと望んでいるケース」がこれまで5例あった。早急に学習を開始できるレベルの日本語力を身につけ，日本人と同等に生活できるようになることが望ましいと考えるが，日本語教室は学校のように1日複数クラスを受講できる環境の提供は非常に困難である。生活言語だけでなく，学習言語を教えることに対応できる支援者も限られていた。近隣の日本語教室，日本語学校，学校の代わりに学習の場を設けている団体，東京からオンラインで来日直後の子どもにも専門的に対応してくれるYSCグローバルスクールなど，その時々に協力してくれる場所の力を借りることになった。子どもの環境，親の希望などを聞き取り，各協力者，団体などをつなげていくことが支援の中心となるが，市教委や学校にとっても経験のないケースとなるために，相談当初に今後の方針や方向性が示されなかったり，編入までに時間がかかったりするなど課題が浮かび上がった。社会的な体制が整っていない現在，このような子どもたちへの対応は大きな課題であり，より広い連携により，学びの場へつなぐことが必要である。10代後半の青少年の1年，2年を慎重，大切に扱い，現状の市町村転入の行政手続きで配慮されていない義務教育対象以外の子どもの教育については，特に注意を払うべき課題であると考えている。

2-3　災害時外国人支援

　東日本大震災のおこった2011年3月11日の震災，まさにその時間に協会の役員会が開かれていた。大きな船の中のような揺れを経験し，協会は何ができるの

かの検討が必要であると，以後議論が重ねられた。翌日から始まった遠隔地での支援活動への参加から始まり，その後の取り組みも会長，役員の理解，支援のなかで進めることができた。これまで交流や国際理解が中心だった協会事業に災害時の活動を含めることは，大きな変化だったが，東日本大震災以降も，次々と起こる各地での自然災害もあり継続した取り組みを行っている。

　さて，災害時に，少人数の協会で何ができるのか，どうすればよいのだろうと迷いながら当協会は取り組みを開始した。そのような中，2004年中越地震や2007年中越沖地震などでの災害時外国人支援活動をきっかけに設立されたNPO多文化共生マネージャー全国協議会などの府県を越えた団体や人のつながりが力となることを知った。活動団体の連携や，関係者との顔のみえる関係づくりなど，規模や状況の近い協会とひとつの協会ではできないことを一緒にやることで成し遂げられるのではないかと，協働への働きかけを行うことにした。具体的には，平常時においては，防災啓発用の多言語情報の作成や情報交換や訓練を協働で実施するということである。これは，2018年に兵庫県西宮市，京都府京丹後市，広島県安芸高田市の協会と「広域多市連携パートナーシップ協定」を締結するところまで発展することができ，ひとつの結果を出すことができたのではないかと思っている。平常時に協働を行うことで，緊急時に相互支援的に動く準備が整う。それぞれの協会が非常時における人的サポートの体制をイメージでき，実際の災害時に備えた準備の足がかりとなっていると感じている。

　これら外部との連携による支援体制の強化とともに，市内においては，在住の外国人とともに地域の防災訓練に毎年参加する，城陽市のハザードマップの多言語化を行うといった取り組みをしている。地域の防災訓練への参加により，市長をはじめ炊出しを担当する団体などにも外国人住民の存在に対して認知が進み，2017年には市と協会の間で「災害時における外国人支援に関する協定」を締結することができた。

　ここで，外国人災害時支援の取り組みについて経験したことを振り返っておく。整理すると，次の3点について，それぞれの取り組みを行ったことがポイントであったと考えている。

　①外部と連携を行う。
　　・実際に行われた災害時支援の事例やすでに実施している各地の取り組みについて学ぶところから始める。
　　・連携に参加する。情報交換，情報共有，成功談・失敗談を交え協働を行うことは，実際の災害時の支援への大きな準備となる。
　　・他者の取り組み，モデルとなる取り組みは，分析し理解を深くしておくことで，意義の説明，他への働きかけ時に役立つ知識となる。

②自地域において，災害についての認知，対処を広く流布，啓発する活動を行う。

　・対象は外国人だけではない。一般住民，企業，団体，行政など対象を広く考える。

　・ここにこんな人がいます。こんなことがおこるかもしれない，その時どうするか。どこで，誰に，何を知ることで，何ができるかを知って，備える重要性を伝える。

③ 行政と災害時の外国人支援についての体制整備を行う。

　・災害時には地元のスタッフや関係者が被災により支援活動に従事できないケースを想定に含め，他地域との円滑な連携を可能とする計画を整備する。計画と体制については行政との取り決めを行うことが望ましい。

　・地域防災計画において外国人住民が災害時要援護者との位置付けはされているが，具体的な方策まで至っていないことが多く見うけられる。現状を改善するという視点で，意義や地域にとって実現可能な具体的な計画について共有することが大切である。

　上記３点以外に，活動に影響を与えた重要なポイントを１点付け加える。当協会を取り巻く環境において，2018年に京都府と京都府国際センターが「京都府災害多言語支援中核センターの設置・運営に関する協定」を締結した。締結以前より府域での災害時対応についてセンターが連携を推進してきたことが，私たちの地域の活動の重要性を高め，継続した取り組みの必要性を示す大きな後ろ盾となってくれた。

　現在，基礎自治体や都道府県内での取り組みにとどまらず，様々な連携により相互の地域の課題解決が図られる事例も多くなってきた。取り組みが進まない地域において，これらのモデルが活動開始への一助となることを期待している。

2-4　その他の取り組み

① 2019年度から「くらしの情報多言語化事業」として多言語情報の発信を行っている。

　・「城陽市のごみの出し方とカレンダー」の英語版・中国語版・ベトナム語版の作成，毎年更新。

　・映像版「城陽市のごみの出し方」の上記３か国語とやさしい日本語版を市内のNPO法人と協働作成し公開。

② 2020年度以降

　・「城陽市防災ブック」英語版・中国語版・ベトナム語版・やさしい日本語版。2022年度は改訂に伴い更新を予定。

　・新型コロナウイルス感染症に係るやさしい日本語・英語・中国語・ベトナム

　語の情報発信。

　多言語対応による情報発信の取り組みは，大きな前進ではあるが，必要な人や活用してくれる人に届けるという点でまだ課題がある。近年のスマートフォンやAI 翻訳等の技術利用での改善など，これからできることには，まだ努力の余地があるのではと考えている。

　以上，当協会の現状と取り組みを中心に，多文化共生社会の仕組みづくりについての所感を記述した。日本人住民と外国人住民が隣人として対等に同じ目線で暮らせる多文化共生社会の実現に向けて取り組みを続けていきたい。

●注 ―――――――――――――――――――――――――――――――――
　1 ）京都にほんご Rings：京都府内の日本語教室のネットワーク団体，2002 年設立。

企業・事業所

　企業は営利追求を第一目的とした団体であり，地方部では農林水産業，地場産業を含む製造業，商業・サービス業などでそれぞれの企業運営を行っている。事業所は医療・福祉・教育などの事業目的の遂行を目的とした団体であるが，とりわけ高齢化が進む地方部の多くのエリアでは，地域医療や地域福祉などの事業をどのように維持していくかが重要な課題となっている。

　企業・事業所ともに，その目的遂行のために職員・スタッフを雇用することが必要であるが，特に地方部では少子高齢化の進行によって就労可能な年齢層の減少が進んでいる。商品・サービスの価格や最低賃金の低さもあって，都市部などと比べると高い給与を支払っていくことが容易ではなく，選択可能な業種も多くないことから，長年にわたって若年層の人口流出に悩まされ，必要な雇用の確保に苦労してきた企業や事業所も多い。

　近年では，必要な労働力確保の手段のひとつとして，外国からの技能実習生の受け入れに踏み切る企業や事業所が増えてきた。技能実習生に対しては「給与・賃金」ではなく研修や実習の対価が支払われるため，通常の雇用よりも人件費が抑えられる点がよく指摘されるが，送り出し国および日本国内の派遣元への手数料の支払いや実習生の住居・生活環境の整備が必要であるなど，実際にはそれなりのコスト負担が必要である。にもかかわらず，地方部において技能実習生が重用されるのは，いったん決められた実習先（すなわち居住地）を変更することが基本的に認められておらず，そのことのために「より確実な形で人手を確保できること」によるものである。先のコロナ禍では来るはずの技能実習生が来日できなかったことにより必要な労働力が確保できず，事業遂行に大きな支障が生じた企業・事業所も少なくなかったことからも，地方部において技能実習生の存在は「無くてはならない」ものになっている実情がある。

　ここでは，農業，製造業，介護施設での外国人受け入れについて取り上げる。第6章では農業分野で技能実習生の呼び入れが進む背景を整理したうえで，香川県高松市の家族経営農家とそこで就労するベトナム人技能実習生の関係の変化，およびそれを促した要因について考察する。第7章では，製造業全般における外国人労働力の導入，とりわけ技能実習生の位置づけを確認したのち，兵庫県豊岡市で実施された製造業を対象とした調査結果の取りまとめを行う。第8章では愛媛県今治市の島しょ部にある介護福祉施設を取り上げ，関係者へのヒアリングなどをもとに，人口減少地域における介護労働者を確保することの難しさや外国人介護労働者の受け入れに際しての期待と課題などについて，現場の声を収録し考察している。また，コラムでは愛媛県の社会福祉法人の事例として，中国人研修生・技能実習生の受け入れの経緯から現在までの取り組みが紹介される。

〔徳田　剛〕

第6章

農業経営を支える外国人技能実習生
——香川県のある家族経営農家を事例に——

二階堂 裕子

1 事業者と外国人技能実習生の関係をめぐる問い

　日本が慢性的な労働力不足に陥っているなか，持続可能な地域経済の実現に向けて，近年はさまざまな産業分野で外国人労働者の呼び入れが拡大してきた。なかでも「技能実習」の在留資格をもつ外国人が急増している。地域別にみると，東北，中国，四国，九州の各地方におけるほとんどの県では，技能実習生が外国人労働者全体の約半数を占めており［厚生労働省 2023］，技能実習生への依存度はきわめて高い。

　技能実習生の採用が広がるなかで，建設業や製造業の現場では，技能実習生が使い捨て可能なむき出しの労働力として扱われるなど，受け入れ事業者と技能実習生の間の不平等で差別的な関係性をめぐる問題がしばしば指摘されている［惠羅 2018；飯田・伊藤 2021 など］。また，技能実習生は一時的・補完的な労働者として位置づけられており，こうした実態は，発展途上国への技能移転という外国人技能実習制度の本来の目的から乖離しているという批判も少なくない［惠羅 2018など］。このような議論の展開からも，受け入れ事業者と技能実習生の間の望ましい関係構築が焦眉の急であることは論を俟たない。

　ただし，農業の就労現場における両者の関係については，これまでほとんど取り上げられることがなかった。農業分野で受け入れられた外国人材に関しては，主に農業経済学の視座に立った研究の蓄積があるが［堀口編 2017；佐藤 2021 など］，そこで論じられているのは技能実習生が担う業務内容や彼・彼女らの受け入れが農業経営に与えた影響などである。

　そこで，本章では，農業に従事する日本人と技能実習生に焦点を当て，両者の関係のありようを検討する。また，農業という産業の特性が両者の関係に何らかの影響をおよぼすとすれば，それはどのようなメカニズムによるものなのかについて考察する。以下では，まず，農業分野で働く外国人の状況を概観し，そのうえで，当該分野において技能実習生の呼び入れが急激に進む背景を検討する。続いて，ベトナム人技能実習生を受け入れている家族経営農家を事例として取り上

げ，技能実習生と受け入れ側の農業者が，いかなる関係を取り結びながら農産物を生産しているのかを明らかにする。そのうえで，技能実習生と受け入れ事業者の関係を規定する社会的条件について考察を加えたい。

2　農業分野における外国人労働者の受け入れ状況

　農林業センサスによると，主に自営農業に従事する基幹的農業従事者数は，1960 年の 1175 万人をピークにその後減少に転じ，2020 年は 136 万人にまで落ち込んだ。また，2010 年には基幹的農業従事者のうち 65 歳以上の占める割合が 61.1％，平均年齢が 66.1 歳であったのが，2020 年にはそれぞれ 69.6％，67.8 歳へ上昇しており，農業労働力の高齢化に歯止めがかからない状況にある。このように，農業の担い手は，高度経済成長期から半世紀以上にわたって先細りを続けてきた。

　さらに近年は，農業後継者の不在や耕作放棄地の増加による農業の疲弊に加えて，新型コロナウイルス感染症の大流行や，ロシアによるウクライナ軍事侵攻といった世界情勢を背景に，日本の食料自給率はもっぱら右肩下がりを続けている［鈴木 2022］。今，私たちの食と命を支える農業再生のあり方が，かつてないほど大きく問われている。

　日本の農業がこうした喫緊の課題を抱えるなか，農業の労働市場においても海外に人材を求める動きが加速している。**図 6-1** は，農業分野における外国人人口の推移を示したものである。農業で就労する外国人は，2012 年に 1 万 6372 人であったのが，2021 年になると 3 万 8532 人へと急増しており，このわずか 10 年足らずの間で 2.3 倍に膨れ上がった。近年は「特定技能」を含む専門的・技術的分野の在留資格保有者が増加傾向にあるものの，今もおよそ 8 割を技能実習生が占めている[1]。

　現在，技能実習生の最大の送り出し国はベトナムである。外国人技能実習機構［2022］が公表した 2021 年度の技能実習計画認定件数をみると，農業分野では総数 17 万 1387 件のうちベトナム人が 9 万 753 件となっており，全体の 53.0％に及んでいる。その背景には，ベトナム政府が推進する農村の工業化政策と貨幣経済の浸透により，農村部の人びとが離農を余儀なくされ，現金収入の獲得手段として海外就労を選択するという動きがある［川越 2021］。これまで筆者が出会ったベトナム人技能実習生のなかにも，農村出身者が少なくない。

　ところで，農業分野における技能実習生の活用は，労働力不足を解消するための方策にとどまるものではない。現在，収益の向上を目的とした「攻めの農業」に活路を見出そうとする試みが農業経営体の間で広がっている。そうした農業者のなかには，技能実習生の呼び入れによって十分な人材を確保しようとする人び

図 6-1　農業分野の外国人労働者数の推移
出所：農林水産省［2022a］をもとに作成。

とも少なくない［佐藤 2021］。

そこで次節では，昨今の雇用型農業の展開について言及したい。

3　技能実習生の雇用による農業ビジネスの実践

3-1　雇用型農業の浸透

近年，政府が推進する農業経営の大規模化や法人化のもと，生産効率や利益の向上を重視する「ビジネスとしての農業」が普及しつつある。大規模経営の実践には，十分な労働力の安定的な確保が欠かせないので，必然的に農家世帯員以外の人材雇用が進んだ［安藤 2005；佐藤 2021；徳田 2019；堀口編 2017；宮入 2020 など］。

また，米よりも収益性の高い野菜，果樹，花きなどの園芸作物——特に野菜——を生産する園芸農業への転換が各地で図られたことも，農業分野における大きな潮流のひとつであり，これが雇用労働力需要の拡大を促している。都市への出荷を目的とする園芸農業は労働集約的であることから，その運営にあたって，従来の労働力供給源である主婦を中心とした臨時雇いに加え，常雇いの労働者を採用する動きがみられる［佐藤 2021；宮入 2020 など］。このように，「日本の農業構造は，家族継承を前提とした従来の家族経営から，雇用型経営が重みを増している」［軍司 2017：31］のが現状である。

こうした農業領域における趨勢のもと，日本人の常雇い労働者の確保が困難となっている。そのため，原則として転職が認められていない技能実習生は，３年ないし５年の間，通年的に農作業に従事しうる労働者として，今や農業経営に必要不可欠な存在となりつつある［安藤 2005；佐藤 2021；堀口編 2017；宮入 2020 など］。農業労働力を海外に求めることで，単なる経営の維持ではなく，豊かな農業実践への模索が始まっているのだ。

3-2　都市近郊農業の展開

　都市近郊農業では，しばしばこうした経営戦略が見て取れる。**表6-1** は，農業分野における技能実習生の受け入れ数が多い上位10道県を示したものである。いずれも，日本有数の野菜作や畜産が盛んな道県であり，なかでも茨城県，千葉県，群馬県，愛知県，福岡県は，都市近郊という立地条件を活かした農業ビジネスが活発に展開されている地域に該当する。また，日本人を含む常雇いの実人数との関連では，茨城県，熊本県，千葉県，群馬県，愛知県，福岡県，鹿児島県において，常雇いの20%以上を技能実習生が占めている。

　茨城県などにおける都市近郊農業は，市場出荷に加えて，飲食店などへの直販も可能であり，多岐にわたる販売ルートを獲得しやすい。このような大都市圏への近接性を活かした農業ビジネスを実践するうえで，技能実習生が大きな役割を果たしている［安藤 2017］。その一方で，大都市圏から至近距離に立地する県では，日本人の若年労働者が流出しやすいという事情を抱えている［軍司 2017：34］。つまり，主要な野菜作地域では，野菜の大消費地である大都市圏からの至近性によって，若年労働力の確保が困難となり，こうした事情も技能実習生の需要を高める要因になっている。

　以上のように，園芸農業や都市近郊農業の成長にともなって技能実習生の採用が進むなかで，「攻めの農業」の実践者である農業者と技能実習生はどのように関わりながら農産物の生産に取り組んでいるのだろうか。次節からはこうした問いを念頭に置きつつ，両者が取り結ぶ関係の諸相に迫ってみたい。

表6-1　農業における技能実習生の受け入れ上位の道県

	農業分野の技能実習生数（人）a	日本人を含む常雇い数（人）b	常雇いに占める技能実習生の割合（%）a/b
1．茨城県	5,916	8,371	70.7
2．熊本県	3,229	6,318	51.1
3．北海道	2,907	15,430	18.8
4．千葉県	1,963	6,739	29.1
5．群馬県	1,581	3,815	41.4
6．愛知県	1,491	6,090	24.5
7．福岡県	1,421	4,276	33.2
8．鹿児島県	1,371	6,822	20.1
9．長野県	1,290	10,104	12.8
10．宮崎県	878	6,952	12.6
全都道府県	32,419	156,777	20.7

出所：外国人技能実習機構［2022］（a），農林水産省［2021］（b）をもとに作成。

▶ 4　家族経営農家と技能実習生の関係

4-1　農業経営体の大半を占める家族経営農家

　農林水産省が公表した統計によると，2022 年現在で全国における農業経営体は 97 万 5100 経営体で，そのうち個人もしくは世帯で農業を営んでいる個人経営体が 93 万 5000 経営体，それ以外の団体経営体が 4 万 100 経営体となっている［農林水産省 2022b］。近年，個人経営体が減少する一方で，団体経営体は増加傾向にあるとはいえ，農業経営体のうち個人経営体は約 96 ％を占めており，農業経営の主流は現在も家族労働力を土台とした小規模の家族経営であることに変わりない。

　また，2022 年現在で，外国人を雇用する農業分野の事業所数は 1 万 1564 である［厚生労働省 2023］。この 1 万 1564 事業所の内訳に関する情報が公開されていないので，個人経営体と団体経営体の事業所数がそれぞれどの程度を占めているのかは把握できない。ただし，農業経営体に占める個人経営体の割合の高さを考慮すれば，外国人を雇用している事業所の多くは家族経営農家であるといって差し支えないだろう。

4-2　家族経営の規模別にみた技能実習生と農家

　軍司聖詞［2019］は，外国人労働者と家族経営農家に関して，その受け入れ人数を基準に農家を 3 つに分類し，各カテゴリーの受け入れをめぐる特徴を記述している。その 3 つとは，外国人を 1 人ないし 2 人雇用する「小規模家族経営」，3 人ないし 4 人雇用する「中規模家族経営」，および 5 人以上雇用する「大規模家族経営」である。

　軍司によると，まず小規模家族経営は，高齢の経営者もしくは高齢夫婦が後継者の代わりとして外国人を受け入れ，営農を継続させていることにその特徴がある。このタイプでは，後継者の代替である外国人が日本人の家族労働力と同じ作業に従事することや，技能実習生の経験年数に応じて熟練していくことが期待される。加えて，生活面でも家族員に準じた扱いがなされ，労働時間や余暇時間におけるコミュニケーションも密であるケースが多い。そのため，外国人の採用にあたって，農作業能力よりも，優れた人間性を備え，かつ家風に合った人物が慎重に選抜される傾向にあり，雇用主が自ら外国人送出国に赴き面接選考に参加することも少なくないという[2]［軍司 2019：42-3］。

　これに対して，中規模家族経営は，外国人と日本人の家族労働力を合わせて 6 人から 8 人が農作業に従事するタイプで，外国人は従来採用してきた日本人常雇や臨時雇の代わりとして受け入れられる。外国人は純粋な雇用労働者であり，選

考の際は農作業能力の有無が重視される。また，選考作業は農家が受け入れ機関（監理団体）に委託するケースが多い。農作業においては，日本人が高度な作業を担当する間，外国人は単純作業を行うといった分業制が取られる場合もある。通常，外国人と日本人は食事や余暇の時間を別々に過ごし，トラブルの防止・処理や日本人農家と外国人双方のケアなどはもっぱら受け入れ機関が担うという場合がほとんどだという［軍司 2019：43-4］。

　さらに，大規模家族経営では，外国人のほかに日本人の常雇いや臨時雇いが採用されている場合が多く，日本人には高度な作業への従事に加えて，外国人の監督者としての役割が期待される。家族労働力は営農計画に沿って班長の日本人を差配し，日本人は自班の外国人の作業を差配するという分業体制が敷かれている［軍司 2019：44-5］。

　以上から，小規模家族経営では人間性に優れた外国人を採用し，家族同然の密な関係性によってトラブルを回避しようとする傾向があるのに対して，中規模や大規模では外国人が労働者として認識されやすく，彼・彼女らの監理は受け入れ機関や日本人班長の任務として位置づけられているようすがうかがえる。また，中規模や大規模と比べて，小規模家族経営では外国人と日本人が同じ作業を担う場合が多いという特徴も見て取れる。

　こうした家族経営農家の構造的特徴をふまえたうえで，次節では香川県で農業を営む 60 代の夫婦とベトナム人技能実習生を事例として取り上げ，小規模家族経営農家における就労と生活の実態に迫ってみよう。

▶ 5　持続可能な農業の実現をめざす 家族経営農家と技能実習生

5-1　技能実習生の受け入れ

　47 都道府県のなかで面積が最小である香川県は，農家 1 戸当たりの平均耕地面積が 0.6 ha で，北海道を除いた全国平均 1.3 ha の半分以下にとどまる［農林水産省 2021］。こうした零細経営という特徴をもつ一方で，温暖な気候と大消費地である京阪神市場への近接性という自然的・地理的条件を活用した園芸農業が展開されている。

　同県で農業を営む夫の A さんと妻の B さんの夫婦は，全国平均と比べてもかなり広大な耕地面積 3 ha の農園で，香川県特産の「食べて菜」をはじめとした葉物野菜 7 種を栽培している。また，化学合成の農薬と肥料の使用量削減を実践することで，香川県より，持続性の高い農業生産に取り組む農業者であることを示す「エコファーマー」の認定を受けた。夫婦が，農産物の付加価値を高め，ブランド力を確立しようと試みているようすがうかがえる。

　そうした園芸農業経営を支えているのは，夫婦のほかに，技能実習生のベトナム人男性 2 人とパートの日本人女性 1 人の計 5 人である。一人息子の長男は，すでに他出してサービス業に従事しており，両親の農業を継承する見込みはなかった（2019 年 8 月現在）。

　夫婦が技能実習生の受け入れに踏み切ったのは 2014 年である。夫婦で年間を通じた膨大な作業をこなすうえに，B さんが農業委員としての業務にも追われるなか，労働力不足で思い通りの農業経営ができないという課題を抱えていた。近隣の主婦をパートタイマーとしてもっと確保したくても，現実には難しい。そこで，「外国人なら誰でもいい」と考えて，受け入れ機関（監理団体）が選考したネパール人男性 1 人を技能実習生として迎え入れた。夫婦はそのネパール人と同じ住宅で生活し，元旦にはおせち料理や日本の着物を一緒に楽しむなど，日常生活においても家族同然の対応に努めた。ところが，元旦の翌日，その技能実習生は外出したまま行方不明となってしまう。

　夫婦は途方に暮れながらも，2016 年，今度は自らベトナムのホーチミンで行われた採用面接に参加し，慎重にベトナム人男性 2 人を選考した。さらに，採用が決まった 2 人の出身地に赴いて家族に挨拶をしたあと，家族が農薬や化学肥料を使った慣行農業を営むようすを見学した。技能実習生の 2 人が来日すると，夫婦は日本語の読み書きを指導して，コミュニケーションが密になるよう心がけた。しかし，こうした努力もむなしく，2 人のうちの 1 人がある日忽然と姿を消す。2 度にわたる技能実習生の行方不明に遭遇した夫婦の落胆ぶりは，想像に難くない。

5−2　望ましい関係構築に向けた模索

　強い衝撃をもたらしたこれらの出来事を機に，「技能実習生と取り結ぶべき関係とはどのようなものか」，「どうすれば望ましい関係を築くことができるのか」を自問する日々が始まった。試行錯誤の末に夫婦がたどり着いた答えとは，技能実習生を自主性と責任感のある農業者に育て上げながら，同じ農園で働く者として対等で信頼に満ちた関係を形成する，という実践である。

　農産物生産には，種まきから収穫までさまざまな工程がある。そのうえ，複数の野菜を栽培すれば，年間を通して多種多様な作業をこなすことになる。夫婦は，残る 1 人のベトナム人男性，K さん（当時 26 歳）と日々の作業をともにするだけではなく，ときに失敗を覚悟のうえで，彼の判断に任せて作業を行わせた。まず，個々の作業について，なぜそれが必要なのかを丁寧に説明した。K さんが失敗したときは，その要因を根気よく話し合った。K さんはやがて，自身の責任が増していく過程で仕事にやりがいを見出し，意欲的に作業を進めるようになる。A さんが K さんと収穫作業を行っているとき，「もう遅いから続きは明日にしよう」と提案すると，K さんは「今収穫しないと，おいしい時期を逃してしまう」と

言って手を休めようとはしなかった。そのうち，「そろそろ肥料をまく時期です」，「水を与えすぎですよ」と，逆にKさんがAさんへ提案するようになった。

5-3　環境保全型農業の継承

　AさんとBさんがこうした毎日の積み重ねのなかで念頭に置いていたのは，Kさんが帰国後，ベトナムの野菜を日本の手法で生産できるように指導することだった。Aさんが考える日本の手法とは，計画的な栽培，米ぬかなどの有機肥料の使用，微生物の活用である。夫婦は，ベトナムでKさんの両親の農場を見学した経験をふまえて，「ベトナム人にも，環境と調和のとれた農業を実践してほしい」と考えたのだ。

　そこで夫婦は，微生物を活用した肥沃な土壌づくりの方法を懇切丁寧に指導した。また，堆肥（有機肥料）の利用は非効率に見えるものの，結果として持続性の高い農業につながること，減農薬・減化学肥料栽培によって農産物の付加価値を高められることなど，農業の技術とともに農業ビジネスとしての視点を伝授した。さらに，人件費も含めたコストと売価の計算法など，農業経営者として欠かせない能力を育むことにも注力した。

5-4　農業理念にもとづいた後継者の育成

　ではなぜ，夫婦はKさんに対する指導にそこまで情熱を注いだのだろうか。もちろん，前述のとおり，信頼関係の構築の必要性を痛感していたからにほかならないが，実はそれだけでない。

　Aさんは，農業高校を卒業後，横浜で実施された10か月間の農業研修に参加した。研修中に，必ずしも十分な面積を有するわけではない街なかの農園で，労働力や資本力を集中的に投下する集約農業が営まれ，農業者がマンション生活を送っている様子を目の当たりにする。彼は，横浜における農業の営みや農業者の生活が，自分にとって馴染みのあるそれらと大きく異なっていたことから，おおいに刺激を受けたのだという。この経験は，彼が掲げる農業経営者としての理念の礎となった。それは，今後農業に従事するうえで，自らの目指すべき方向性を明確にすること，また，できない理由を探すのではなく，どうすれば理想の農業経営に近づけるかを自ら探求し続けることである。

　このような実践を試みるAさんにとって，農業とは他者からの干渉を受けずに自分の意思で判断し，働くことができる職業である。ただ，彼によると，本来ならば農業者が共助の関係を構築し，こうした農業の魅力をともに次世代へ継承していくべきであった。しかしながら，自分の子どもにさえも農業後継者として積極的に育成してこなかった。今日の農業の衰退を招いたのは，農家自身にもその責任があるという。現在は，新規就農者支援制度に参加している。だからこそ彼

は，相手が日本人か否かを問わず，若者に自分なりの農業理念を真摯に伝えながら，農業経営に対する意欲を育もうとしているのである。

　また，何よりも，夫婦の片腕となって主体的に農作業に取り組む人材を育成することで，Ｋさんに安心して仕事を任せられるようになる。そうすれば，夫婦は限りある時間や労力をより効率的かつ自立的に配分できるのだ。さらに，こうした営農状態の改善を受けて，サービス業に従事していた長男が帰農することになった（2023年3月現在）。農業者として理想的な働き方を実現するためにも，Ｋさんに対する熱のこもった指導が欠かせなかったといえる。

5-5　ベトナムでの農業実践

　一方，ＡさんとＢさんのもとで3年間を過ごしたＫさんは，夫婦から環境保全型農業の技能と考え方を存分に吸収する。Ａさんとは，野菜の栽培法をめぐって何度も口論したが，「自分で考えて行動すること」を彼から叩き込まれた。またＢさんからは，「虫，病気をちゃんと観察してね」と「何回もやさしく，でも厳しく」指導された。こうしたなか，ある日，ベトナムで有機野菜の消費が増加していることを新聞で知る。このとき彼は，環境保全型農業を軸とする農業ビジネスの可能性の大きさを確信したのである。

　Ｋさんの帰国2か月前になると，彼に替わって就労する2人の技能実習生がベトナムから到着した。Ｋさんは，新参者2人に引き継ぎを兼ねていくつかの作業を指導したほか，新人2人の適性についてＡさんとＢさんにアドバイスもしている。彼は，「いずれあの2人にも，ぜひ仕事を任せてほしい」と夫婦に伝えて，帰国の途についた。

　2019年7月，Ｋさんはベトナム南中部にある故郷へ戻ると，さっそく両親の農場で，以前から栽培していたニラのほか，葉物野菜とバナナの生産を始めた。同時に，家畜排せつ物由来の堆肥づくりに欠かせないニワトリやウシの飼育にも着手した。有機農業が軌道に乗るにつれて農地を徐々に拡大した。2023年3月現在で，彼は3つの農園，合計4 ha を経営するに至っている。従業員も現在は10人を雇い入れるなど，経営規模の拡大を積極的に図ってきた。来日前に「農家」であったＫさんは，技能実習の経験をもとに，自立的な「農業経営者」へ変貌を遂げたのだ。

　なお，帰国後も夫婦とのつながりは続いており，野菜の栽培や農業経営に関して疑問が生じたとき，ＫさんはしばしばSNSを活用して夫婦に助言を求める。

　さらに注目すべきなのは，Ｋさんが，自分の農場で働く従業員にも持続可能な農業について学んでほしいという意図から，2人の若者をＡさんとＢさんのもとに技能実習生として送り出したことである。こうした事実からも，Ｋさんと夫婦が，環境保全型農業の実践を媒介に，確固とした信頼関係を構築していることは

疑う余地がないだろう。

5-6　「家族のような関係」から同志の関係へ

　以上，ＡさんとＢさん夫婦が，２度にわたる技能実習生の行方不明という想定外の出来事に遭遇したことを契機に，新たな関係の構築を模索してきたようすを記述した。夫婦は試行錯誤しつつ，Ｋさんを農業ビジネスの実践者として育成する。その過程で，Ｋさんとの間に安定的な信頼関係を打ち立てていったのである。

　軍司［2019］が小規模家族経営農家の特徴として述べているように，当初，夫婦は技能実習生に対する「家族員に準じた扱い」によって親密な関係を形成しようと試みた。しかしながら，そうした対応が必ずしも技能実習生を引き留める力とはならなかった。夫婦は残るＫさんを，自ら考え行動する自立的な農業経営者として育成すべく，徹底した指導へと舵を切る。夫婦がめざしたのは，ともに持続性の高い農法に取り組む者として，いわば同志の関係を結ぶことであったのだ。

6　共存共栄の可能性

6-1　信頼関係の構築を促した要因

　本章では，香川県内のある小規模家族経営農家の夫婦と技能実習生を事例に，立場の異なる両者が，持続性の高い農業の実践を通して，信頼関係を築き上げていくプロセスを取り上げた。こうした関係形成は，農業現場において普遍的なものかといえば，むしろ稀なケースであろうし，小規模の家族経営農家に限ったとしても，そこに同志の関係が必ず成立するわけでもない。けれども，だからこそ，この事例において信頼関係が醸成された社会的条件を探ることには，一定の意義があるだろう。

　その条件として，第一に，農業の存続・発展を実現したいという夫婦の意志の存在があげられる。夫婦が志すのは，一農家としての営農の維持にとどまらず，次世代へ農業の魅力を伝え，後継者を育成すること，ひいては農業の再生を図ることである。その背後には，絶対的な農業後継者不足に対する強い危機意識と，自分の世代が後継者育成に消極的であったことへの自責の念があり，これらが夫婦を突き動かしている。環境保全型農業への取り組みも，農産物の付加価値化のためだけではなく，農業の持続可能性を担保したいという意図によるものでもあるだろう。つまり，個人事業の継承に加えて，農業の保全も視野に入れたうえでの技能実習生受け入れであるからこそ，Ｋさんへの真摯な指導につながったと考えられる。

　第二に，Ｋさんには，修得した技能や知識を母国で活用すれば，農業ビジネスとしての成功を手にすることができるだろうという確信があった。つまり，彼に

とって技能実習生としての経験とは，その足がかりを得る機会である。このように，環境保全型農業への主体的な取り組みの背景として，Kさんの側にも合理的な理由があったのだ。

　このように，各々の動機のもとで両者が連帯感を高めていく過程には，谷富夫が「バイパス結合」と呼んだ関係形成のメカニズムが見て取れる［谷 2002］。本事例では，環境保全型農業の実践を媒介として，日本人と外国人がエスニックな境界を越える・迂回する協働関係を構築していた。確かに，夫婦とKさんの間には，エスニシティのほか，所得格差および居住・職業の選択権の有無といった歴然たる立場上の差異が存在する。しかしその一方で，両者の利害が一致し，そこに持ちつ持たれつの関係を形成したからこそ，各々の目的達成が実現したのは紛れもない事実である。つまり，互いが助け合うことでともに成果を得る win-win の状態であるがゆえに，安定した信頼関係が醸成されたのだ。

6-2　「選び続けられる」事業所・社会に向けて

　本章の事例では，農業者と技能実習生が win-win の関係を構築し，技能移転を達成することで，新規の技能実習生からも「選ばれる」事業所となりうる可能性が示唆された。ここで技能移転が実現した要因として，第一に技能実習生の出身国において環境への負荷軽減をめざす農業へのニーズが存在していたこと，第二に，農業者がそうしたニーズの存在を認識しており，なおかつ指導が可能であったことがあげられる。技能移転の成果として，「技能実習生の連鎖」を生み出すこともまんざら夢ではない。

　ただし，全国各地で技能実習生の呼び入れが勢いを増すだけではなく，すでに東アジアを始めとする諸国で外国人労働者の導入が加速している。今後，外国人から「選ばれ続ける」ために，地方圏はもちろん，大都市圏であっても，受け入れ事業所や地域社会において win-win の関係を構築できるか否かが明暗を分けることになるだろう。そのひとつの方策は，本章の事例が示した技能移転の実現である。まさに今，政府の有識者会議が技能実習制度の見直しを進めているが，実効性ある技能移転への道筋に関する議論を求めたい。

付　記

本章は，JSPS 科研費 JP18K01985，JP19H01579，および JP20KK0043 によって得られた研究成果の一部である。

● 注

1 ）ただし，宮入は，今後の農業分野における外国人の受け入れについて，北海道の現状をふまえながら，在留資格の多様化が進展する可能性を示唆している［宮入 2020：74］。

2 ）技能実習生の選考について補足すると，面接は技能実習生の送出国にある送り出し機関に

おいて実施される。このとき，技能実習生の採用を希望する事業所の経営者や採用担当者が現地へ渡航して（もしくはオンライン上で）自ら面接を行う場合と，農業協同組合や商工会議所などの受け入れ機関（監理団体）の職員に面接の代行を委託する場合がある。

3）ＡさんとＢさんの夫婦に関する記述は，2019 年 8 月 23 日と 2021 年 10 月 24 日に実施したインタビューから得た情報をもとにしている。また，技能実習を終えて帰国したＫさんについては，2023 年 3 月 29 日と 30 日にベトナムで本人から聴き取った内容が土台となった。

● 参考・引用文献

安藤光義［2005］『北関東農業の構造』筑波書房.
―――［2017］「技能実習生導入による農業構造の変化――国内最大規模の技能実習生が働く茨城県八千代町の動き」，堀口健治編『日本の労働市場開放の現況と課題――農業における外国人技能実習生の重み』筑波書房.
飯田悠哉・伊藤泰郎［2021］「『食の外部化』と外国人労働者――食料品製造業を中心に」，伊藤泰郎・崔博憲編『日本で働く――外国人労働者の視点から』松籟社.
惠羅さとみ［2018］「建設産業構造と外国人労働者――外国人技能実習制度の拡大を事例に」津崎克彦編『産業構造の変化と外国人労働者――労働現場の実態と歴史的視点』明石書店.
外国人技能実習機構［2022］「令和元年度業務統計」　https://www.otit.go.jp/gyoumutoukei_r1/（2023 年 1 月 5 日閲覧）.
川越道子［2021］「変わりゆく農村を後にして――ベトナム北部農村の工業化と技能実習生」，伊藤泰郎・崔博憲編『日本で働く――外国人労働者の視点から』松籟社.
軍司聖詞［2017］「タイプ別地域別にみた外国人技能実習生の受入れと農業との結合」，堀口健治編『日本の労働市場開放の現況と課題――農業における外国人技能実習生の重み』筑波書房.
―――［2019］「家族経営農家における外国人労働力調達」，『農業と経済』編集委員会『農業と経済』85（12）.
厚生労働省［2023］「『外国人雇用状況』の届出状況まとめ（令和 4 年 10 月末現在）」　https://www.mhlw.go.jp/stf/newpage_30367.html（2023 年 2 月 3 日閲覧）.
佐藤忍［2021］『日本の外国人労働者受け入れ政策――人材育成指向型』ナカニシヤ出版.
鈴木宣弘［2022］『世界で最初に飢えるのは日本――食の安全保障をどう守るか』講談社.
谷富夫［2002］「民族関係の可能性」，谷富夫編『民族関係における結合と分離――社会的メカニズムを解明する』ミネルヴァ書房.
徳田博美［2019］「農業労働力不足の実態と外国人労働者の役割」『農業と経済』編集委員会『農業と経済』85（12）.
農林水産省［2021］「2020 年農林業センサス報告書」　https://www.maff.go.jp/j/tokei/census/afc/2020/030628.html（2022 年 9 月 30 日閲覧）.
―――［2022a］「農業分野における新たな外国人材の受入れについて」　https://www.maff.go.jp/j/keiei/foreigner/attach/pdf/new-54.pdf（2022 年 9 月 30 日閲覧）.
―――［2022b］「令和 4 年農業構造動態調査結果」　https://www.maff.go.jp/j/tokei/kekka_gaiyou/noukou/r4/index.html（2023 年 1 月 25 日閲覧）.
堀口健治編［2017］『日本の労働市場開放の現況と課題――農業における外国人技能実習生の重み』筑波書房.
宮入隆［2020］「農業における外国人技能実習生の受入実態と地域的課題――北海道を事例に」『日本労働社会学会年報』31.

第7章

地方部の製造業と外国人労働者

大久保元正・梅村麦生

はじめに

　日本では現在，さまざまな業種において外国人労働者が働いている。その中で製造業分野では，グローバル化のいっそうの進展により国際競争が激化しているため，合理化を進めて生産性を上げることが大きな課題となっている。しかし，あらゆる生産工程においてそれが可能なわけではなく，労働集約的な部分も多分に残っており，生産年齢人口の減少が進む日本では人手不足が解消されない。それは特に人口流出が続く地方部で顕著であり，地方部での外国人労働者の存在感は日ごとに増していると言える。

　本章では，上記のような現状を受けて，地方部の製造業と外国人労働者の関係について記述する。まず統計データを用いて両者の全体的関係を概観したあと，兵庫県豊岡市での調査事例を用いて，地方部の製造業事業所における外国人雇用の実態を細かく確認し，そこで明らかになったことをまとめる。

1　統計データで見る製造業と外国人労働者の関係

　まずは，産業別の外国人労働者数の推移を見ていこう。**図7-1**によると，日本の各業種の中でも製造業で働く外国人労働者数が最も多いという状態が，少なくともここ10年続いていることが分かる。その数はピーク時の2019年には48万3278人だった。外国人労働者数全体に占める比率は年を経るごとに低下しており（2012年38.2%→2021年27.0%），新型コロナウイルス感染拡大の影響で2020年以降は人数も減っているが，それでも製造業の外国人労働者数は2018年以前の数字を下回ってはいない。外国人労働者が日本で働く場合の業種は次第に多様化してきてはいるが，その中での製造業の存在は依然として大きいと言える。

　一口に製造業と言っても，その中にも多様な分類がある[1]。そこで次に，製造業種別の外国人労働者数の推移を見ていこう。**図7-2**によると，製造業の中でも食料品製造業で働く外国人労働者数が最も多く，かつ，コロナ禍の影響を受けた

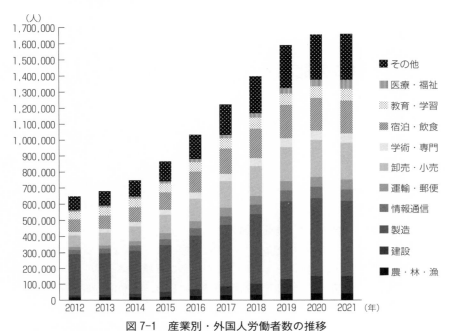

図 7-1　産業別・外国人労働者数の推移

出所：厚生労働省「外国人雇用状況の届出状況［別表 4］」各年版より筆者作成。

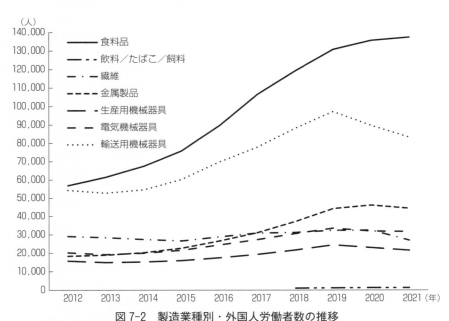

図 7-2　製造業種別・外国人労働者数の推移

出所：厚生労働省「外国人雇用状況の届出状況［別表 4］」各年版より筆者作成。

2021 年でもピークの人数を更新している（13 万 7603 人）ことが分かる。これは外出自粛ムードが広がった中で，食に関する巣ごもり需要（弁当や冷凍食品等）が伸び，それに伴って食料品製造の仕事量が増加したことに理由があると思われる。その一方で，自動車を含む輸送用機械器具製造業で働く外国人労働者数は，2019 年以降大きな減少を見せている。これはやはりコロナ禍による不景気で消費需要が落ち，かつ外出する機会が減ったことに伴い自動車利用の機会も減ったことなどが理由として挙げられるだろう。

　製造業カテゴリーに多様な業種が含まれることと同様に，外国人労働者というカテゴリーにも多様な分類が含まれている。そこで今度は，製造業で働く外国人労働者を在留資格別に見ていこう。**図 7-3** によると，製造業で働く外国人労働者の在留資格は技能実習が多いことが分かる。ピークである 2019 年の 22 万 747 人までは相当な勢いで人数が増えていたが，コロナ禍で新規入国が認められなくなったためにその数を大きく減らした（ただし，法務省による特例措置として，技能実習から特定活動の資格に移行した者もいる）。また，資格外活動としてアルバイトで働く留学生も，やはりコロナ禍により入国できないため人数が減った。その一方で，

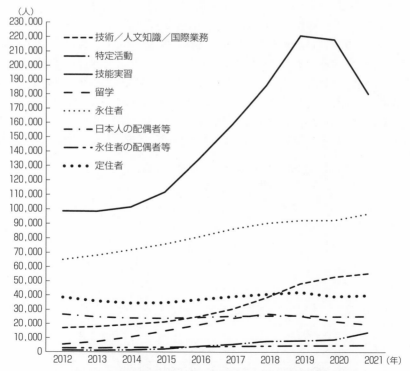

図 7-3　在留資格別・製造業で働く外国人労働者数の推移
出所：厚生労働省「外国人雇用状況の届出状況［別表 6］」各年版より筆者作成。

永住者と技術／人文／国際の資格者は増えており，定住者の資格も横ばいで推移
している。永住者は当然ながらコロナ禍においても新規入国の必要がないため，
他の外国人労働者に比べれば仕事を得やすい。また技術／人文／国際の資格者の
増加は，コロナ前までは増加を続けていた日本の高等教育機関への留学生が，卒
業後に日本の企業に就職したことで資格を切り替えたことによると思われる。

　在留資格とは別の角度からも外国人労働者カテゴリーを分解してみよう。**表
7-1** によると，製造業で働く外国人労働者の従業上の地位としては，正規職員／
従業員が順調に増えているように見える。ただし，申告が法的に義務づけられ，
罰則が設けられていることで回答することに強制力が働くと思われる法務省の
「在留外国人統計」や厚生労働省の「外国人雇用状況の届出」とは異なり，国勢
調査にはそこまでの強制力はない。そのため，回答人数と実際の労働者数との間
には乖離があると思われる。[3] さらに，国勢調査の調査票には技能実習生がどの地
位に相当するかの説明がないため，正確な地位が記入されているとは限らない。
以上のことを考慮に入れなければならないが，数字から判断すれば，ここ 10 年
で非正規雇用者数の伸び率が約 42％であるのに対して，正規雇用者数の伸び率
は約 79％である。**図 7-3** で見たように，技術／人文／国際の資格者や永住者が
増加したことが，この伸び率に寄与していると思われる。

　さて，ここまでは日本全体を対象とした数値を見てきたが，製造業で働く外国
人労働者は全国に満遍なく分布しているのだろうか。そこで次に，都道府県単位
に分解した数値を見てみよう。**表 7-2** によると，外国人労働者数に占める製造業
従事者数の構成比の上位県は，いずれも地方部に存在していることが分かる。愛
媛，山形，滋賀，岐阜，鳥取，香川，岩手の 7 県は，ここ 10 年間，常にこの上
位県に位置している。**図 7-1** で見たように，外国人労働者数全体に占める製造業

**表 7-1　製造業で働く外国人労働者の従業上の地位ごとの
人数の推移**

従業上の地位	2010	2015	2020
正規の職員／従業員	99,321	106,365	177,305
労働者派遣事業所の派遣社員	64,032	59,372	93,086
パート／アルバイト／その他	80,974	84,019	112,972
役員	3,946	3,663	4,894
雇人のある業主	1,290	1,006	982
雇人のない業主（家庭内職者を含む）	3,434	3,295	4,038
家族従業者	1,635	1,228	934
不詳	-	2,207	4,016

出所：2020 年は総務省「国勢調査」の「就業状態等基本集計 第 60-1 表」，
　　　2015 年は「同 第 31-3 表」，2010 年は「産業等基本集計結果 第 42-1
　　　表」を参照。

表 7-2　外国人労働者数に占める製造業従事者数の比率上位県の変遷

順位	2012			2016			2021		
	県名	人数	構成比	県名	人数	構成比	県名	人数	構成比
1	愛媛	3,699	74.8	愛媛	5,172	71.4	愛媛	5,576	58.3
2	福井	3,480	72.9	岐阜	15,083	60.2	岩手	2,719	52.0
3	山形	1,549	69.9	滋賀	8,189	59.8	岐阜	17,822	50.9
4	秋田	931	66.9	香川	3,995	59.7	山形	2,237	50.5
5	滋賀	7,213	66.3	岩手	2,039	59.7	鳥取	1,484	50.0
6	岐阜	12,398	65.4	三重	11,981	57.1	滋賀	9,936	47.6
7	鳥取	1,117	65.4	鳥取	1,186	56.2	富山	5,456	47.6
8	香川	2,816	65.3	山形	1,571	56.1	長野	9,798	47.3
9	岩手	1,281	62.0	長野	7,651	54.1	香川	4,681	47.0
10	三重	10,485	60.5	広島	13,241	53.8	佐賀	2,531	46.9

出所：厚生労働省「外国人雇用状況の届出状況［別表 5］」各年版より筆者作成。

従事者数の構成比は低下しており，県単位でも同様の傾向が見られるが，それでも全国平均（2012 年 38.2％，2016 年 31.2％，2021 年 27.0％）よりかなり高い数値が見られる。そのことから，地方部の製造業にとって，外国人労働者はいまだに欠かせない存在であることが分かる。当然ながら，外国人が多く働く製造業種は県ごとに異なっており，例えばこの表中で常にトップに位置している愛媛では造船や食料品製造や繊維工業に外国人労働者が多く入っており，表中で最も外国人労働者数が多い岐阜県では，輸送用機械器具製造や繊維工業に多く入っている[4]。

　では，そういった外国人労働者はどのような規模の企業で働いているのだろうか。製造業ではなく全産業を含めた数値ではあるが，外国人労働者を雇用している従業員数 30 人未満の事業所数が事業所数全体に占める比率の推移を最後に見てみよう。表 7-3 によると，上記で見た地方部の 7 県とも，ここ 10 年で外国人労働者を雇用する小規模企業[5]数が増加していることが分かる。また，構成比の全国平均を下回っている県もあるが，県内での構成比の推移を見れば，ここ 5 年で概ね上昇していることが分かる。もちろん，大企業の大工場で大量の外国人労働者が働いていることもあるが，日本（の地方部）で働く外国人労働者の多くは，小規模な企業で働いているというケースが増えてきているのである[6]。

2　兵庫県豊岡市の事例

　以下では，兵庫県豊岡市に拠点をもつ製造業の事業所をひとつの事例として，日本の地方部における外国人労働者の雇用状況について，見ていくこととする。

表 7-3 外国人労働者を雇用している従業員数 30 人未満の事業
所数が事業所数全体に占める比率の推移

県名	2012		2016		2021	
	事業所数	構成比	事業所数	構成比	事業所数	構成比
全国	63,843	53.3%	97,951	56.7%	174,214	61.1%
香川	–	–	777	62.5%	1,230	64.9%
岐阜	1,869	66.6%	2,224	64.2%	3,134	64.4%
愛媛	632	63.2%	889	64.8%	1,214	63.3%
滋賀	–	–	869*	52.1%	1,313	53.6%
山形	–	–	334*	43.0%	523	48.8%
鳥取	–	–	234	50.4%	341	48.0%
岩手	–	–	276	41.6%	485	46.7%

注：*は 2017 年の数値。
出所：厚生労働省・各県労働局「外国人雇用状況の届出状況」各年版より筆者作成。

2-1 豊岡市の概況と外国人住民

　豊岡市は兵庫県但馬地方北部に位置する。2005 年 4 月 1 日にいわゆる「平成
の大合併」のひとつとして旧豊岡市，城崎郡城崎町・竹野町・日高町，出石郡出
石町・但東町の 1 市 5 町が合併し，現在の豊岡市となった。豊岡市は兵庫県下で
最大の面積を占める自治体であり，近年の国勢調査の結果によると，2020 年調
査時点で人口 7 万 7489 人（2015 年調査時点での 8 万 2250 人より，5 年で 4761 人減），
世帯数 3 万 180 戸，高齢化率（65 歳以上人口の割合）34.3%（兵庫県 29.3%，全国
28.6%）であった［豊岡市 2021a］。

　これまで豊岡市は，県庁所在地の神戸市まで自動車または電車で 2 時間半〜 3
時間強，あるいは京都市まで同じく 2 時間半程度かかり，京阪神の人口密集地帯
から遠く，交通の便も限られていることなどから，外国人住民の割合はそれらの
地域に比して少なかった。しかし以下に見るように，合併以前から一貫して人口
減少が続くなかで，特に 2010 年代半ば以降，外国人住民の数は 2020 年に新型コ
ロナウイルス感染症の流行にかかる入国制限の影響を受けるまで増加の一途を
辿っており，入国制限の緩和後はふたたび増加に転じている（**表 7-4**）。

表 7-4 豊岡市全住民数と外国人住民数の推移（2012〜2021 年）

（単位：人）

西暦年	2012	2013	2014	2015	2016	2017	2018	2019	2020	2021
全住民	87,474	86,690	85,759	84,828	83,943	83,179	82,043	80,952	79,906	78,837
外国人住民	531	511	502	520	567	699	734	845	793	823

出所：各年 12 月末時点の豊岡市住民基本台帳および外国人登録データより筆者作成。[7]

　国籍別で見ると，2021 年末時点で最も多いのがベトナム（250 人）であり，そ
れにフィリピン（194 人），中国（133 人），韓国・朝鮮（68 人）[8]，ネパール（42 人），
インドネシア（35 人），タイ（28 人），米国（22 人）と続き，上位 3 か国で外国人
住民数の約 7 割を占めている。特にベトナム人住民は 2012 年の 22 人から 11.4
倍に，フィリピン人住民は同 79 人から 2.5 倍に増加しており，反対に 2012 年末
時点で最多の 257 人だった中国人住民は，この間におよそ半減している。
　また在留資格別では，新型コロナウイルス感染症の流行前である 2019 年 11 月
末時点では技能実習が 4 割（355 人，42.7%）を超えており，同年 6 月末時点［法
務省出入国管理庁 2019］の全国の数字（36 万 7709 人，13.0%）と比べて顕著に高
かった（**表 7-5**）。その後，新型コロナウイルス感染症の流行を受けた出入国制限
の影響により，2021 年 11 月末時点では 3 割弱（243 人，29.0%）に減少している
が，依然として同年 6 月時点［法務省出入国在留管理庁 2021］の全国平均（35 万
4104 人，12.5%）と比べても高い割合となっている。そしていわゆる「活動に基
づく在留資格」のなかでは，技能実習が減少した分を補うかのように，特定活動，
技術・人文知識・国際業務，特定技能が増加しており，いずれも全国平均と同等

表 7-5　豊岡市在留資格別外国人住民数（2019 年・2021 年，各年 11 月末）

（単位：人）

	在留資格	2019 年		2021 年	
活動に基づく在留資格	技能実習	355	(42.7%)	243	(29.0%)
	特定活動	52	(6.3%)	64	(7.6%)
	技術・人文知識・国際業務	48	(5.8%)	87	(10.4%)
	技能	8	(1.0%)	5	(0.6%)
	宗教	0	(0.0%)	1	(0.1%)
	経営・管理	3	(0.4%)	2	(0.2%)
	教育	17	(2.0%)	23	(2.7%)
	企業内転勤	1	(0.1%)	0	(0.0%)
	留学	2	(0.2%)	1	(0.1%)
	特定技能	0	(0.0%)	21	(2.5%)
	家族滞在	20	(2.4%)	28	(3.3%)
身分または地位に基づく在留資格	永住者	140	(16.8%)	167	(19.9%)
	特別永住者	62	(7.5%)	56	(6.7%)
	定住者	64	(7.7%)	83	(9.9%)
	日本人の配偶者等	57	(6.9%)	55	(6.6%)
	永住者の配偶者等	2	(0.2%)	2	(0.2%)
	合計	831	(100.0%)	838	(100.0%)

出所：各年 11 月末時点の豊岡市住民基本台帳および外国人登録データより筆者作成［豊岡
　　市 2021b：125，表補.3.1]。

以上の割合となっている。なお，永住者と定住者の増加は，のちに見るように製造業で請負社員や派遣社員として雇用されている日系フィリピン人が中心を占めていると考えられる。

　加えて，性別・年代別で見ると，2021年3月末時点で外国人住民全体のうち，女性が6割強（516人，62.1%）を占め，年代別では男女ともに20代が最も多く，それに30代が続いている（**図7-4**）。特に男性は20代が6割弱（182人，57.8%）となっている。それに対して，2020年10月1日時点での国勢調査の結果によると，豊岡市全住民では男性は20代が80代以上の次に少なく，女性は90代以上を除いて20代が最も少ない（**図7-4**）。この年齢構成は，大学・専門学校への進学期（15～19歳）とその後の就職期（20～24歳）の豊岡市外への転出超過の影響によるものと言われており，その部分に外国人住民の最も多い年代が当てはまっている。したがってその多くは，豊岡市で何らかの仕事に従事していると考えられる。豊岡市・神戸大学による2019年度の外国人住民調査でも，技能実習や専門職などの「活動にもとづく在留資格」をもつ外国人住民のみならず，国際結婚などによる「身分または地位に基づく在留資格」をもつ外国人住民も，男女問わず約8割が就業していると回答している［豊岡市 2020：31］。

2-2　兵庫県但馬地方の外国人雇用事業所と外国人労働者

　次に，豊岡市を含む兵庫県但馬地方（豊岡市，美方郡香美町・新温泉町，養父市，朝来市）の外国人雇用事業所に関するデータとして，厚生労働省兵庫労働局［2020；2022］が公開している「『外国人雇用状況』の届出状況」によると，同地方の外国人雇用事業所数と外国人労働者数は，それぞれ2019年10月末時点で224件と1098人，2021年10月末時点で236件と983人であった。さらにその外国人労働者数を産業別に見ると，2021年10月末時点で半数以上（535人，54.4%）が製造業の事業所に雇用されており，2019年10月末時点と比べると，新型コロナウイルス感染症の流行にかかる出入国制限による技能実習生の新規受け入れ停止の影

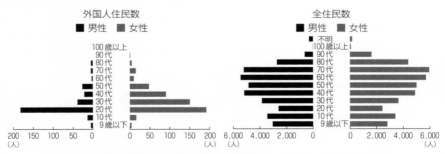

図7-4　豊岡市性別・年代別外国人住民数（左）および全住民数（右）

出所：外国人住民数（2021年3月末時点）は豊岡市住民基本台帳および外国人登録データより筆者作成［豊岡市 2021c］。全住民数（2020年10月1日時点）は豊岡市［2021a］，「令和2年国勢調査結果」より筆者作成。

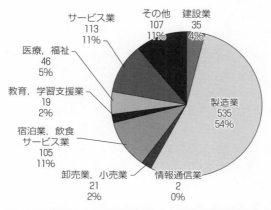

図 7-5　但馬地方の産業別外国人労働者数（2021 年 10 月末時点）

出所：厚生労働省兵庫労働局「兵庫労働局における『外国人雇用状況』の届出状況（令和 3 年 10 月末現在）」より筆者作成。

響を受けたと思われる減少が見られるものの，依然として兵庫県全体（1 万 6908 人，37.1%）よりも 1 割以上，また全国平均（46 万 5729 人，27.0%：厚生労働省 2022 より）よりも 2 割以上，上回っている（**図 7-5**）。

　その但馬地方で最大の自治体は豊岡市であり，事業所数や人口でそれぞれ約半数を占めている［豊岡市 2020：39］。外国人雇用事業所数と外国人労働者数も，およそその半数を豊岡市が占めており，さらにそのうち製造業の事業所での雇用が最も多いと考えられる。

2-3　豊岡市の製造業事業所における外国人雇用の概要

　ここからは本章の筆者（梅村）が参加した，豊岡市・神戸大学共同研究「外国人住民に関する調査研究」による事業所調査の結果から，同市の製造業事業所における外国人雇用の概要を見ていきたい[9]。

　2019 年度に実施した同調査では，事業所への質問紙調査と聞き取り調査，また外国人住民と関係機関への調査の結果として，外国人従業員を雇用する事業所を 88 件把握した。その 88 件の事業所のうち，産業別では製造業が最も多く 32 件（36.3%）であり，それらの事業所で働く外国人従業員数は合計 326 人以上であった[10]。豊岡市［2022：44］によると，同市の 2019 年時点での製造業事業所数は 191 件，製造業従業者数は 6127 人であり，同調査で把握した製造業の外国人雇用事業所数と同外国人従業員数はそれぞれ豊岡市の製造業事業所の 16.8% と従業員の 5.3% に相当する。

　以上 32 件の外国人雇用製造業事業所のうち，質問紙調査と聞き取り調査で事業所名と業種の細目まで把握した 29 件の事業所の業種別の内訳は，**図 7-6** のと

おりである。外国人雇用事業所が 3 件以上あった業種は，雇用件数が多い順に
① 食料品製造業（6 件），② 繊維工業（4 件），③ なめし革・同製品・毛皮製造業
（かばん製造業）4 件，④ 輸送用機械器具製造業（3 件），⑤ プラスチック製品製造
業（3 件）であった。以上を豊岡市［2022：45］による 2019 年の産業中分類別の
製品出荷額と照らし合わせて見ると，繊維工業のみ製品出荷額が 30 億円に満た
ない下位 5 分類に含まれ，それ以外の業種は製品出荷額別でも上位 10 分類に含
まれている。[11]

　また，上記 32 件の外国人雇用事業所のうち，事業所名非回答の 1 件を除く 31
件の所在地域は，旧 1 市 5 町に相当する地域別では豊岡地域 15 件，日高地域 6
件，但東地域 5 件，出石地域 4 件，竹野地域 1 件に，さらに小学校区とおおむね
重なる 29 の地区別では 13 地区に位置しており，工業地区である I 地区に 4 件，
市街地近郊の B 地区の 3 件を始めとして，各地に点在している。

　さらに，上記 32 件のうち，質問紙調査・聞き取り調査に対して事業所から直
接回答のあった 24 件について，外国人従業員の雇用に関わる概要は以下の通り
である（表 7-6）。

　従業員規模で見ると，「10〜19 人」4 件，「20〜29 人」4 件，「30〜49 人」4
件，「50〜99 人」5 件，「100〜199 人」3 件，「200〜299 人」3 件，「300〜399
人」1 件であり，50 人未満規模が半数（12 件，50.0%）を占める一方で，100 人以
上規模の事業所も 3 割弱（7 件，29.2%）にのぼっている。以上の事業所で雇用さ
れている外国人従業員数の平均は 12 人であり，中央値は 8 人である。外国人従

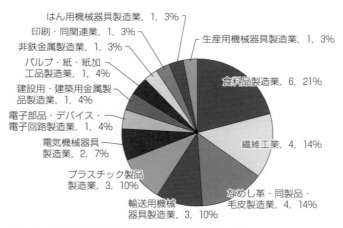

図 7-6　豊岡市の外国人雇用製造業事業所・業種別（豊岡市・神戸
　　大学 2019 年度調査）

　　注：業種別の事業所数は，2019 年度豊岡市・神戸大学共同研究「外国人住民に関する
　　　　調査研究」［豊岡市 2020］における外国人雇用事業所・外国人住民らへの質問紙
　　　　調査・聞き取り調査の結果より，日本標準産業分類（中分類）にしたがって分類
　　　　した。欄外の数字は事業所の件数［豊岡市 2021c］。

表7-6　豊岡市の外国人雇用製造業事業所・概要（豊岡市・神戸大学2019年度調査）

	業種	地区	従業員数	外国人従業員			技能実習・研修導入年	質問紙年月	聞き取り年月
				人数	雇用形態	国籍・性別			
N.1	畜産食料品製造業（食）	A	10〜19	4	パ	NP女	−	'19/5	−
N.2	畜産食料品製造業（食）	B	50〜99	8	パ	PH女（7），ID男（1）	−	−	'19/12
N.3	畜産食料品製造業（食）	C	100〜199	24	技実	ID女（12）/男（4），VN女（4），CN女（2）/男（2）	'05（CN）	−	'19/12
N.4	水産食料品製造業（食）	D	30〜49	3	技実	VN女	'18	'19/5	−
N.5	水産食料品製造業（食）	D	20〜29	9	技実	VN女	'02（CN）	'19/5	'19/7
N.6	ニット製下着製造業（繊）	E	20〜29	8	技実	VN女	'01（CN）	−	'19/8
N.7	ニット製下着製造業（繊）	B	30〜49	19	正（2），パ（2），技実（15）	VN女（技実15，パ2，正1），PH女（正1）	'01（CN）	−	'20/1
N.8	ニット製下着製造業（繊）	F	20〜29*	9	技実	VN女	'14以前（CN）	−	'19/9
N.9	段ボール箱製造業（紙）	G	10〜19	2	パ	PH女	−	'19/5	−
N.10	印刷業（印）	H	300〜399*	11	技実	CN女	'04以降	−	'19/11
N.11	工業用プラスチック製品製造業（プ）	I	50〜99	4	技実	TH男	'19	'19/5	−
N.12	工業用プラスチック製品製造業（プ）	I	50〜99	18	技実	CN女	'03	−	'19/9
N.13	プラスチックフィルム製造業（プ）	G	200〜299	41	正（2），技実（39）	CN男（技実9），VN男（技実17），TH男（技実12），IT男（正1），KR男（正1）	'06	'19/5	'19/7，8
N.14	かばん製造業（革）	A	200〜299	4	契（1），正（3）	VN女（契1），PH女（正3）	−	−	'19/11
N.15	かばん製造業（革）	J	10〜19	3	パ（3）	CN女（1），PH女（1），VN女（1）	−	−	'19/12

No.	業種	地区	従業員数	人数	雇用形態	国籍・性別			
N.16	かばん製造業（革）	B	30〜49	8	技実（3），正，パ	VN 女（技実3，パ/正），CN 女（1），PH 女（1）	'10 以降	'19/5	–
N.17	鉄骨製造業（金）	J	30〜49	6	技実	VN 男	'18	'19/5	
N.18	非鉄金属素形材製造業（非鉄）	K	10〜19	5	技実	VN 男	'17	'19/5	'19/8，9
N.19	集積回路製造業（電子）	I	200〜299	21	契（3），技実（18）	VN 男	'18	–	'19/11
N.20	配電盤・電力制御装置製造業（電気）	L	20〜29	4	正（4）	CN 女（2），VN 女（2）	–	'19/5	'19/9
N.21	その他の電気機械器具製造業（電気）	I	100〜199*	52	請（52）［派］	PH 男（29）/女（23）	–	'19/5	
N.22	自動車部分品・附属品製造業（輸）	M	100〜199	9	技実	CN 男（5），ID 女（4）	'10 以前	'20/1	
N.23	自動車部分品・附属品製造業（輸）	M	50〜99	14	技実	CN 女，VN 女	'00 頃	'19/11	
N.24	鉄道車両用部分品製造業（輸）	L	50〜99	3	正（2），パ（1）［派（3）］	VN 女（正2，パ1）［VN 男（派3）］	–	–	'20/1

注：業種は日本標準産業分類の小分類にしたがって分類し，カッコ内は上述中分類の頭文字を略記した。地区は豊岡市 29 地区より。従業員数で＊を付しているものは，各社および関連団体のサイト情報より詳細を補った。雇用形態はパ＝パート，技実＝技能実習，正＝正社員，契＝契約社員，請＝請負社員，派＝派遣社員（雇用先は派遣会社）。国籍は NP＝ネパール，PH＝フィリピン，ID＝インドネシア，VN＝ベトナム，CN＝中国，TH＝タイ，IT＝イタリア，KR＝韓国。従業員数と人数の単位は人。雇用形態と国籍・性別のカッコ内は，内訳が判明している人数。

　業員の雇用形態別では，技能実習が 16 件（66.7%）で最も多く，それにパート 7件（29.2%），正社員 6 件（25.0%），契約社員 2 件（8.3%），請負社員 1 件（4.2%）と続き，また派遣社員としては 2 件（8.3%）が受け入れていた。外国人従業員の国籍別では，ベトナム 16 件（うち，12 件で技能実習生を受け入れ）が最も多く，中国 9 件，フィリピン 7 件，インドネシア 3 件，タイ 2 件と続いている。技能実習生を受け入れている 16 件の事業所に関して，技能実習生（または旧制度下の研修生）の導入年は「2004 年以前」6 件，「2005〜2014 年」5 件，「2015 年以降」5件であり，導入して 15 年以上と 5 年未満の事業所とがそれぞれ 3 分の 1 前後を占めている。

2-4　業種別に見た豊岡市の製造業事業所における外国人雇用の事例

　前出の豊岡市・神戸大学による 2019 年度の事業所調査における質問紙調査のなかで，外国人従業員を雇用している事業所 40 件に「外国人従業員の雇用理由」をたずねたところ，製造業（食料品製造業含む）事業所からの回答 12 件のうち，「人手不足」が 10 件と 8 割強（83.3%）を占め，「その他」（ハローワーク求人，請負

の結果等）が 2 件（16.7%），そして「外国人としての能力が必要だから」との回答はなかった［豊岡市 2020：53］。以上の設問への回答結果はごく一端であるが，この地方の働き手不足の状況が製造業事業所での外国人従業員の雇用にもつながっていると考えられる。

　そこでここからは，先に挙げた質問紙調査・聞き取り調査に回答のあった，外国人従業員を雇用する 24 件の製造業事業所について，業種別に外国人従業員の雇用状況や導入の経緯などの事例を見ていくこととする。

（1）食料品製造業

　食料品製造業事業所では，外国人従業員を主に畜産食料品や水産食料品の加工の現場で，技能実習生とパートの形態で雇用している。

　まず技能実習生について，水産食料品製造業事業所（N.5）は聞き取りに対し，それ以前は水産加工の仕事に近隣漁港の漁師の妻に来てもらっていたが，漁師そのものが減少し，地域の女性が船頭・船主の妻しかいないような状態になったため，外国人を採用することになった，と答えている。採用にあたっては，先行して外国人を採用していた鳥取県の水産加工業の事業所にならい，中国人研修生を受け入れ，制度が変わって技能実習生となった後，2017 年よりベトナムからの受け入れに転じたという。技能実習（2 号まで）が 3 年という制約もあるため，今後は日本語学校を介してその卒業生を正社員として雇用することも検討されている。また畜産食料品製造業事業所（N.3）は，「日本人は見た目のきれいさにこだわるため」加工に手間がかかり人手がより多く必要になる一方で，業界的に人手不足が続いていたことから，技能実習生を採用したと答えている。同社も当初は中国人のみの受け入れから始めたが，途中帰国なども多かったため，近年ベトナムやインドネシアを合わせた複数国からの受け入れに転じている。同社は自社外からも外注として日本人を 30 名程度受け入れており，総従業員は 5 年で 50 人程度（200 人→150 人）減っているものの，機械化とコスト削減が進んだこともあって，製造数と業績は拡大しているという。また，本音では受け入れコストの少ない日本人を採用したくとも，求職者から選ばれる中では「最後のほう」に当たる職種であって外国人に頼らざるをえないとの話もあり，技能実習も年限があることから，技能実習 3 号や特定技能への移行，さらに社員としての雇用も検討されている。

　パートでの雇用について，畜産食料品製造業（N.2）では，日本人従業員も含めて製造部では正社員とパートの割合が 1 対 5 であり，そこでパートとして働く 8 人の外国人従業員はいずれも日本人配偶者のいるフィリピン人女性とインドネシア人男性であり，勤務日や時間帯はシフトによるが，勤務時間はおおむね 8 時間とほぼフルタイムで働いている。正社員もパートも採用難が続き，日本人の派遣社員も 6 人受け入れているが，現場では仕事量に比して人手が足りておらず，

今後は技能実習生の受け入れも検討しているとのことであった。

（2）繊維工業（ニット製下着製造業）

　繊維工業では，ニット製下着製造業の3社が外国人従業員を技能実習生と正社員，パートとして雇用しており，技能実習生は主にミシン縫製を行っている。3社（N.6〜N.8）はいずれも但馬地方に拠点のひとつをもつ大手下着メーカーの関連企業・協力工場であり，うち1社（N.7）への聞き取りによれば自社で縫製から品質検査までを完了した製品を発注元企業の名前で小売店まで出荷する「完全納品」を行っているという。また同社によると，正社員やパートで働く外国人従業員は日本人配偶者のいるベトナム，中国，フィリピン出身の国際結婚女性であり，日本人従業員は自社内の他に内職も雇っている。そして技能実習生の導入は，従業員の高齢化と若年層の採用難がすでに進んでいた2000年代初めに，同業組合の紹介で中国人研修生を受け入れたことに始まっている。

（3）なめし革・同製品・毛皮製造業（かばん製造業）

　かばん製造業では，他社からの委託製造や部品製造を行う事業所などで外国人従業員が雇用されている。雇用形態は契約社員，正社員，パートなどがあり，正社員やパートはフィリピン，ベトナム，中国からの国際結婚女性が担っている。また技能実習も部品製造などで受け入れられている。大手ブランドの委託製造などを行う事業所（N.14）は，京丹後市とベトナムにも自社工場をもち，ベトナムから社内研修として1年間の研修生15人を京丹後市の工場で受け入れるとともに，ベトナム工場で通訳を務めていたベトナム人を豊岡市内の本社で契約社員として雇用し，さらに京丹後市の工場では関西の大学を卒業したベトナム人元留学生を通訳として雇用している。同社への聞き取りによると，現地のかばん製造業事業所としては規模の大きい同社では人手がまだ足りているものの，新規採用が年々難しくなってきており，十数社ある下請先ではいまでも人手不足で困っているという。

（4）輸送用機械器具製造業

　輸送用機械器具製造業では，自動車部分品・附属品製造業で技能実習生が，鉄道車両用部分品製造業で正社員，パート，また自社外からの派遣社員が外国人従業員として雇用されていた。自動車部分品・附属品製造業の2社（N.22, N.23）は，いずれも自社または関連企業が海外（中国，インドネシア，ベトナム他）に現地工場をもっており，その関わりをもとに技能実習生を採用している。技能実習生は主に素形材の成形や部品の組立・検査，機械の保全などに従事する。また鉄道車両用部分品製造業事業所（N.24）は，アジアを始め世界各地へ納入する大手電機メーカーの製品を主に製造しており，人手不足のためその関連企業の紹介で「技術派遣」という名目でベトナム人男性の派遣社員を受け入れるとともに，そのうち1名のベトナム人妻をパートとして，また他に日本人配偶者をもつベトナ

ム人国際結婚女性2名をハローワーク経由で正社員として雇用している。同社の製造現場では注文ごとに同じ製品がなく個別生産でロットが1台ずつ，ほぼ図面を見ながらの組立作業のため，日本語能力に個人差のあるベトナム人派遣社員には，日本人社員やベトナム人国際結婚女性がペアを組んでサポートしている。

（5）プラスチック製品製造業

プラスチック製品製造業では，3社いずれも技能実習生を受け入れており，うち1社では他に正社員として外国人従業員を雇用している。2社（N.12, N.13）への聞き取りによると，どちらも近畿地方他府県に本社があり，海外（中国，タイ，ベトナム）に現地工場や合弁企業をもっている。技能実習生は主に原料補給などの業務に従事し，工場のライン稼働に合わせて夜勤を含むシフト制で勤務している。また技能実習生の実習修了後について，現地工場や合弁企業からの求人にタイやベトナムでは応じてくれるが，中国はいまやあまり来てもらえない，という話も聞かれた。

（6）電気機械器具製造

電気機械器具製造では，正社員や請負社員などとして外国人従業員が雇用されている。配電盤・電力制御装置製造業1件（N.20）では，組立てラインの現場で中国とベトナム出身の国際結婚女性が正社員として雇用されており，特にベトナム人女性たち（30代前半）は日本人従業員も含めて職場で最も若いという。その他の電気機械器具製造業1件（N.21）では，機械オペレーターとして主に永住者，定住者などのビザをもつ日系フィリピン人男女が請負社員および派遣社員のかたちで多数雇用されている。同社で働く日系フィリピン人の中には，他の家族に続いて初めて来日した人もいれば，日本国内からより良い仕事や待遇を求めて移って来た人との双方がいる。

（7）上記以外

上記以外の業種では，印刷業，鉄骨製造業，非鉄金属素形材製造業，集積回路製造業の事業所で技能実習生が受け入れられており，段ボール箱製造業では外国人従業員がパートとして雇用されている。そのうち印刷業事業所（N.10）では，2004年から中国人女性技能実習生を受け入れており，鉄骨製造業（N.17），非鉄金属素形材製造業（N.18），集積回路製造業（N.19）では，2017〜2018年にベトナム人男性技能実習生の受け入れを始めている。集積回路製造業事業所（N.19）への聞き取りによると，新卒ではまだ人が採れているものの，派遣会社やハローワーク経由の臨時雇用で人が来てもらえなくなってきたため，技能実習生の採用を始めたという。また非鉄金属素形材製造業（N.18）は，昭和50年代の創業時に近隣の兼業農家を受け入れてきた経緯で当時から日本人従業員も日給制であり，リーマンショック後に何人か辞めてもらった後，それから少し雇用を増やしたものの高齢化が進み，地域に若者がおらず，ハローワークでの求人状況も芳しくな

いため，取引先の事業所での導入例を参考に技能実習生の採用を始めたとのことであった。以上 2 社いずれも夜勤を含むシフト制で組立てまたはプレスの作業に技能実習生が従事しており，大手電機メーカーの子会社で技能実習生の受け入れ人数も多い前者では，技能実習生の受け入れにあたって人材派遣会社経由でベトナム人男性を契約社員として採用している。

2−5　新型コロナウイルス感染症流行以降の動向

　以上に挙げた調査結果は，2019 年度調査時点の回答によるものであった。その直後，2020 年 3 月以降に日本で新型コロナウイルス感染症（COVID-19）の流行が始まり，各事業所や外国人従業員をめぐる状況にも少なからぬ影響が生じたと考えられる。

　そこで豊岡市と神戸大学で，2019 年度調査の時点で外国人従業員を雇用していた事業所に対して，2020 年 8 月に追加の質問紙調査を実施した。製造業事業所については，22 件の事業所に送付したところ，20 件の事業所から回答があり，いずれの事業所（20 件，100％）も 2020 年 8 月時点でも外国人従業員を雇用していた。前年同月からの外国人従業員数の変化は，「変化なし」8 件（40.0％），「増加」6 件（30.0％），「減少」6 件（30.0％）で，他産業も含めた外国人従業員の総数はほとんど変わっていないが，当時の「新型インフルエンザ等対策特別措置法に基づく緊急事態措置実施」等の影響もあってか，2020 年 4 〜 7 月における前年同期間からの景況感の変化は「変わらない」4 件（20.0％），「やや悪くなった」1 件（5.0％），「悪くなった」14 件（70.0％），無回答 1 件（5.0％）であり，外国人従業員の雇用に対する今後の影響は「あると思う」9 件（45.0％），「ないと思う」5 件（25.0％），「わからない・無回答」6 件（30.0％）であった［豊岡市 2021b：111-127］。

　外国人従業員の雇用に関しては，前掲の**表 7-5** に挙げたとおり，2019 年 11 月末時点から 2021 年 11 月末時点での在留資格別の外国人住民数から見ると，技能実習生（355 → 243 人）が減少する一方で，特定活動（52 → 64 人），技術・人文知識・国際業務（48 → 64 人），特定技能（0 → 21 人）が増加していた。

　この点について，工業用プラスチック製品製造業事業所（N.12）への聞き取り（2021 年 8 月）によれば，例年は新規の技能実習生が 4 月に入国するところ，新型コロナウイルス感染症の流行にかかる入国制限により 2020 年は 12 月にずれ込み，2021 年は 8 月の調査時点で新規入国ができておらず，他方で 3 年間の実習を修了し帰国予定だった 2 人が技能実習 3 号へ移行し，同社に残っているとのことであった。

　また，非鉄金属素形材製造業事業所（N.18）への聞き取り（2022 年 8 月）によると，新型コロナウイルスの流行が始まった当初は仕事が激減したが，その後徐々

に元に戻り，技能実習修了後の帰国や新規の技能実習生の入国が困難だったタイミングでは，他社・他業種で技能実習を修了した元実習生を特例で許可されている特定活動の資格で受け入れている。そして同社で技能実習を修了した元実習生が特定技能に移行しており，さらに 2022 年 12 月に新規の技能実習生の受け入れがあるとのことであった。ただし，急激な円安の影響や，韓国，オーストラリアなど他国での待遇との比較などもあって，近年受け入れを続けていたベトナムからの技能実習生の募集・採用が同社や同業他社でこれまでより難しくなっている，との話もあった。

◥ おわりに
——豊岡市の事例から見える地方の製造業事業所における外国人雇用の現在

　これまで見てきたように，豊岡市では 20 人未満のより小規模の事業所から，300 人以上のより大規模な事業所に至るまで，さまざまな業種の製造業事業所で外国人従業員が雇用されている。所在地を見ても，一部は工業団地や市街地近郊に集まっているものの，中山間地や漁港地区を含めて，旧1市5町の各地域に点在している。

　外国人技能実習制度に関しては，上林 [2017；2019] が指摘するように，主に中小零細企業で構成されている縫製業や鋳造業のもとで人手不足が深刻化するとともに先行して受け入れが始まり，やがて制度の広がりや発展，環境の整備が進むにしたがって，自動車や電機産業などの大規模事業所でも，とりわけ派遣労働力や日系人の代替として技能実習生の雇用が拡大してきた。技能実習生や研修生の受け入れにあたっては東・東南アジアの現地工場等との結びつきもあり，蘭・福本 [2018] にまとめられているように，製造業の海外移転やその後の国内回帰といった，よりグローバルな展開のなかにも位置づけられる。これらの指摘は豊岡市の事例にも当てはまる。また地域社会との関わりでは，上掲の上林や二階堂 [2019a；2019b] が述べるように，技能実習を導入している製造業事業所はもともと水産加工業や中小製造業など，より人件費の安い過疎地に立地していることが多く，地域社会との関わりにも乏しかったが，少子高齢化，人口減少のさらなる進行にともなって，地域社会からも注目される存在になっている。豊岡市でも，技能実習生が地域清掃などの活動や，地域のお祭りや運動会などの行事へ参加し，事業所が技能実習生の歓迎会を地域で開催するなど，地域交流の取り組みも始められていた。ただし，非鉄金属素形材製造業事業所（N.18）への聞き取りによれば，所在地区が高齢者の多い地区ということもあって，新型コロナウイルス感染症の流行後はそうした取り組みが軒並み中止になっており，交流機会の再開が待たれている。

　また一方で，豊岡市の製造業事業所で働く外国人従業員に占める技能実習生の比率はやはり高いものの，地域に居住する国際結婚女性・男性や，他地方の大学を卒業した元留学生，日系２世・３世，通訳や技術者等の専門職，さらには家族滞在で夫・妻に帯同している男女など，さまざまな経路と資格で雇用されている。派遣労働者や季節労働者など，非正規雇用の代替として技能実習生の受け入れを始めた事業所も少なくないが，そうした事業所も含めて正社員や契約社員などの雇用も増えており，若年層のより少ない地方にあっては，今後もますます外国人労働者の需要が高まってくると考えられる。さらに，新型コロナウイルス感染症流行にかかる出入国制限の影響なども受けて，技能実習から特定技能への移行も始まっており，他地域・他業種で技能実習を修了した元実習生が特定技能や正社員で雇用される事例も出てくるなど，さらなる変化のきざしも生じている。

付　記

　本章のはじめに・第１節は大久保，第２節・おわりには梅村が執筆した。

●注

1）平成26年４月１日施行の日本標準産業分類（中分類）では，製造業は24種類に分類されている。

2）食料品製造業と外国人労働者の関係については，飯田・伊藤［2021］に詳しい。

3）津崎［2014：129-130］。実際，2020年「国勢調査」における全産業を含めた外国人労働者数は110万2313人であるが，同年10月末の「外国人雇用状況の届出」では172万4328人，前年10月末のそれでも165万8804人であり，数値に乖離があることが分かる。ただ，「在留外国人統計」や「外国人雇用状況の届出」では，外国人労働者の詳しい従業上の地位を確認できない。

4）厚生労働省愛媛労働局および岐阜労働局「外国人雇用状況の届出状況（令和３年10月末）」別表４より。

5）中小企業基本法による定義では，最も人数が少ない小売業で従業員50人以下が「中小企業」，一方で製造業その他は従業員20人以下で「小規模企業」とされる。

6）中小規模の企業と外国人労働者の関係については，日本政策金融公庫総合研究所［2017］に詳しい。

7）豊岡市住民基本台帳および外国人登録データの数値は，注９で言及する調査内で提供されたものに基づく。以下も同じ。

8）特別永住者を含む。

9）2019年度の同調査と2020-2021年度の追加調査の概要については，豊岡市［2020；2021b］を参照のこと。

10）上記の外国人雇用製造業事業所32件中，５件は外国人住民への質問紙調査で被雇用先として把握した対象であり，当該の外国人住民以外の外国人従業員数は加算していない。またもう１件は，関係機関への聞き取りによって把握した対象である。

11）豊岡市［2022：45］による2019年の産業中分類別製造品出荷額の上位10分類は，①プラスチック製品製造業（197.2億円，全製品出荷額中14.7％），②電子部品・デバイス・電子回路（181.1億円，13.5％），③食料品製造業（167.9億円，12.5％），④金属製品（112.8億円，8.4％），⑤なめし皮・同製品・毛皮製造業（96.3億円，7.2％），⑥輸送用機

械器具製造業（87.1 億円，6.5%），⑦ 電気機械器具（68.5 億円，5.1%），⑧ 印刷・同関連業（47.6 億円，3.6%），⑨ 窯業・土石製品（38.1 億円，2.8%），⑩ 生産用機械器具（31.8億円，2.4%）である。

● 参考・引用文献

蘭信三・福本拓［2018］「人の移動と産業をめぐる歴史的変容」，駒井洋監修・津崎克彦編『産業構造の変化と外国人労働者——労働現場の実態と歴史的視点』（移民・ディアスポラ研究 7），明石書店.

飯田悠哉・伊藤泰郎［2021］「『食の外部化』と外国人労働者——食料品製造業を中心に」，伊藤泰郎・崔博憲編著『日本で働く——外国人労働者の視点から』松籟社.

上林千恵子［2017］「製造業における技能実習生雇用の変化——中小企業から大企業への展開」，堀口健治編『日本の労働市場開放の現況と課題』筑波書房.

―――――［2019］「地域社会における外国人労働者受け入れ——人口減少と技能実習生への依存の深化」『生活経済政策』266.

厚生労働省［2022］「『外国人雇用状況』の届出状況表一覧（令和 3 年 10 月末現在）」 https://www.mhlw.go.jp/content/11655000/000887555.pdf（2022 年 11 月 24 日閲覧）.

厚生労働省兵庫労働局［2020］「兵庫労働局における『外国人雇用状況』の届出状況（令和元年 10 月末現在）」 https://jsite.mhlw.go.jp/hyogo-roudoukyoku/content/contents/R1.pdf（2022 年 11 月 24 日閲覧）.

―――――［2022］「兵庫労働局における『外国人雇用状況』の届出状況（令和 3 年 10 月末現在）」 https://jsite.mhlw.go.jp/hyogo-roudoukyoku/content/contents/R3.pdf（2022 年 11月 24 日閲覧）.

津崎克彦［2014］「在留外国人統計に見る外国人労働力の性質と変容」『四天王寺大学紀要』58.

豊岡市［2020］『2019 年度　豊岡市・神戸大学共同研究「外国人住民に関する調査研究」報告書』 https://www.city.toyooka.lg.jp/_res/projects/default_project/_page_/001/011/099/houkokusho.pdf（2022 年 11 月 28 日閲覧）.

―――――［2021a］「令和 2 年国勢調査結果」 https://www.city.toyooka.lg.jp/shisei/tokei/kokusei/1016810.html（2022 年 10 月 17 日閲覧）.

―――――［2021b］『2020-2021 年度 豊岡市・神戸大学共同研究「外国人住民に関する調査研究」報告書』 https://www.city.toyooka.lg.jp/_res/projects/default_project/_page_/001/019/934/houkokusho.pdf（2022 年 3 月 14 日閲覧）.

―――――［2022］「豊岡市経済・産業白書 2021 年度版」 https://www.city.toyooka.lg.jp/_res/projects/default_project/_page_/001/002/313/hakusyo2021rev2.pdf（2022 年 12 月 13 日閲覧）.

二階堂裕子［2019a］「中山間地域における外国人技能実習生の受け入れ政策」，徳田剛・二階堂裕子・魁生由美子編『地方発　外国人住民との地域づくり——多文化共生の現場から』晃洋書房.

―――――［2019b］「外国人技能実習生と地域住民の顔の見える関係の構築」『社会分析』46.

日本政策金融公庫総合研究所［2017］『中小企業の成長を支える外国人労働者』同友館.

法務省出入国在留管理庁［2019］「公表資料」『令和元年 6 月末現在における在留外国人数について（速報値）』 https://www.moj.go.jp/isa/content/930004455.pdf（2022 年 11 月 22 日閲覧）.

―――――［2021］「公表資料」『令和 3 年 6 月末現在における在留外国人数について』 https://www.moj.go.jp/isa/content/001356650.pdf（2022 年 11 月 22 日閲覧）.

第**8**章

地方における外国人介護人材受け入れの現状と課題
──愛媛県今治市島嶼部の介護事業所を事例として──

大黒屋貴稔・村岡則子

はじめに

　日本では，近年，諸外国の中でもとりわけ類をみない速度で少子高齢化が進行している。それにともなって，生産年齢人口も急減しつつあり，近い将来，各産業で労働力が大幅に不足することがみこまれている。なかでも介護分野のそれは深刻であるとされ，ある推計によれば，2035年には，約68万人の介護人材が不足するという［経済産業省 2016：28］。

　そうした情勢をうけ，政府は介護人材確保の一環として，2000年代終盤より，外国人介護人材受け入れの環境整備をすすめてきた。EPA（経済連携協定）による外国人介護福祉士候補者のインドネシア（2008年～），フィリピン（2009年～），ベトナム（2014年～）からの受け入れを皮切りに，2017年9月には在留資格に「介護」が，同年11月には技能実習制度に「介護」分野が追加され，2019年4月には全く新たな在留資格「特定技能1号」が介護分野に関しても設立されるといった具合である［大黒屋・村岡 2021：111-2］。

　こうした制度・政策的な後押しもあり，日本で働く外国人介護人材の数は年々増加傾向にある（2011年：4491人→2013年：5910人→2015年：8213人→2017年：1万3536人→2019年：2万2706人→2021年：4万1189人，厚生労働省・職業安定局［2012～2022］より抜粋）。それにともなって，大都市圏のみならず，地方圏でも外国人介護人材の姿を目にする機会が増えてきた。そこで，本章では，地方圏に着目し，外国人介護人材の受け入れの現状や課題について検討してみたい。

　地方における外国人介護人材の受け入れというトピックを主題として論じる先行研究はあまり多くは存在しない。それらは，受け入れられる側の視点（外国人介護人材の視点）に着目した研究と，受け入れる側の視点（日本人介護職員の視点）に着目した研究の2つに大別することができる。前者についていうと，高畑［2011；2014］がフィリピン人EPA介護士の地方圏に定着する要因について，橋本ほか［2020］が地方圏で勤務するフィリピン人・インドネシア人のEPA介護士の各種支援ニーズについて明らかにしている。後者では，地方圏で外国人介護

人材を受け入れる意義やその現状，日本語学習支援をはじめとする今後の受け入れ課題等について，細田［2011］および佐野［2020］が受け入れ担当者たちの声を，熊谷［2018］が日本人職員全般の声を明らかにしている。

　これらの研究はあまねく，地方における外国人介護人材の受け入れというトピックに関してきわめて貴重な知見を供してくれている。しかしながら，いずれも，複数の介護事業所に関わる研究であり，ひとつの事業所を対象とするものではない。地方における外国人介護人材受け入れの如何を左右する，事業所の立地や社風，人員充足状況等の問題が事業所ごとに大きくその様相を異にする以上，ひとつの事業所に限定して，これらの諸点について詳らかにしていくことにも大きな意義があるだろう。そこで以下では，愛媛県今治市の*a*島にあるＡ介護事業所を対象とするケーススタディを行って，地方における外国人介護人材受け入れの現状や課題について展望してみたい。*a*島の事業所をとりあげる理由は次のとおりである。日本の多くの地方社会と同様に，*a*島においても，少子高齢化や社会減等により，地域の人口は減少の一途をたどっている。他方で，同島の主要産業のひとつには，多くの外国人が従事するようになってきており，しかもその数は年々増加傾向にある。その点で，*a*島は日本人人口の減少地域でありながらも，外国人人口の増加地域でもあるという，日本の地方社会の今後を占うひとつのモデルケースと考えられるからである。以下ではまず，本章が実施したＡ事業所に関するケーススタディの概要を説明する。そのうえで，「外国人介護人材受け入れの動機」「受け入れに際して用いた制度」「外国人介護人材の人員計画・キャリア形成」「外国人介護人材に対する周囲の受け止め・関わり」等，Ａ事業所での外国人介護人材受け入れに関する主だった論点をとりあげ，順を追って報告することにしたい。

1　ケーススタディの概要

1-1　調査対象と方法

　調査対象は*a*島のＡ事業所ならびに同事業所に勤務する3名の職員（Ｘ施設長：男性50代，Ｐ介護主任：男性50代，Ｚ特定技能職員：技能実習から特定技能に移行したてのベトナム人男性20代）である。2022年9月頃，島内とＡ事業所をフィールドワークするとともに，上掲3名に対し半構造化インタビューを実施した。インタビューはＡ事業所にて対面で2回おこなわれ，1度目はＸ施設長とＰ介護主任に対して，2度目はＸ施設長とＺ特定技能職員に対して，それぞれ100分程度，インタビュアーが日本語で質問を行う形で実施された。インタビューした内容は対象者の許可を得てすべて録音した。1度目のインタビューの主な質問項目は次のとおりである。「外国人介護人材の受け入れ動機・受け入れ制度」「外国人介護人

材の勤務状況・採用計画・キャリア形成」「外国人介護人材に対する周囲（利用者・職員・地域）の受けとめ・関わり」「外国人介護人材の定着や支援体制」「外国人介護人材の日本語能力・教育」「外国人介護人材を受け入れての感想（良かったこと・困ったこと・今後の課題）」「コロナウィルス感染拡大の影響や自治体・政府に対する要望」。2度目のインタビューの主な質問項目は，「A事業所での勤務にいたった経緯や動機」「業務内容」「日本語・介護の学習」「勤務外の生活」「地域社会との関わり」「宗教」「働いてみての感想（良かったこと・困ったこと）」「今後の予定」「後輩へのアドバイス」である。

　以上のフィールドワークやインタビューで入手したデータはすべて文字化したのち，KJ法を援用する形で分析を行った。各データに対し，その内容を表すラベル付けを行ったのち，内容の近いラベル同士をひとつのグループへまとめた。そのうえで，各グループに対して，その内容を反映するグループ名を付していき，データ全体の要約を試みた。以下では紙幅の都合により，これらのデータの一部のみをとりあげて，X施設長の発言を中心に内容を整理したした上で報告する。

1-2　倫理的配慮

　上述の3名に対して，調査の意義・目的・方法や個人情報保護に関わる事項，調査結果の公表がありうる旨を記載した文書を配付し，調査に対する協力の同意を得た。なお，個人や事業所，地域等の特定を避けるため，文中におけるそれらの名称はすべて仮称としている。くわえて必要に応じて，日時・年齢・人口・高齢化率・外国人比率等の各種数値に関しても，実数は明記せず，曖昧な表記にしたり，伏せ字にしたり等の処置を行った。

1-3　α島とA事業所の概要

（1）α島の概要

　人口は4000人～6000人程度，西瀬戸自動車道（通称しまなみ海道）のとおる島であり，来島海峡大橋や因島大橋をはじめとする9橋梁によって，愛媛県今治市・広島県尾道市の陸地部と結ばれている。高齢化率は40％～50％程度，外国人比率は今治市の陸地部の数倍程度と，高齢者と外国人が多く暮らす地域となっている（外国人比率ついては「今治市住民基本台帳人口統計」より著者らが算出した結果に，高齢化率については同市担当部署に照会した結果にもとづく）。この島に外国人住民が多いのは，同島の主要産業のひとつである造船業が技能実習生等を長らく受け入れてきたためである。

（2）A事業所の概要

　そうしたα島に位置するA事業所は中規模の入居型介護施設である（職員数・入居定員ともに40～50名程度）。要介護度4以上の後期高齢者を中心に，食事介

助・入浴介助・排泄介助をはじめとする各種ケアサービスが提供されている。外国人介護人材の受け入れは3年前より開始し，2022年9月現在，受け入れ1期生にあたるZ特定技能職員（以下Zくんと表記）と2期生の技能実習生2名が勤務している。

2　外国人介護人材受け入れの動機，地域における受け入れの現状，A事業所が受け入れに際して用いる制度について

2-1　外国人介護人材受け入れの動機について

まず，A事業所の外国人介護人材受け入れの動機についてである。求人を出しても応募が全く来ないという，島嶼部ならではの深刻な介護人材不足の現状や，それに対する危機感とが相まって，外国人介護人材の受け入れへと，本事業所を後押ししたという。

> 「初めは正直なところ［中略］否定的だったんですよ，まだ何とか日本人でやっていこうふうなかたちで。ただ，現状として，求人を出しても全く来ない。［中略］募集対象をこの島に限らず3島5町，β島・γ島まで広げても来ない。あげくは今治の陸地部まで広げても確保が難しい。そうなってきたら，やはり……」
> （X施設長，［　］内補足・下線は筆者，以下同）。

2-2　地域における受け入れの現状

そうした情勢もあって，島嶼部エリア全体で，技能実習制度を利用した外国人介護人材の受け入れが近年，急速に進展しているという。

> 「この数年で，介護人材における技能実習生のほうは島嶼部でもかなり増えとるんです。［中略］α島でもうちとB事業所さん［中略］，全員ベトナム人で。β島のほうはC事業所さん［中略］，それからD事業所さんかな。あそこにベトナムの方が●人になるかな。［中略］γ島のほうに行ったら，E事業所さんのほうで［中略］●名やったかな」（X施設長）。

2-3　なぜ技能実習制度を用いるのか

上述のとおり，A事業所では，外国人介護人材の受け入れに技能実習制度を用いている。技能実習制度を利用した直接のきっかけは，介護分野の一般監理事業（技能実習生3号の監理も行う事業）の許諾を受けた優良な監理団体と，X施設長の知人とが懇意にしていたことにあるという。

> 「技能実習を受けるに当たって，監理団体が必要になってくるんですけれども。

[近隣の] B事業所さんの施設長の弟さんが懇意にしとった監理団体があるいうことで。またこれも一般監理団体いうのかな，優秀なほう。[中略] そしたら安心して任せられるって，技能実習にした」（X施設長）。

2-4　なぜEPAや特定技能制度を用いないのか

A事業所が外国人介護人材の受け入れにEPAや特定技能制度を用いないのは，これらの制度を利用すると，大都市圏の事業所とのいわば勝ち目のない人材獲得競争にまきこまれてしまう懸念があるためである。

「先行して [中略] F事業所さんいうところがEPAを受け入れとったんですけど。2期生・3期生を申し込んだけど，大都会には勝ち目がないって。基本となる給料の待遇面で圧倒的に違うって。で，EPAは駄目にしようと」
「特定技能いうたら，それで入ってきたら，転職の自由があるとか。[中略] いきなりの特定技能いうふうなのは，今のところ [考えていない]」「ここの給料が安いからとか，大都市のほう，東京のほうに行きたいよとか，大阪に変わりたいよっていわれたら……」（X施設長）。

2-5　技能実習修了後の受け入れ制度について

外国人介護人材の技能実習修了後の受け入れについては，特定技能への移行，ないしはその間に介護福祉士資格を取得してもらって，在留資格「介護」へ移行してもらうことを想定しているという。

「うちの場合は技能実習でまだ3号が受け入れられる状態じゃないし [中略]，技能実習で3年間育てて，そこから特定技能1号に移行してプラス5年で計8年，これを。その間に介護福祉士の国家資格を取ってもらって，就労ビザ [＝在留資格「介護」] に切り替えて，好きなだけおってもらうっていうふうなんで」（X施設長）。

3　外国人介護人材の人員計画・キャリア形成，定着を図るためにしていることについて

3-1　人員計画について

当事業所の外国人介護人材の人員計画はおおむね次のようである。技能実習生を隔年で2名ずつ受け入れていき，先輩実習生が後輩実習生を指導するサイクルを確立したい。そうする中で，特定技能や在留資格「介護」に移行して，長期的に勤務してくれる人材が時折出てくれたら，というものである。

「技能実習1号がうちの場合2名までしか受け入れられんので。［中略］でも定期的に技能実習生は受け入れを続けていくつもりで」「いいサイクルをつくっていって。[1期生である] Ｚくんと今の2期生の子らのスパンが2年ぐらいになっとんで。こういうかたちで次来る3期生の子らに対して，今の2期生の2人のうちどっちかが教えてくれるような形で順繰りに定期的に回っていくようになれば。少ない時でも4名の人材は確保し続けられるんじゃないかな。そうなりながら，そのうち何年かに一遍でいいけん，特定技能へ移ってもう何年かはここで働きたい，これぐらいだったら介護福祉士としてもうちょっといたいっていう子が出てきてくれたら」（Ｘ施設長）。

3-2　キャリア形成の可能性について

　能力・意欲・経験に応じて昇格・昇進する等，外国人であろうと，日本人とまったく同様のキャリア形成が可能であり，日本人と一緒になってこの事業所でできるだけ長く働いてほしいとのことである。事業所のリーダー的なポジションを担う人材にも出てきてほしいという。

　「Ｚくんみたいな[優秀な] 子は，うちの施設のいわゆる将来を担う一部になってほしい長くいてほしい人。ちょっと腰が据わってないような子は，腰がある程度据わったら，スタッフとして頑張っていってもらいたいなって。[一方]明確に3年だけ働いて，技能実習の3年が済んだら次の目標があるっていう子はここにいる間，介護の仕事は最低限しないかんけど，次のステップにつながる，日本語とかお金をためるとかいうふうなのを頑張ってもろたらいいよって」
　「管理者としていわしてもろうたら [中略]，外国人じゃけん役職に付けへんいうのはなしで。もう [日本人職員と外国人職員の] 両方のまとめ役をやってほしいっていうふうなんで。そこを目指す人に出てきてほしいなと」（Ｘ施設長）。

3-3　定着を図るためにしていることについて

　「技能実習の3年間が終わって特定技能に移る時に自分でみつけて，東京や大阪の施設に移りますといった話を近隣で聞いている」（Ｘ施設長）こともあり，Ａ事業所では，技能実習から特定技能に移行した後も外国人介護人材に施設で働き続けてもらうために，以下の2つの取り組みを行っているという。

　【実習生のリーダーとしての役職を設ける】
　「Ｚくんには，後輩を育てていってほしいいうことで。実習生の立場であったけん，公には役職とか付けてないですけれども。特定技能に移ったから，役職としてそういうポジションを与えていってもいいかなと。技能実習生のリーダーとしてとか。そうしたら明確に，自分のやるべき内容と行動，仕事内容に後輩を育て

ることが含まれて。それに対する待遇面も示せたら。そこを目指して次の子が，あの人みたいになりたいっていう目標になってくれたら」（Ｘ施設長）。

【介護福祉士を目指す場合には積極的に支援する】
インタビュアー：「そんなふうに長く定着させるために，他に意識して行われたことはありますか」
Ｘ施設長：「実務者研修で上を目指すステップを踏みたいっていうたら，日本人同様に全面的にバックアップする」。

　外国人介護人材が介護福祉士を目指すには3年以上の実務経験にくわえ，実務者研修（450時間）を修了したうえで，介護福祉士国家試験に合格する必要がある。ＺくんもこのたびＡ事業所より，勤務・金銭の両面におよぶサポートをうけ，実務者研修を修了し，来年1月の国家試験の合格に向けて日々勉学に勤しんでいるという。

4　外国人介護人材に対する周囲の受けとめ・関わりについて

4-1　利用者の受けとめ・関わり

　高齢者に大きな敬意を払う文化に生まれ育ったためか，外国人介護職員の働きぶりはおおむね良いといってよく，利用者からの評判・反応も総じて好意的なものだという。

Ｘ施設長：「働きぶりは全体的にいい部類に入るんじゃないかな。［中略］お年寄りとか長老さんを敬うような文化は多分日本よりもずっと引き継いでる［こともあって］」
インタビュアー：「じゃあ，やはり利用者の方からの評判もいい感じ」
Ｘ施設長：「総じてええね。名前で呼ばれるもんね。日本人はあまり呼んでくれへんけど，Ｚくん，Ｚくんとね」。

4-2　職員の受けとめ・関わりについて

　Ａ事業所の日本人職員は外国人職員の受け入れを大いに歓迎している。正職員からパート職員までさまざまな立場の人間が外国人職員に関わっており，プライベートでも遊びに連れていってくれるなど，外国人介護人材を大事にしてくれているという。ただし，これは自然にそうなったというよりも，受け入れの準備段階から，日本人職員に対して，受け入れに関することがらはあまねく開示・説明するようつとめる等，一定の配慮があったためとのことである。

インタビュアー：「外国人の方々が労働者として参入している，この辺に関しては
　　いかがですか，現場の声として」

P介護主任：「もうフレンドリーに，ウエルカムです」

X施設長：「大歓迎。いろんな人が関わってくれるんで。介護職の人たちも，洗
　　濯のパートのおばちゃんらも遊びに連れてってくれたりして。潮流体験に連
　　れていったりとか。[中略] やっぱり職員のおばちゃんなりにしたって，自
　　分の息子とリンクさせて考えてしまうけん。国超えて日本に来てくれて，寂
　　しかったらいかんけんとかで，大事にしてくれる。ただ，職員が受け入れを
　　歓迎してくれた背景いうふうなのは，もう受け入れの準備段階から全職員に
　　対して進捗状況なり何なりを全部開示して，今の状況を [説明していったと
　　いうことがある]」。

4-3　地域社会の受けとめ・関わりについて

　前述したとおり，A事業所の位置するα島は外国人が多く暮らしている。地域
住民は外国人と接することに慣れており，外国人住民に対して理解もあるという。

インタビュアー：「もう普段から外国の方々がよく入って，造船とかで入ってこ
　　られて，慣れてるんですかね」

X施設長：「そうですね。[中略] 近所の人からも大事にされとるし，α島ってい
　　うところは，外国人に対しての抵抗感いうふうなのは少ないんかなと」

P介護主任：「Zくんが住んでいる隣におばちゃんがいるんですよ。そのおば
　　ちゃんが親切でもう手をかけてくださるもんですから。近所のことから何か
　　らいろいろと教えてくださるんです。助かっております」

X施設長：「その人の息子さんとこも造船やったか鉄鋼やったかで，実習生が来
　　てるっていっとった。やけん理解もあると」。

5　新型コロナウィルスの感染拡大の影響，
　　受け入れての感想，政府への要望について

5-1　新型コロナウィルス感染拡大の影響について

　新型コロナウィルス感染拡大の影響についてたずねたところ，2期生の入国が
遅れたことや余暇的な活動をほとんどしてあげられなかったことがその影響とし
てあげられた。

「受け入れに関していうたらかなり影響はありました。まずは来日できる期間が
　1年くらい，2期生が延びた。これが一番ですね。今後の定年退職とかそういう

なんを考えたら，早めに手を打っとかないかんいうことで段取りしとったけん
[中略]，今はバタバタしとるんですけれども」

「このコロナの状況で。ちょうどＺくんが来た３カ月後ぐらいからコロナになって。
[技能実習の] ３年のうちほとんど何も余暇的なものをさせてあげられなかった」

「コロナになる前だったら，定期的な慰安会いうんですかね，一緒にバーベキュ
ーみんなでしたり [中略]，ちょっと県外へバス借りて旅行行ってみたりもした
りとか」（Ｘ施設長）。

　また，お祭り等の町内会の行事が全く開催されなくなったため，コロナ前にく
らべると，地域との関係がやや作りにくくなっているとの指摘もあった。

5-2　受け入れての感想（良かったこと）について

　彼らと日々接することを通じて，彼らが高齢者に対して抱く敬意の大きさに驚
かされたり，教えることの難しさに気づかされたり，国家試験合格に向けて切磋
琢磨したり等，日本人職員がさまざまな点で刺激をうけたという。

「一番は人材が確保できたことよりも，日本人スタッフのいい刺激になった [と
いうこと]。ずっと今まで自分らのしちょることを普通じゃと思っとったんが，
外国の方に触れることによって，もっとお年寄りを敬う心 [中略] いうふうなの
に気づくし」

「日本人スタッフだったら，いうたら伝わることが前提で教えていきよったんが，
いやいや，きちんと伝えないと伝わらないっていうことが分かるというか。いざ
自分が教える番になったら，教えることの大変さよね」「[国家試験を] 同時に受
ける日本人職員がドキドキしよる。Ｚくんだけ受かったらどうしようって」（Ｘ
施設長）。

5-3　受け入れての感想（困ったことやそれに対する対策）について

　困ったこととしては日本語の問題以外は特にないとの指摘が印象的であった。
ここでいう「日本語の問題」とは，来日して日が浅い２期生の外国人職員との間
でコミュニケーションに齟齬が生じた際に，ポケトーク等の翻訳機や，スマート
ファンを通じた翻訳サービス等を利用してもなお，意思疎通の難しいケースが時
折あるということである。

「特にそうですね。日本語ぐらいですかね，通じるか通じないか，それぐらい。
ポケトーク持っとったり，スマホを持っとったりはするんですけど，それでも通
じない時があるんです」（Ｐ介護主任）。

　そうした場合には，日本語が上手なＺくんに通訳してもらったり，Ｚくんに作

成してもらったベトナム語の業務マニュアルを使用したりすることで対処しているという。

> P介護主任：「やっぱり Z くんが頼りですね。あの子がちょっとワンランク上の頭を持ってるものですから，通訳もしっかりしてくれるし，日本の方言やったりもすぐ覚えて」
> インタビュアー：「ベトナム語での業務マニュアルみたいなものもあったりします？」
> P介護主任：「はい，Z くんにお願いして全部ベトナム語に直してもらっとるんですけど。[中略] 新しい子たちが来る前の段階で，ちょっと早めに作っとこういうて，作ってもらったんです」。

5-4　政府への要望について

　最後に，自治体や政府に対する要望についてたずねたところ，技能実習制度に対して負のイメージが定着しないように，必要な提言や方向性を示す等，対策を講じてほしいとのことであった。

> 「技能実習に関していうたら，国際的にみたらイメージがあまり良くないと。奴隷労働とかいわれてて。[中略] やっぱり愛媛県としても，国としても，もうちょっとしっかりしてほしいなって。[中略] こういった負のイメージを定着させんように [中略]，介護に関する技能実習制度が特定技能とともにクリーンな状態でずっと続けていけるように，提言とか方向性を示してほしいなって。悪いイメージが先行しとるけん」（X施設長）。

おわりに

　A事業所では現在のところ，外国人介護人材の受け入れはおおむねうまくいっているといえる。Z くんをはじめとする外国人介護人材，A 施設長・P 介護主任らの日本人職員たちの努力はもとより，島嶼部ゆえの深刻な人材不足状況や外国人に理解があるといった α 島ならではの立地条件がこの点に大きく寄与していることは確かだろう。しいて課題をあげるとすれば言葉の壁の問題だが，これについても日本語の上手な Z くんが後輩の技能実習生たちに通訳したり，母国語マニュアルを準備したりすることで対処できていた。

　しかしながら，今後の人材確保については懸念が残る。X施設長も不安を表明していたとおり，技能実習から特定技能へ移行してもなお，Z くんをはじめとする外国人介護人材が α 島で働き続けてくれるかどうかは現時点では定かでない。実際，Z くんに対する聞き取りでも，将来の予定についてたずねたところ，彼は

曖昧にお茶を濁すばかりであった。先行研究でも指摘されているとおり［高畑2014：145；橋本ほか2020：81-2］，季節のお祭りをはじめとする地域行事への参加や事業所でのさまざまな余暇活動の充実は，外国人介護人材を地方圏へつなぎとめる重要なかすがいとして機能しているといえる。それらは外国人介護人材にとって，レクリエーションのチャンスのみならず，地域や職場の人間関係を醸成する貴重な機会も供してくれるものだからである。Ｘ施設長も述べていたとおり，そうした機会が新型コロナウィルス感染症の流行で失われたとすると，この点に対する対策をとくに何も講じない限り，外国人介護人材が特定技能移行時に大都市圏へ流出してしまう可能性はいやましに増すばかりであろう。コロナ後もみすえつつ，現在のコロナ禍でも実行可能な代替手段を早急に模索する必要があるかもしれない［大黒屋・村岡2023：26-7］。

　無論，本章は，愛媛県今治市α島のＡ事業所のみをとりあげたものであり，以上の知見を日本の地方圏における介護事業所全体に一般化することは難しい。だが，地方圏の介護事業所がどのように外国人介護人材を受け入れ，どのような関係を彼らと築き，どういった今後をみすえているのか等について，その一端を示すことはできたと考える。そこには，地方における外国人介護人材の受け入れについて考える上で資する知見も少なからず含まれているはずである。今後は県内の他地域や他県の介護事業所へ調査を広げるとともに，監理団体や登録支援機関，社会福祉協議会，外国人支援団体といった各種関連機関にもアクセスし，地方における外国人介護人材のよりよい受け入れのあり方について模索したい。

● 注 ────────────────────────────────────
1）これらの制度に関して詳しくはここで挙示した文献にくわえ，厚生労働省［2019］を参照のこと。

● 参考・引用文献 ──────────────────────────────
大黒屋貴捻・村岡則子［2021］「日本の外国人介護労働に関する研究の動向──2010年代後半以降の制度・政策に関する研究もふまえて」『社会学年誌』62.
──────［2023］「外国人介護人材受け入れの現状と課題に関する一展望──愛媛県のケースから」『都市問題』114(2).
熊谷大輔［2018］「日本人介護福祉従事者が抱く外国人介護福祉従事者に対する意識調査──青森県八戸市における高齢者福祉施設職員へのアンケート調査より」『八戸学院大学紀要』56.
経済産業省［2016］『将来の介護需要に即した介護サービス提供に関する研究会 報告書』.
厚生労働省・職業安定局［2012〜22］「外国人雇用状況の届出状況について」.
厚生労働省［2019］『外国人介護職員の雇用に関する介護事業者向けガイドブック』.
佐野由紀子［2020］「外国人介護職員の受入れをめぐる地方の課題について──高知県における日本語学習支援を中心に」『現代日本語研究』12.
高畑幸［2011］「外国人ケア労働者をケアするのは誰か──経済連携協定により受け入れた

　　フィリピン人介護士候補者をめぐって」『社会分析』38.

─────［2014］「過疎地・地方都市で働く外国人介護者──経済連携協定によるフィリピン
　　人介護福祉士候補者 49 人の追跡調査から」『日本都市社会学会年報』32.

橋本美香・釼持朝子・伊藤就治・髙梨友也［2020］「地方都市で就労する経済連携協定
　　（EPA）に基づく外国人介護士が求める支援」『東北文教大学・東北文教大学短期大学部
　　紀要』10.

細田尚美［2011］「介護福祉分野における国際化──フィリピン人 EPA 候補者受け入れ施設
　　の経験から」『香川大学インターナショナルオフィスジャーナル』2.

Column　アトムグループにおける外国人介護人材の受け入れ

大城慎也

1．愛媛県における外国人労働者の受入れ状況

　愛媛県は四国の北西に位置する人口 130 万人の自治体である。2022 年 1 月に愛媛労働局が発表した「外国人の雇用状況」によれば，外国人労働者数は 9569 人。外国人を雇用する事業所は 1919 か所。国籍別ではベトナムが最も多く 3392 人。次いで中国 2181 人，フィリピン 1764 人となっている。業種別で見た場合，建設業が半数以上を占め，建設・卸売・小売業と続くが，近年では「医療・福祉」分野が増加傾向にある。2019 年時点で 177 名だった数が 2021 年では 761 名と 4 倍以上に増えていることが分かる。また，在留資格別では技能実習が最も多く 5912 人を占めている。

　愛媛県の地域の呼称として，地理的に県域を三分し東予・中予・南予と呼ぶことが多い。東予は製紙業や造船・タオル等の製造業，中予は県内人口の 3 分の 1 を占め，政治・経済・商業活動の中心として第三次産業が主力，南予は柑橘を主力した農業や養殖漁業等の第一次産業が主力といったように，地域によって大きく様相が異なっていることも特徴のひとつである。

2．アトムグループの概要

　今回取り組みを紹介させて頂くアトムグループは，1980 年から「少子高齢化社会を支える」を理念に医療・福祉・教育・サービス業を総合的に運営している民間企業である。医療機関 4，高齢者福祉施設 6，幼保園 6，その他タクシーや葬儀社といったサービス部門を含め社員数は約 2800 名を数える。

　事業開設当初は病院・特別養護老人ホームを経営する中，将来の少子高齢社会到来を見据え，海外との交流を検討した。1990 年代に入ると隣国である中国各地を視察。四国八十八ヶ所を開創された弘法大師とも縁のある陝西省西安市に交流の拠点を置くこととなる。それから 25 年ほど日本の医療機関や介護施設の視察希望を受け入れるなど，民間交流を続けてきた。

3．外国人受け入れに向けた準備

　外国人介護人材の受け入れについて，2014 年「大連中日介護福祉産業博覧会および商談会」，2015 年「中国遼寧国際老齢博覧会」に愛媛県から案内いただき参加したことが大きな転機となった。現地ニーズ調査が目的であったが，全日程で朝から商談希望者が列を作る状況を目の当たりにし，注目度が高いことを確認した。しかし，商談の中身は現地での共同運営や医療観光などで，当時は人材育成に着目している希望はほぼゼロであった。

　そのような中，唯一日本と連携した人材育成を目指している関係者と出会うことができた。これが，中国吉林省長春市にある「東北師範大学人文学院」との出会いである。学校関係者がわれわれの帰国直後に愛媛県を訪問した。そして介護施設を複数見学した後，「インターン

シップ派遣」の相談を受けることになった。ちょうどこの頃は外国人技能実習制度に介護が追加されるかどうかの議論が報道されていた時期であり，技能実習制度での受け入れが解禁となれば即受け入れを実施したい考えもあったため，試験的に中国の大学4年生を対象とした4か月間のインターンシップ制度での留学生受け入れを開始した。

4．インターンシップ生の受け入れ

　私自身も介護職を経験しているが，介護現場においては介護のプロであるベテラン介護職員の方が勤務している。そこに「日本語が不慣れ」で「介護経験無し」の外国人が入職するということがどんな反応を示すのか，またご利用者からの評価はどうなるのかなど，手探りの状況であり反応は未知数でもあった。このインターンシップ受け入れが成功すれば，技能実習生の受け入れも可能ではないかと考えた。

　インターンシップ生は身体に直接触れる介護ではなく周辺作業を手伝いながら，介護現場を経験することをメインとした。4か月間で日本語を学びながら，業務の流れや制度についても学ぶ機会を確保した。特に何度も口にしたことは，「技術や知識だけでなく，介護は心であることを学んでほしい」ということであった。結果として，実際に初めて外国人を受け入れた介護現場の責任者からは，「帰国しないで欲しい」，「また日本に来て欲しい」，「こういった人材であればずっと一緒に仕事ができる」と高評価をいただいた。さらにご利用者からも「いつも話しかけてくれて嬉しかった」「また明日も来て欲しい」との声をいただくことができた。この反応に手応えを感じ，2016年10月から1期生6名の受け入れからスタートし，新型コロナ流行直前の2020年1月までに累計36名のインターンシップ生を受け入れた。

5．外国人技能実習生の受け入れ

　前述したインターンシップ受け入れと同時並行で，技能実習生の受け入れに向けた準備を開始した。2017年4月に中国現地を訪問し，送り出し機関を視察した。すでに日本の他県から複数の提携依頼が入っていることなどを聞き，注目の高さをうかがうことができた。視察後はすぐに送り出し機関の選定に移った。募集・面接を実施し，翌2018年9月に中・四国地方では第1号となる介護技能実習生7名を受け入れた。その後はコロナの影響も受けながらではあるが，順次募集を続けながら2022年5月に入国した第4期生を含めて合計25名（5名が一時帰国中）を受け入れている。

6．多文化共生を目指して

　さて，ここまで外国人介護人材を受け入れてきた経緯を記載してきた。ここからは「多文化共生」について私見を述べたい。

　異なる文化・生活習慣をもつ外国人の方々と同じ職場で仕事を続けていくには相互理解が欠かせないことは当然である。日本文化に触れる機会を確保する。また地域コミュニティとの交流を図るために地域行事に参加することもそのひとつである。逆に実習生の母国の文化や料理を通じて交流を図ることもある。外国人がスムーズに生活できるよう周辺環境を整えることも重要である。

　では，介護分野で実際に実習生を受け入れてみて感じた「共生」のポイントはどこにあるのか？　そのヒントになり得るかどうか分からないが，われわれが経験した「実習開始から3年目を迎えた実習生との対応」について紹介する。

　技能実習開始から3年が経過しようとする1期生（7名）に対して，今後本人たちが選択できるすべての道筋をていねいに説明した。結果として全員が技能実習3号（4年目）に移行した後，介護福祉士受験を目指すこととなった。ご存知の方も多いと思うが，介護福祉士国家試験の受験要件として「実務経験3年以上」に加え「介護福祉士実務者研修」の受講が必須である。この実務者研修を4年目以降に技能実習と並行して約6か月受講した。添削課題の提出・補講・実技指導や試験など，実習受け入れ施設側の理解もなければ成立しないことを目の当たりにしながら，誰一人欠けることなく修了することができた。そして国家試験本番を迎える。結果はどうだったかというと，驚くことに7名中5名が初挑戦で合格したのである。

　試験終了後に「なぜ介護福祉士の取得を目指したのか？」という質問をしてみた。

　　・より深く介護知識の勉強をしたい
　　・給料が高くなる
　　・資格を取得すれば母国で良い仕事がある
　　・将来永住ビザを取りたい

このように目的はさまざまであったが，完全帰国か，さらに自分を磨くのかなど，将来を考えて挑戦していることがうかがえる回答となった。

　最初は不慣れな環境での生活も，環境に適応する実習生も多い。また日本人の友人ができるなど心境も時間の経過とともに変化してくる。そこに日本語レベルも個人差があるものの向上していく。そのような変化に監理団体である受け入れ組合の担当者は適切な情報を提供し，実習生の進路と向き合わなければならない。当然，施設側の意見をヒアリングすることも重要なポイントとなる。

　外国人介護人材を受け入れている人数，対象国はそれぞれの事業所で異なる。しかし共通するのは，さまざまな想いを抱いて日本に来た外国人たちとの「共生」を考える場合，受け入れている施設側が今後どうしたいのかという，施設側の思いを伝えることができているかである。技能実習生たちの多くは，入国間もない時期から言葉も不自由であり，「迷惑をかけているのでは？」という考えを持っている。少しずつ日本語レベルが向上していく中，自分たちは必要とされているのかどうか，4年目以降も働きたいと思って良いのか，という心配もある。たとえ介護福祉士を取得して在留資格が介護となっても，特定技能であっても同様である。

　日々成長する外国人介護人材に対して，成長をほめて伸ばしていくこと。本人が望めば居場所があることを伝えること。本人に対して思いを伝えること。これらが介護分野で外国人介護人材と「共生」していく上で最も重要なヒントではないだろうか。

市民セクター

　われわれが直面している諸課題のすべてが「社会的に取り組まれるべき」ものとして認識され，取り組まれるわけではない。困りごとを抱える当事者が行政や地域の関係者に声を上げることができれば何よりではあるが，困りごとが深刻であればあるほど孤立し，他者からの理解とサポートの不足・不在に悩まされがちになる。そうした時にいち早く問題状況に気づき，支援の手を差し伸べるのが市民団体やボランティア活動に従事する人たちである。行政では公益性や公平性，企業では利潤追求が優先されることで活動内容に制約が課せられるのに対し，市民団体やボランティアは「自発性・無償性・利他性」（これらは「ボランティア三原則」とも呼ばれる）に基づきながら，世論の気づきや社会的なサポート体制の構築が追い付くまでの間，「孤立無援」となりがちな当事者を支える「希少かつ重要な存在」となるのである。

　在日外国人に対する支援活動としては，外国人登録法を根拠とした指紋押捺を拒否する在日コリアンによる権利擁護運動（1980 年代），地域に居場所がなくほとんど無年金であった在日コリアン一世のためにデイサービスを草の根で立ち上げた二世らの地域福祉活動（1990年代後半以降），そして現在進行中の朝鮮学校無償化運動等が，当事者運動に有志の日本人が賛同するかたちで展開されてきた。グローバリゼーションの進展により，多様な出身国・地域の在日外国人が地域社会に参入する中で，興行資格で来日しさまざまなトラブルに巻き込まれたフィリピン人女性へのサポートや，日系南米人の集住地域で生じた諸問題への対応やサポート活動など，これまでに膨大な蓄積がなされている。だが，それらの多くは大都市圏や外国人の集住地域で取り組まれており，地方部においては日本語習得を支援する教室の運営などを除くと，限定的であるといわざるを得ない。

　その中にあって，第 9 章で取り上げられる「特定非営利法人コムスタカ」は，九州の地方都市や非大都市圏に暮らす外国人住民が抱える問題に対する法的な支援や，市民向けの啓発事業や行政などへの提言などを積極的に行ってきた団体である。同章では，熊本地震での被災外国人支援を含む，これまでに同団体が取り組んできた諸課題とその成果が時系列的に紹介される。第 10 章では，その重要性については指摘されながらも，全国的にまだまだ十分な対応がなされていない，医療現場での多言語化・多文化化対応，特に医療通訳制度の導入について紹介される。このテーマは，とりわけ地方部では人材・予算の不足や支援対象者の散在への対応の難しさなど，その導入にあたって固有の課題が山積していて，現状としてはボランティアベースで可能なところからの取り組みがなされている。これらの章より，地方部における多文化化対応における市民団体やボランティア，NPO の存在意義の大きさが改めて確認されよう。

［徳田剛・魁生由美子］

第9章

散住地域での多文化共生に向けた「コムスタカ ―外国人と共に生きる会」の取り組み
──行政への施策提言を中心に──

中島 眞一郎

1 コムスタカの発足から現在に至る経緯

　「コムスタカ─外国人と共に生きる会」（以下，コムスタカという）の前身は，1985年9月，熊本市の中心部にある手取カトリック教会を活動の拠点として，アジアから日本に働きに来ている女性の相談や支援を行う市民団体として誕生した「滞日アジア女性問題を考える会」である。当時は，アジアからの外国人労働者，特にパブやスナックなどでダンサーやシンガーとして働きに来る外国人女性が日本で増加し，彼女らに対する日本人側の人権侵害が目立ってきていた時期であった。熊本でも，売春強要やパスポートの取上げ，給料未払いなどの被害を受けた主にフィリピンからの働きに来た女性たちの相談を，カトリック手取教会司祭のポール・マッカーティン神父が一人で対応して取り組んでいた。そのポール神父の活動を支え，日本に働きに来る外国人の苦しみや困難を解決していくには，日本人の支援が不可欠であり，日本人としての責任を彼から問われた有志たちが始めたのがこの会であった。

　その後1990年代になると，外国人の定住化の進展から国際結婚や国際離婚，子どもに関する相談が増え，相談内容が多様化した。また，相談に来る外国人は増え続け，国籍も中国，ペルー，タイ，パキスタン等と多様化した。そのため1993年に名称を「コムスタカ─外国人と共に生きる会」（コムスタカは，フィリピン語で「お元気ですか」の意）に改称した。2013年3月1日より，連絡先を手取カトリック教会気付から須藤真一郎行政書士事務所気付へ変更し，現在に至っている。

2 コムスタカへの相談と活動について

　コムスタカには，在住外国人から年間360件（2021年）から400件（2020年）ほどの相談が寄せられ，外国籍住民が抱える，在留資格やビザ，雇用，社会保障，DVを含む夫婦間のトラブル，子どもの認知，養育費，教育，いじめ，家族の介

護，相続，住むところや住所の登録，刑事事件や入管法違反事件などの相談や人身売買被害者の救済等多岐にわたる問題を，当事者と一緒になって解決する努力をしている。

　コムスタカの主な活動は，① 在住外国人のための無料人権相談や生活自立支援，② 移住者・移住労働者問題に関する講演・映画会・学習会などの啓発活動，③ 多文化共生社会の実現をめざして行政関係機関への政策提言，④ 在住外国人の訴訟支援活動，⑤ 年 1 回の「移住労働者と共に生きるネットワーク・九州」による大村入国管理センターや福岡出入国在留管理局との意見交換会への参加などである。

　また，2016 年 4 月の熊本地震以降は，外国人被災者からの相談，2019 年以降は，技能実習生や留学生からの相談が増加し，その中には，妊娠出産に関する相談も増加してきている。2020 年以降は，新型コロナウイルス感染拡大に伴う生活困窮者や帰国困難者などから相談にも対応している。

3　行政への外国籍住民のための施策の提言

3-1　熊本県への外国籍住民・帰国者のための施策の提言（2002 年）

　コムスタカは発足以降から現在まで，行政に依存せず，自立した市民団体として，在住外国人との人権救済や多文化共生の地域づくりの活動を担っている。1985 年 9 月の発足から 2001 年ごろまで，個別の在住外国人からの相談を受け，入国管理局や市役所や母子寮，婦人相談所など関係する行政機関と折衝することはあっても，地域の外国人政策を問題にし，行政へ提案することはなかった。転機になったのは，2001 年施行の配偶者間暴力防止法（DV 防止法）に基づいて熊本県 DV 防止関係機関ネットワークが設置され，民間団体のひとつとしてコムスタカも参加したことである。コムスタカとしても，個別の在住外国人からの相談で蓄積された行政に対する要望や施策の提案をしていこうという機運が高まってきた。その結果，2002 年 9 月 4 日に熊本県への外国籍住民・帰国者のための 8 項目の施策の提言書を，外国人妻の会（熊本），熊本フィリピン人会，同歩会（熊本），「コムスタカ―外国人と共に生きる会」の 4 団体のメンバー 9 人で熊本県に提出した。熊本県国際課の課長は「提言内容を関係部局に正確に伝え，市町村への通知の徹底などすぐにでも実施可能なものは，実現できるようにしていきたい。熊本県としても『内なる国際化』を政策課題としており，『内なる国際化』の具体化をめざすというこの提言の趣旨は十分理解でき，今後の政策にいかしていきたい」という前向きなものであった。しかし，後日渡された回答は実質的にはゼロ回答であった。

3-2　熊本県への外国籍住民や帰国者のための 8 項目の施策の提案
（2002 年 9 月提出）

1．DV 被害者や単身者も利用できる自立のための中間施設としてシェルターを設置すること。
2．自動車免許の取得に関して，外国籍住民への配慮ある措置をとること。
3．外国籍住民の住民票本欄への記載を可能とすること。
4．社会保障適用範囲を外国籍住民へも拡大すること。
5．外国籍住民や子どもへの偏見と差別を助長する表現をやめさせること。
6．外国籍住民や帰国者への住居差別をなくす施策を実施すること。
7．日本語が不十分な外国籍児童・生徒・住民や帰国者のための日本語教育を充実させる施策を実施すること。
8．外国籍住民の意見や要望を県の行政に反映させる外国籍住民代表会議（仮称）を設立すること。

3-3　2007 年時点での 8 項目の施策の提言の検証

　私たちが帰国者や外国籍住民のための 8 項目施策の提言に取り組んだ 2002 年の時点では，熊本県の行政として，帰国者や外国籍住民の施策の回答はほぼゼロ回答で，外国籍住民は行政の施策の対象外となっていた。私たち 4 団体の提言から 5 年をへて，少しずつであるが，熊本県・熊本市の行政においても帰国者や外国籍住民を対象とし，意識した施策が行われるようになる。

（1）施策として進展が見られた項目

1．提言 1，DV 被害者や単身者も利用できる自立のための中間施設としてのシェルターの設置と 2007 年度現在までに DV 被害の防止や被害者保護で行われてきたこと。

> （1）熊本県の施設を活用したステップハウスが，全国で初めて 2003 年 4 月 1 日より設置され，運用が始まった。

> （2）在留資格のない外国籍の DV 被害者の一時保護に際して，入管への通報が，原則通報から，ケースバイケースに変わった。

> （3）DV 被害防止と被害者保護のための 9 か国語（日本語・英語・韓国語・タイ語・フィリピン語・中国語・ロシア語・スペイン語・ポルトガル語）の多言語対応「熊本県外国籍被害者のための DV 対応マニュアル」と「STOP！DV」のリーフレットが（2004 年度作成（委託先：コムスタカ外国人と共に生きる会）2005 年度より配布されている。

２．提言 2，自動車免許の取得に関して，外国籍住民への配慮ある措置をとること

> 2004 年 8 月より熊本県の自動車免許の学科試験で英語と中国語による試験が導入された。[1]

３．提言 3，外国籍住民の住民票本欄への記載を可能とすること

> 住民票備考欄への外国人配偶者の記載問題で，10 年以上拒否してきた熊本市が，2002 年 7 月より住民票備考欄への記載を認める運用にかわる。[2]

４．提言 5，外国籍住民や子どもへの偏見と差別を助長する表現をやめさせること

> 2004 年 8 月から熊本県警の HP 上での「不法滞在者・不法入国者」の通報呼びかけでの「不審な外国人」などの差別表記が，外国人を特定しない表記に改められた。

＊以下は，行政ではなく，マスコミの差別表記の改善の報告である。

> 共同通信社・朝日新聞社・読売新聞社など大手マスコミで，「混血児」を差別表現として使用を避けるように社内方針を決定するように改められた。

　日比国際児の問題に取り組む中で，国籍や人種や民族が異なる父母から生まれた子を，「純血児」に対比される言葉である「混血児」と呼ぶことは差別表現であるとして，その代わりには，「国際児」を使用してほしいと提唱し，「混血児」を使用するマスコミや NGO に申し入れを行っていた。「混血児」という表現は行政では使用されていなかったが，大手マスコミの報道において「混血児」は差別表現として認識されておらず，わかりやすく知らせるためという理由で使用され続けていた。しかし，共同通信社が 2001 年 3 月より「混血児・合いの子の使用を避ける」と明記していることがわかり，熊本日日新聞社をはじめ全国の地方紙に関しては私たちのこれまで主張してきたことが実現した。また，2005 年 2 月には朝日新聞社が全社として，「混血児」表記を差別表現と認めて，今後使用を避ける決定を行った。同年 3 月から読売新聞社は「混血児」の使用を避ける決定を行い，2006 年 2 月から，できるだけ別の表現で説明するなど，この言葉を避ける工夫をするという方針を決定した。

５．提言 7，日本語が不十分な外国籍児童・生徒・住民や帰国者のための日本語教育を充実させる施策を実施すること

　1）熊本県として，外国籍児童・生徒，帰国者など日本語が不十分な子どもの実
　　情を調査し，これらの児童・生徒の教育を受ける権利を保障するための基本
　　方針を定め，行政として積極的に取組むことを提言する。

> 中国語，韓国語，英語の3ヶ国語の訳をつけた「わかるよ，さんすう」の
> 編纂や，帰国・外国人生徒と保護者のための進路ガイダンスを実施した。

　熊本県教育委員会では，平成10（1998）年度に熊本県立大学に依頼して，「わ
かるよ，さんすう」を編纂した。小学校で学習する算数を対象に授業を理解する
うえで重要な語句や表現を選び出し，内容すべてに，中国語，韓国語，英語の翻
訳をつけている。希望のあった小・中学校配布している。また，帰国・外国人生
徒と保護者のための進路ガイダンスで県教育委員会から高校入試について説明を
行うなど，関係機関団体等とも連携を図りながら支援を行っている。
　2）高校入試での帰国者や外国籍の受験者に配慮した施策について
　高校への進学を希望する日本語が不十分な外国籍や帰国者の高校受験に際して，
試験問題にルビをふる，また辞書持ち込みを可能にする等の配慮をすること，あ
るいは，このような日本語の不十分な受験生のための特別枠を設け，受験科目の
削減をするなど別個の試験を実施して高校への進学を可能とすることを提言する。

> 2007年度入試より帰国者や外国籍の受験者に配慮した入試制度が実施さ
> れるようになった。

（2）あまり進展が見られなかった項目

1．提言4，社会保障適用範囲を外国籍住民や在留資格のない母子家族へも拡大すること

　1）在留資格のない外国籍住民にも，公衆衛生（予防接種法による定期の予防接種
　　など）や緊急医療（児童福祉法の定める緊急入院助産制度，母子保健法に定める
　　未熟児に対する養育医療の給付，児童福祉法に定める障害児の育成医療の給付な
　　ど）が適用可能であることを県内の市町村へ周知徹底させるよう提言する。
　2）在留資格のない母子世帯等へも，必要性・緊急性がある場合には，熊本県と
　　市町村自治体の判断により生活保護や国民健康保険の適用を可能とする措置
　　をとれるようにすることを提言する。
　3）医療保険の適用がないために医療費が支払えない外国籍住民が緊急治療や人
　　道上必要な治療を受けられるようにするため，医療機関へ医療費の7割の補
　　助をする外国人の救急医療費損失補助事業を設置して，予算措置をとること
　　を提言する。
　　＊1）は実施されたが，2），3）は未実施。

2．提言6，外国籍住民や帰国者への住居差別をなくす施策を実施すること

1）熊本県内の不動産業者や家主に対して，外国人あるいは帰国者であることを理由に住居差別をしないよう，指導を徹底することを提言する。

2）県が呼びかけ，あるいは県も加わった公的信用保証制度を設置し，連帯保証人などを見つけることが困難な外国籍住民を支援する。　＊1），2）は，未実施。

3．提言8，外国籍住民の意見や要望を県の行政に反映させる外国籍住民代表会議（仮称）を設置すること。　＊未実施

4　2008年以降のコムスタカの行政への提言など

4-1　加害者対応を含むDV被害者支援総合的施策の提言

（1）2013年6月熊本県DV防止被害者保護基本計画（第三次）改定案への要望

2013年6月7日の熊本県DV対策連絡会議で質問と要望を行い，また同年6月21日に，熊本県DV防止被害者保護基本計画（第三次）改定案への意見と提案を行った。

外国籍の被害者への多言語説明書による説明や通訳者派遣など多言語対応の推進，被害者の保護自立のためのコーディネーター制度の提案，公営住宅の分散化提供や短期滞在施設の提供など住宅政策，公的期間の職員によるDV被害者の代理人制度の創設などの加害者介入施策などを提案した。2015年度になり，熊本県のDV防止の施策として行政機関のなかでその具体化と検討が始められるようになってきた。

（2）2017年6月よりDV被害者総合支援・加害者対応モデル事業の受任

熊本県は，DV加害者対策を含む新たなDV被害者総合支援策を，2015年度からDV対策の実務者会議を設置し，具体的な検討が始まり，2016年度から具体化する方向で予算措置を含めた取り組みがなされていたが，同年4月の熊本地震の発生により，実施が延期となった。この事業は，2017年度より，DV被害者総合支援・DV加害者対応モデル事業として，コムスタカが受任団体となり熊本県と厚生労働省の予算により実施された。

（3）熊本県「DV被害者総合支援ガイドライン（素案）」に対する意見と提言をコムスタカより提出する（2019年8月）。

2017年度（平成29年度）の熊本県DV被害者総合支援・加害者対応モデル事業を活用した，「熊本県DV被害者総合支援ガイドライン」は，同年8月に関係機関から寄せられた同ガイドラインの素案に対する意見や提案をふまえ，2020年

２月に完成した本ガイドラインの取り扱いについて，「本書は，主に行政機関における DV 被害者支援体制の充実を図ることを目的に作成し，DV 被害者支援の担当部署等に配布するものです」と記載されていた。2020 年度から，熊本県の DV 対策関係機関の職員らの研修会において，同ガイドラインが順次配布されており，これを活用した支援の具体的実施が期待される[3]。

4-2　ヘイトスピーチに反対する取り組み

（1）2014 年 7 月 6 日

ヘイトスピーチ問題への取組として，コムスタカ主催で「人種・民族差別をなくすためのシンポジウム――ヘイトスピーチ問題を考える」を開催し，70 名以上の市民の参加があった。

（2）2015 年 3 月熊本議会と 6 月市町村議会での「ヘイトスピーチ対策の法的　　規制の強化を求める意見書」採択への取り組み

2015 年 1 月に平野みどり県議（当時）に要請し，熊本県議会で「ヘイトスピーチ対策の法的規制の強化を求める意見書」の採択への取り組みを要請。同 3 月 13 日熊本県議会において全会一致で意見書が採択された。また，熊本市議会や，合志市議会，大津町議会も同趣旨の意見書が採択。同年 5 月熊本県内市町村へ陳情書をコムスタカとして送付したところ，同年 6 月末現在，新たに南阿蘇村，高森町，西原村，和水町の議会が意見書を採択した。2015 年 7 月末現在，熊本県議会を含めた熊本県内の 46 の地方議会のうち，県議会と 7 市町村議会の 8 地方議会が意見書を採択した（2016 年 5 月，国会でヘイトスピーチ解消法が成立，同年 6 月から公布施行された）。

4-3　外国人災害被災者支援

（1）コムスタカとして，外国人被災者の救援・支援活動に取り組む

① コムスタカの 2016 年 4 月熊本地震発災時の緊急救援・支援活動

コムスタカのホームページにおいて，翻訳ボランティアの方々の協力を得て日本語ばかりの地震情報の英語，中国語，韓国語，インドネシア語やベトナム語の多言語情報による発信。外国人の避難所となった熊本市国際交流会館で，熊本市など行政からの食料供給とは別に，熊本市国際交流会館玄関前の公開敷地で，4 月 16 日から 17 日までは，避難者の自主的な炊き出しとコムスタカなどボランティア団体による支援物資の差し入れで，4 月 18 日以降から 4 月 30 日までコムスタカの責任で炊き出しを行い，避難者にあたたかい食事を提供した。

② コムスタカの熊本地震外国人被災者に対する中長期の支援活動

「コムスタカ―外国人と共に生きる会」では，2016 年 5 月以降は，緊急支援活動とともに外国人被災者への中長期的な取り組みも視野に入れた支援活動へ切り

替えて，以下のような取り組みを行った。

　　　・コムスタカホームページ上での地震関連情報の多言語情報の継続的提供

　　　　　　やさしい日本語，英語，中国語，韓国語，ベトナム語，フイリピン語，タ
　　　　　　イ語，インドネシア語，ネパール語の9か国語で熊本地震災害関連情報を
　　　　　　コムスタカのホームページ上で，継続的に更新しながら提供した（http://
　　　　　　kumustaka.weebly.com/）。

　　　・在住外国人の帰宅困難者や生活困窮者，シングルマザー等を対象に緊急融資
　　　・在住外国人シングルマザー被災者を対象とした実態調査

　　　　　　2016年7月から2017年1月の約半年間に約30名の外国籍シングルマザ
　　　　　　ーを対象に被災体験等のインタビュー調査を実施した。

　　　・災害時の多文化共生へ向けた提言

　　　　　　2016年7月以降，講演やセミナーなど熊本地震でのコムスタカの被災外
　　　　　　国人救援活動の体験を話す機会があるごとに，熊本県や熊本市など行政の外
　　　　　　国人被災者への対応の不十分さを指摘し，災害時の多文化共生のあり方につ
　　　　　　いて提言した。

（2）熊本県及び熊本市への熊本地震発災後の地域防災計画の見直しへの意見 と提言（2017年4-5月）

　熊本地震発災後の外国人被災者への救援や支援活動の体験を経て，熊本県や熊本市など行政の外国人被災者への対応の不十分さを指摘し，災害時の多文化共生のあり方について提言してきた。2017年4月に見直された熊本県地域防災計画や，同年4-5月に募集されていた熊本市の地域防災計画（素案）へのコムスタカのパブリックコメント等に基づき外国人被災者への対応について熊本県や熊本市の地域防災計画が変更された。

（3）2017年7月8日　在住外国人シングルマザー被災者30名を対象とした 実態調査報告書の作成と発刊（日本語版）及び同年8月に英語版発刊

　熊本市は，外国人シングルマザーへ行政の保護施策の情報が十分伝わっていないというコムスタカの指摘を受け，母子支援のためのパンフレットを多言語化して発行することになった。

▶ 5　新型コロナウイルス感染拡大に伴う在住外国人支援の取り組み ◀

5-1　影響調査の実施

　2020年5月から6月，熊本県在住外国人に対する新型コロナウイルス感染拡大に伴う影響調査を，コムスタカとして行い，約150名から回答があった。

5-2　留学生を給付金制度の対象に加える

熊本県困窮学生などへの給付金制度（保護者が非課税生世帯の大学生等に限定して1人5万円支給。申請時期2020年5月27日から9月15日）において，留学生などが適用除外となっていた。これに抗議して，県に対象を拡充するように申し入れた。その結果，同年8月から，新たに拡充する制度（留学生等を含み，1人5万円支給。申請時期は2020年8月19日から11月30日）が実現した。その際，多言語情報を熊本県外国人サポートセンターと連携し提供した。

5-3　大学の研究生も制度の対象に

2020年10月には，熊本県内在住の大学の外国籍の研究生より，熊本県から給付金制度の対象とならないといわれたとの相談があり，熊本県に働きかけたところ，同年11月から大学の研究生も制度の対象に加えるとの回答があり，相談者に給付金が支給された。

5-4　コロナ陽性判定者の国籍非公表を求める取り組み

熊本県内での新型コロナウイルス陽性判明者について，行政や企業が国籍を公表したことに抗議し，非公表を求める要望書を熊本市長，JMU株式会社，熊本日日新聞社に提出した。熊本県，JMUについては，原則国籍非公表となり，熊本市も市長を除いて国籍を非公表とする姿勢に転換した。

◤ おわりに

　コムスタカは，九州の熊本市に連絡先事務所を置き，1985年9月発足から38年間，主に熊本県内や九州内の在住外国人の人権相談を受け，その解決に取り組んできた。本章ではその経験から，コムスタカと行政とのかかわりを中心に，地方の多文化共生の現状や課題について報告した。

　熊本県の在住外国人は，2022年12月末現在2万660人で，全国的には人口比に占める在住外国人が少ない地域となる。熊本県は，集住地域に対して，散住地域に該当し，行政の在住外国人への関心が薄く，在住外国人の問題にかかわる行政の関係者，専門家，市民団体が少ない現状がある。そのため，行政に対して外国籍住民を，大多数を占める日本国籍を持つ住民と同様な住民として，その存在を認め，行政の施策の対象として意識させていくことが必要である（「在住外国人の存在の可視化」）。また，外国籍住民のニーズを把握し，その直接的な声を行政反映させていく活動や，将来的には，行政に制度的に意見交換の場を保証すること，そしてそれらを媒介する外国籍住民の支援活動を担っている民間団体との連携も不可欠である。

　熊本県や熊本県内の市町村など行政の在住外国人への関心は薄く，国の施策や方針待ちで，独自に動くことは極めてまれである。しかし，熊本県内でのこれまでのコムスタカの活動経験では，外国籍住民の主体性を尊重し，そのニーズと一致した内容で，これらの人びとの問題に取り組む NGO など民間団体と連携し，行政内部にも多文化共生の地域社会作りに意欲と関心を持つ担当者が存在した場合には，全国的にも，あるいは九州内でも先駆的な施策が実施され，具体的な効果と実績をあげていることにも言及しておきたい。

●注
1) 2004 年 8 月から普通一種（自動二輪・大特一種を含む）及び原付免許にかかる外国語（英語・中国語）による学科試験を実施。英語の導入は，九州内では，大分県が 1999 年 11 月から導入したのについで 2 番目，中国語の導入は九州内では初めて，日本全国でも 3 番目。なお，福岡県も，2005 年 4 月より英語の試験を導入している。また，2020 年 11 月からベトナム語の試験も実施されるようになる。
2) 2012 年改定入管法や改定住民基本台帳法の施行により外国人登録制度が廃止され，外国籍住民の住民票本欄への記載が実現することになった。
3) ただし，その後，担当職員も異動となり，同ガイドラインが研修会や希望する自治体の相談員などに配布されている程度で活用されておらず，熊本県の DV 施策は，従来とかわらず，むしろ DV 相談件数，一時保護所の DV 被害者保護数とも減少し，後退している。

第**10**章

日本の地方社会における医療通訳の提供体制
―― 担い手となる「活動資源」の視点から ――

田村周一

はじめに――もとめられる医療通訳

　本章で取り上げるのは，医療通訳である。

　日本の多国籍化・多文化化が急速に進みつつあるなかで，当然，その影響は医療や福祉の現場にも及ぶ。医療が十分に確保され，安心して医療機関を受診できることは，すべての人びとが享受しうる権利であるはずだが，実際には外国人住民が医療福祉サービスを利用する上でさまざまな困難があると言わざるをえない。そこでここでは，とりわけ「言語の問題」への支援を行う医療通訳について，それが日本社会においてどのように提供されているかの現状，および地方社会での医療通訳確保にむけた課題と方策について検討する。

　在留外国人・訪日外国人が日本国内で病院を受診しようとする際に直面する困難としては，おもに次のようなものが挙げられる。すなわち，① 言葉・コミュニケーションの障壁，② 母国との保健医療制度の違い，③ 経済面での問題（治療費の支払いに利用できる医療保険に関わる問題），④ ライフスタイルや文化の違い，⑤ 日本の医療に関する情報にアクセスしにくい状況といったことである。

　なかでも「言葉・コミュニケーションの問題」はもっとも深刻であり，医療における言語支援体制の整備・充実は外国人支援のなかでも最優先事項のひとつであると指摘されて久しい［中村 2013；小林 2016］。とりわけ近年は，在留外国人の増加，かつ国籍の多様化により，そこで必要とされる言語は英語だけでは十分とは言えず，中国語，韓国語，ポルトガル語，ベトナム語など多岐にわたるようになっている。

　医療用語は専門性が高く，日本人でも医療専門家からの説明や指示を十全に理解することは容易ではないだろう。外国人患者であればなおさらで，日常会話はできても，医師や看護師の言うことが理解できないことも少なくない。医療という分野は，その高度な専門性ゆえに，そもそも医療従事者（専門家）と患者（素人）とのあいだに非対称的な関係があると言われているが，外国人医療における言語・コミュニケーションの問題は，そうした非対称性をより深刻なものにしか

ねない。

　以上のような課題や問題意識にもとづき，専門職としての医療通訳（医療通訳士）養成の必要性が強く指摘され，その取り組みも少しずつではあるがすすめられつつある。とはいえ，対応すべき言語の多さ，人材確保，それにともなう費用などの面で，いまだ十分ではないのも事実である。これは，在留外国人の多い都市部においてさえそうなのであるから，まして各種の活動資源が相対的に不足しがちな地方社会にあっては言うに及ばない。

　以下，地方社会における医療通訳について，その状況を確認した上で，今後のあり方を模索していくこととする。具体的には，ここでは日本の地方社会の多国籍化・多文化化対応における「ローカルガバナンス構造」（第1章を参照）の視点から，医療通訳の確保・提供に取り組んでいる諸セクター・アクター（外国人支援の NGO 団体や日本語教室といった市民セクター，地域国際化協会・国際交流協会，地方自治体など）の諸活動，およびそれらの相互の連携・協働体制の基本的な仕組みについて検討を試みる。

1　医療通訳の提供体制

　本節では，日本国内で医療通訳がどのような形で提供されているのか，大きく3つの方式・形態に分類して整理してみる。ここでは医療通訳が実際にどのような人びとによって担われているか（きたか）を基準にして，「① アドホック型」，「② ボランティア通訳派遣型」，「③ 専門職型」と仮に分類する。いささか簡略な分類ではあるが，日本社会における医療通訳の現状およびこれまでの経緯を俯瞰し，その上で今後のあり方を見通すための手がかり・足がかりとして都合がよいと思われる。

1-1　アドホック型

　日本語が十分に身についていない在留外国人が医療機関を受診するとき，日本語を話すことができる家族や友人，職場の同僚に同伴してもらって，通訳をお願いすることが少なくない。観光旅行で日本を訪れている訪日外国人であれば，旅行会社のツアーガイドが患者に付き添ってくることもある。このような医療通訳としての専門的訓練をうけていない人が通訳を担うことを「アドホック通訳」（ad hoc ＝その場かぎりの）という。

　患者本人にとって日本語ができる人に付き添ってもらえるのはいくらか安心かもしれないが，しかしながら2つ以上の言語を身につけた人であれば，誰でも医療通訳を行えるわけではない。日常生活において支障のないレベルで話せたとしても，医療単語を正しく通訳することは容易ではない。きちんとした訓練をうけ

ていない場合，医療従事者からの説明を要約したり，医療用語を割愛したりすることがあり，結果として正しい情報が外国人患者に伝わらないということが起こりうる。日本の医療制度や保険制度を知らないといったこともあり，診療に支障をきたしかねない。医療通訳を見つけるのは難しく，たしかに致し方ない事情もあるかもしれないが，望ましいものではない。

　おなじアドホック通訳として，子供が親の通訳を担うといったこともある。日本の学校に通っており，親よりも日本語が上達している子供に，親の通訳役をさせるというようなケースだが，これも推奨されない。子供の言語能力に限界があるというだけでなく，親の病状や予後を知らせ，それを伝える役回りを担わせることになり，子供の心理的負担が懸念される。

　今日においては，このアドホック型には問題も多く，知識と経験のある医療通訳に依頼することが望ましいという認識が定着しつつあるように思われる。日本の医療通訳の普及・拡大の歩みのなかで，当初はそうした存在に頼らざるをえなかった状況があったにせよ，それは一時的な「その場しのぎ」のものだったのであって，今後は誰もが専門的な医療通訳を利用できるような環境が整備されていかなければならない。

1-2　ボランティア通訳派遣型

　つぎにボランティア派遣型の医療通訳である。おもに地域の NPO 団体や国際交流協会から，登録されている医療通訳ボランティアを派遣してもらうという方法である。派遣依頼の詳しい方法については各自治体・団体ごとに異なるが，基本的には，おおむね数日から1週間前までに，受付窓口・事務局に言語や希望日時などの必要事項を伝えて予約を入れる。予約するのは患者本人が行う場合と，医療機関が行う場合とがある。NPO 団体・国際交流協会は，おもに派遣をコーディネートする役割を果たし，登録しているボランティアの能力や経験，都合にあわせてマッチング業務を行う。

　さきほどのアドホック通訳における課題や懸念にたいする憂慮もあり，国内の各地域で医療通訳派遣のシステムづくりが進められ，有志の方々によって事業運営がなされている。これまでの日本国内の医療通訳の大部分は，このボランティア派遣によって支えられてきたと言えるだろう。運営形態はさまざまで，外国人支援に取り組んでいる NPO 団体，地域の日本語教室，都道府県の国際交流協会，行政主導など地域の特性やこれまでの経緯によって異なる。多くの場合，複数のアクター・セクターが連携協働して，医療通訳派遣の仕組みの構築・継続維持に取り組んでいる。

　国内の代表的な先進事例としては，神奈川県の「NPO 法人多言語社会リソースかながわ（MIC かながわ）」，愛知県の「あいち医療通訳システム推進協議会」，

京都市の「NPO 法人多文化共生センターきょうと」，神戸市の「NPO 法人多言語センター FACIL」などが挙げられる［小笠原 2019；吉富 2018, 2020］。以下，「外国人人口の分類」（序章を参照）にしたがい，いくつかの医療通訳派遣の事例についての概要をまとめておく。

　外国人人口が相対的に多い「第 1 群（外国人人口が 10 万人以上）」における事例としては，兵庫県神戸市の NPO 法人多言語センター FACIL がある。阪神淡路大震災ののち，兵庫県被災地コミュニティビジネス離陸応援事業助成金を資本にして 1999 年に設立され，2003 年より医療通訳派遣システムの構築・制度化に継続的に取り組んでいる。2011 年からは通訳派遣先である協定病院が通訳者への謝金の一部を負担することとなった。医療機関が通訳の必要性を認め，その費用を負担するようになったことは大きな成果であり，医療通訳拡大への波及的効果も期待できる。

　その一方で，団体の中心的役割である派遣コーディネートにかかる費用が十分でなく，経費の一部を自治体からの補助金にも頼っているのが現状で，こうした間接的な予算の確保が課題である。負担の大きいコーディネート業務を軽減するため，遠隔通訳を積極的に活用していくことも試みられている［吉富 2020］。こうした費用の問題は，市民団体主導による医療通訳派遣の多くに共通することであり，持続可能な事業モデルの構築がもとめられる。

　こんどは反対に，日本の都道府県のなかでも外国人人口が少ない「第 3 群（外国人人口が 2 万 5 千人未満）」の地域に目を向けてみる。日本の地方社会の多くがここに含まれるわけだが，近年の外国人増加により，もともとの人口の少なさもあって，在留外国人の比率が急激に高まっている地域である。

　ここでは，島根県の公益財団法人しまね国際センターの通訳派遣の取り組みについて概観する。いわゆる国際交流協会が中心的な役割を担っているケースである。同センターは，1962 年に島根県海外協会として設立され，島根県国際交流センターへの改組を経て，1995 年に現在の名称となった。国際交流活動が主な事業であるが，近年では県内の外国人住民の増加をうけて，外国人向けの総合的な生活支援，セーフティーネット機能の強化が図られている。同センターでは，2006 年より「コミュニティ通訳ボランティア制度」による通訳派遣を行っている。派遣の対象となるのは，町内会・自治会等の活動，行政手続き，児童生徒の教育，健康福祉，医療といった公共性のある分野で，1 回につき 3 時間を上限として登録ボランティアを派遣する。派遣の依頼は，外国人住民からでも，役所や病院などの機関からでも可能であり，無料で利用できる。もっとも多い依頼は医療通訳で，半数以上を占めている。

　2010 年代以降，島根県の外国人住民は急増している。県東部の出雲市で，精密電子機器の製造業に従事する日系ブラジル人労働者の増加が著しいためである。

そのためポルトガル語通訳のニーズが高まっているが，島根県のような地方においてポルトガル語のボランティア通訳を確保することは難しく，派遣を見合わさなければならないこともある。少数言語をふくめ，多言語に対応するためのボランティアを確保することが課題である。

　医療通訳派遣をはじめとする外国人住民の生活支援において，地元自治体や国際交流協会への期待は大きい。上でみたとおり，個々の市民団体による活動で，広域をカバーするような通訳派遣事業を継続するのは，予算や人的資源の面で困難も多い。比較的に人口の少ない地方社会で，短期間のあいだに外国人住民が急増したような場合，より顕著なものとなるだろう。この点，島根県出雲市では2016年に「出雲市多文化共生推進プラン」を策定して，それにもとづいた医療通訳をはじめとする言語支援・多言語対応にむけた体制の整備充実を推進している。ここには，外国人住民を一時的な滞在者としてではなく，地域社会の構成員として受け入れ，将来にわたって定着してもらうことが，地域存続の鍵であるとの認識がある。こうした行政の認識とスピード感のある社会政策の実現は，地方での医療通訳の普及を根拠づけ，推し進める重要な要素といえよう。

　ボランティア通訳派遣のもうひとつの形態として，地域の日本語教室の存在にも言及しておきたい。これも人口規模が小さく，かつ在留外国人が集住していない地方社会でみられるケースである。一例として，兵庫県豊岡市にある日本語教室NPO法人「にほんご豊岡あいうえお」（2012年設立）が挙げられる。豊岡市を含む兵庫県北部の但馬地方は，南部の神戸都市圏とは対照的に，人口減少のすすむ地方社会の部類に属するといってよい。[1]「にほんご豊岡あいうえお」は，そうした地方社会における外国人支援の拠点として，アジアからの結婚移住女性を中心に言語支援や生活相談を行ってきた。

　エスニック・コミュニティが形成されにくい地方の外国人散住地域では，日本語教室の果たす役割は日本語学習だけにとどまらない。日本語教室がもつ地域の外国人ネットワークを駆使して，ボランティア通訳派遣のコーディネート機能を果たすこともある。例えば日本の地方に国際結婚でやってきた外国人女性など，配偶者やその家族に「アドホック通訳」をお願いすることすら難しい場合がある。そうしたときに，日本語教室の過去の受講者で，日本語を身につけた同国出身女性のなかから，医療通訳をお願いできる人を探すのである。通訳としてのレベルは十分とはいえないかもしれないが，ほとんど日本語のできない外国人住民にとっては心強い支援となる。ボランティア通訳の派遣体制が整えられることが最善であることは言うまでもないが，ただリソースの限られる地方社会において，医療を含めた生活全般にわたる多言語対応を最前線で支えてきたのは，こうした日本語教室のような存在なのであり，外国人住民と地域とをつなぐ貴重な場であり，地域の活動資源であるということは見過ごされてはならない。

1-3　専門職型

　このように現在の日本の医療通訳の大部分は，各地域の NPO 団体，国際交流協会や地方自治体が運営するボランティア派遣に頼っていると言わざるをえないのが偽らざる現状である。これまでの医療通訳ボランティアの献身的な活動は，多くの在留外国人にとって心強い助けとなり，医療を受ける際の困難や不安を取り除いてきたことは疑うべくもない。しかしながら，それでも国内の医療通訳ニーズを賄うことは到底できない。外国人人口が今後も増えつづけることが予想されるなか，これまで一部の有志たちによる「特別な支援」であった外国人医療における言語支援は，いまやデフォルトの「標準装備」として提供されるべき段階に至っているのである［堀 2020］。

　本節の最後に取り上げるのは，長年にわたって，その必要性が指摘されつづけている専門職としての医療通訳である。具体的には，高度専門職人のひとつとして専門的な知識・技能，そして職業倫理を兼備した「医療通訳士」の制度化である。いま国内で国家資格として制度化されている通訳業は，訪日外国人の旅行案内を対象とする「全国通訳案内士」（観光庁）のみで，日本に暮らす在留外国人むけの「コミュニティ通訳」[2]の分野では，司法通訳や会議通訳を含めて，国家資格は存在していない。

　そうしたなかで，国家資格ではないが，いくつかの学協会で医療通訳の認定・資格化の動きがみられる。2009 年に設立された医療通訳士協議会（JAMI）は，医療通訳士制度の確立にむけ精力的な取り組みをつづけてきた。2011 年には「医療通訳士」を商標登録するとともに，「医療通訳士倫理規程」を定めるなど，医療通訳の専門職化を牽引してきた。

　2016 年には，全国医療通訳者協会（NAMI）が設立された。医療通訳の普及・発展をつうじて，通訳を必要とする人びとの健康に貢献していくことを目的とした医療通訳者の職能団体で，医療通訳者の質保証，労働環境の整備，社会的地位の向上を図り，医療通訳資格認証の制度づくりにむけて活動している。

　アカデミックな領域では，国際臨床医学会（ICM）による医療通訳士の認定制度がスタートしている。一定レベル以上の医療知識，通訳技術，医療通訳倫理を身につけている医療通訳者を「ICM 認定医療通訳士」として認定するもので，2020 年 3 月に最初の認定がなされて以降，これまでにおよそ 300 名（15 言語）の認定医療通訳士が誕生している。

　医療通訳制度の確立には，外国人患者側とホスト社会側の双方に大きなメリットが見込まれる。外国人患者にとっては，受診したときに自らの健康問題や症状を正確に訴えることができるとともに，医療従事者による説明・助言を正しく理解することができる。医療従事者の立場にたてば，診断・治療をスムーズにおこなうことができ，業務負担の軽減となる。なにより言葉の行き違いによる医療事

故・誤診のリスクの防止となる。行政・自治体としては，住民の予防・早期治療，健康促進が期待でき，不要な検査・治療による医療費支出を抑制できる。

　他方で，医療通訳士が専門職として活躍する環境を整えるための課題としては，以下のようなことが挙げられる［李 2018］。すなわち，① 認定基準の作成と周知，② 教育における質の保障，③ コーディネーターの養成，④ 就労・身分保障，法的裏付け，財源の確保，⑤ 事業に関するネットワークの構築，⑥ 研究・成果発表，⑦ 医療通訳士の必要性に関する社会的醸成である。

　医療通訳を増やすためには，公的資格として制度化することが不可欠である。現状では，優秀な通訳者は一定の報酬が担保されている会議通訳や司法通訳のような道を選び，ボランティア価格の医療通訳は敬遠される傾向があるといわれている［南谷 2018］。身分保障のための資格制度がなく，正当な報酬体系が確立していないということが，医療通訳の普及を妨げる大きな要因として立ちはだかる。さきのボランティア派遣型に関しても，多くの人びとの善意と努力で成り立ってはいるものの，限度がある。病院への同行通訳となれば，ほとんどの場合が平日の昼間となる。謝礼は 1 回（3〜4 時間以内）3000〜5000 円程度が相場であるが，その専門的技能の高さと責任の重大さを考えると，通訳者の負担は過度に大きいと言わざるをえない。結果，時間的かつ経済的に余裕のある人しか継続した活動を続けられず，慢性的な通訳不足に陥るのである。

　最後に，医療通訳の国家資格化がもとめられるなか，すこしでもその不足を補うものとして注目され，近年では本格導入・活用もすすんでいる遠隔通訳にふれておきたい。遠隔通訳とは，言葉のとおり，通訳者が現地に同行するのではなく，遠隔地にいながら電話やインターネットを介して通訳する方式である。以前は電話通訳が主流であったが，現在ではインターネットのビデオ会議システムを活用したオンライン通訳が一般的になりつつある。ウェブカメラで相互の顔を見ることができ，また画像を共有することもできるので，意思疎通の精度は高くなり，誤訳のリスクを下げることができる。移動のための時間や経費を節減できる点でも，遠隔通訳のメリットは大きい。またボランティア通訳派遣のところでもふれたとおり，要となるコーディネート業務の負担軽減につながり，医療通訳派遣事業の持続化にも資する。

　2010 年代より，複数の民間通訳会社や ICT 関連企業が遠隔での医療通訳サービスに参入しつつあり，さらなる発展と拡大が期待される。東京オリンピック開催を機に，厚生労働省が訪日外国人向けの医療環境整備を支援したことも各病院への導入，新規事業参入が増加した背景にある[3]。ここ数年のあいだ，コロナ禍の影響により，甚だ不本意なことではあったが，多くの人びとが職場や学校において遠隔でのビデオ会議システムを使用せざるをえないという経験をした。このことは，意図せざる結果ではあるが，これから遠隔医療通訳がより一般的なものと

して利用されていくための素地をつくったと受け取ることもできるだろう。

　遠隔通訳は，全国で医療通訳が不足している現状にたいしてひとつの活路をもたらしうるが，とりわけ活動資源の少ない地方社会においてこそ本領を発揮するだろう。ここで，島根県の公立病院で遠隔通訳システムが導入された事例を簡単にみてみたい。島根県出雲市に所在する島根県立中央病院は県内随一の大規模病院で，すでにみたとおり，出雲市の在留外国人の急増にともない，外国人患者の受診が増えていた。その多くがブラジル人で，ポルトガル語のニーズが高まったことも，以前にはなかった変化であった。そこで同病院では，2017 年度に遠隔通訳システムを導入した。通訳が必要な場合は，タブレット端末から契約している通訳会社につないで，専従の通訳者に逐次通訳をしてもらうのである。診察の際の質問・説明だけではなく，医療費の支払い方法の説明など窓口業務でも活用されている。

　遠隔通訳の課題として，まずはいかにコストを抑えつつ，予算を確保するかである。これについては，今後の市場拡大にも期待するところである。遠隔医療通訳の市場が成長すれば，全体としてのスケールメリットも大きくなり，料金・コストも安定していき，さらに多くの病院で導入しやすい環境ができてくるだろう。いまひとつ指摘しておきたいこととして，遠隔通訳における「プラットフォームの標準化」という点も，今後の課題になってくると思われる。いくつかの遠隔同時通訳のためのプラットフォームが開発されつつあるようだが，特に医療通訳に適した標準的な環境の開発整備も，今後のユーザー拡大にとってひとつの重要な要素となるだろう。

2　地方社会における外国人医療支援のローカルガバナンス

　ここまで日本の医療通訳について，その担い手・提供体制にもとづき，「アドホック型」，「ボランティア通訳派遣型」，「専門職型」の３つに分類して，それぞれの概要と事例を確認してきた。本章で言及した諸種アクターおよびセクターを，多国籍化・多文化化対応における「ローカルガバナンス構造」の相関図式（第 1 章図 1-1 を参照）にてらせば，医療通訳のおもな活動主体としては，「市民団体（外国人を支援する活動家・ボランティアとその団体等）」，「地域国際化協会（国際交流協会）」，そして「行政（国・都道府県・市町村）」の関わりが深いことが見て取れる。無論，これまで在留外国人が日本で医療を受けるにあたり，「企業・事業所」の理解，同僚たちの助け，「宗教セクター」や「エスニック・コミュニティ」のネットワーク内の互助も，代えがたい大きな支えとなったことは疑うべくもない。

　医療を受ける者が，必要な情報を得られること，そして自己決定が行えるように他者とコミュニケーションできることは，国籍に関係なく，誰もが保障される

べき人権である。これに関して，「アドボカシー（アドボケート）」という言葉がある。社会的弱者に対する権利擁護（擁護者）を意味するものだが，医療福祉やヘルスコミュニケーション研究の分野でも，患者やその家族の権利を擁護する諸行為を指すものとして多く用いられている。医療通訳は，まさに患者の生命・健康のリスクにたいしてアドボケートの役割を担う存在である。こうした意味においても，いつでも，どこでも利用できる「社会資源」［李 2018］として，医療通訳が配備されることが望まれる。

　普遍的な権利保障の観点からみる医療通訳の必要性については異論の余地はないにせよ，では実際にどのように実現していくかは大きな課題がともなう。これは各地域の活動資源と政策資源をいかに活用していくかという課題に置き換えることができるだろう。とりわけ地方社会においては，外国人集住地域が行っているような医療通訳派遣をそのまま地方都市にもってきても，ニーズの不一致を招きかねない［李 2014］。まずは必要となる対応言語はなにかなどニーズを明らかにするとともに，いまある資源をもって何を・どこまで実現できるかについて，見極めることが肝心である。

　このことについて医師の連利博は，近年の民間企業の参入によって拡大している専門職型の遠隔医療通訳と，これまで日本の医療通訳の礎を築いてきた各地域のボランティア派遣の医療通訳とが，相互補完的な関係をなしていくことが重要であるとの指摘をしている。2つの異なる形態の医療通訳の「ハイブリッド化」であり，これを「医療通訳4.0」と呼んで，次世代へとつづく今後の新しい医療通訳のあり方を示している［連 2020］。こうした複数種類の医療通訳を，地域の状況に応じて組み合わせて利用していくという考えは，活動資源の限られた地方社会にとって，きわめて示唆的なものである。

　医療通訳の担い手・提供体制にもとづいて分類・整理するという本章の試みは，ハイブリッド化を含めた今後の医療通訳の整備充実にむけて，地域の「ローカルガバナンス構造」にある諸資源を把握するための予備的考察として一定の意義をもつものと思われる。

● 注 ─────

1）豊岡市では，ここ10年にあいだに技能実習で来日する外国人住民が増えており，医療通訳のニーズは今後ますます高まっていくとみられる。2021年には「豊岡市多文化共生推進プラン」（2021〜2025年度）が策定され，「小さな世界都市」をスローガンに，多文化共生政策を推進している。

2）コミュニティ通訳は，言語権という基本的人権を保障する存在として認知が広がっている。「地域社会で暮らす人たちのための言葉の橋渡しをおこなう」［水野・内藤 2015］という点で会議通訳やビジネス通訳とは異なり，行政窓口や教育，医療保健がおもな活動領域となる。

3）政府の外国人医療政策について，近年の動向を概括しておく。2014年5月に，「健康・医療戦略推進法」が成立，同年7月に閣議決定された「健康・医療戦略」では「我が国におい

て在留外国人等が安心して医療サービスを受けられる環境整備等に係る諸施策を着実に推進する」ことが謳われている。ただこれは，東京オリンピックをひかえ，インバウンド推進の一環として，おもに訪日外国人旅行者を対象にした施策の色合いが強い。厚生労働省の取り組みとしては，2012 年に「外国人患者受入れ医療機関認証制度（JMIP）」が創設された。国内の医療機関における多言語対応や異文化への配慮など，外国人患者の受け入れを第三者の立場から評価・担保する制度で，実施機関は日本医療教育財団である。2022 年 10 月現在，国内 74 施設が認証を受けている。その他，「医療機関における外国人患者受入れ環境整備事業」による外国人患者受け入れ拠点病院の拡充，医療通訳育成カリキュラムおよびテキスト，多言語説明資料の作成といった施策を実施している。2018 年 12 月には，外国人材の受入れ・共生に関する関係閣僚会議により「外国人材の受入れ・共生のための総合的対応策」が策定された（2022 年 6 月までに 3 度の改定）。「外国人材の受入れ・共生のための総合的対応策（令和 4 年度改定）」に記されている「外国人に対する情報発信・外国人向けの相談体制の強化」の具体的施策から，医療通訳関連のものを一部抜粋すると，「電話通訳及び多言語翻訳システムの利用促進」，「地域の外国人患者を受け入れる拠点的な医療機関における医療通訳者や医療コーディネーターの配置，院内の多言語化に係る支援等を通じ，外国人患者受入れ環境の整備」，「医療機関における多言語対応のため，外国人患者等の受益者の適切な費用負担の下，電話通訳の利用促進を図り，全ての医療機関における外国語対応を推進」といった事項が掲げられている。

● 参考・引用文献

小笠原理恵 [2019]『多文化共生の医療社会学——中国帰国者の語りから考える日本のマイノリティ・ヘルス』大阪大学出版会.

小林米幸 [2016]「在日外国人医療の変遷および現状と課題」『三田評論』1203.

中村安秀 [2013]「医療通訳士の必要性と重要性」，中村安秀・南谷かおり編『医療通訳士という仕事——ことばと文化の壁をこえて』大阪大学出版会.

堀成美 [2020]「外国人との共生社会における健康支援とコミュニケーション 2020——言語サポートは『特別な支援』から『標準化』へ」『保健師ジャーナル』76(3).

南谷かおり [2018]「グローバル化する医療の現場」，大橋一友・岩澤和子編集『国際化と看護——日本と世界で実践するグローバルな看護をめざして』メディカ出版.

水野真木子・内藤稔 [2015]『コミュニティ通訳——多文化共生社会のコミュニケーション』みすず書房.

連利博 [2020]「日本の医療の現状と次世代の姿」，連利博・吉富志津代監修『医療通訳 4.0』松柏社.

吉富志津代 [2018]「国内における在留外国人への支援の課題——医療通訳制度確立に向けた取り組み」，大橋一友・岩澤和子編『国際化と看護——日本と世界で実践するグローバルな看護をめざして』メディカ出版.

——— [2020]「医療通訳システムの制度づくり——市民団体への依存からの脱却のために」，連利博・吉富志津代監修『医療通訳 4.0』松柏社.

李節子 [2014]「自治体の地域特性を活かした『医療通訳』のあり方」『保健の科学』56 (12).

——— [2018]「在日外国人の健康支援原論」，李節子編『在日外国人の健康支援と医療通訳』杏林書院.

宗教セクター

　宗教団体とは，特定の信仰を共有する人びとによって構成される団体であり，多くの教団がその信仰や信者間の交流などのための施設（教会・寺院・モスクなど）を保有している。宗教の本義は，人びとにその心の拠り所や気持ちの持ち様などを示して信仰する者に心の安定を与えるところにあるが，その独自の視点から社会のありように対して批判的な立場を取り，状況の改善のために活動を展開する宗教者や団体もある。

　外国から日本に来住した人たちにとって，故郷・故国を遠く離れて生活することによる寂しさや新しい環境におけるストレスなどによる心的負荷が高まりがちな異国での暮らしの中で，信仰の維持へのニーズはとりわけ高いものとなる。また，これらの宗教施設が同胞たちによって構成されるエスニック・コミュニティの拠点となったり（解説6を参照），災害時や不況期の失業などの「不測の事態」に際しての助け合い活動の拠点となったりもして，来日前から信仰を重視してきた人たちにとっては何重の意味でも重要な場所となるのである。

　先行研究では，各地に教会（小教区）が存在し日本人の信徒を多く持ちつつも，フィリピンなどのキリスト教国からの来住者の受け皿として機能してきたカトリック教会や，日系ブラジル人らの信仰拠点であるペンテコステ派のキリスト教会などへの言及が多いが，本書ではベトナム出身の僧侶が設立し，同国からの来住者の文字通り「駆け込み寺」となっている仏教寺院と，地方部ではかなり早い時期に設立され，祈りや信仰の場所の提供やムスリム系移住者に関する相談対応・サポート活動などを展開してきた愛媛県新居浜市のモスク（マスジド）の例を取り上げる。外国からの来住者が集う，いわゆる「エスニック・チャーチ」の多くは（カトリック教会を例外として）ホスト社会たる日本での設立基盤や地域社会との橋渡し機能が弱いことが多いのだが，第11章で取り上げられるベトナム系仏教寺院の場合は設立者であるベトナム人僧侶は日本で仏教を学び，ベトナム人の支援活動を展開する中で日本人からのサポートを得つつ，ベトナム人のための仏教寺院の設立と運営を図っている。また，第12章で取り上げられる新居浜マスジドは，その設立者が地元の有力者の一人であると同時にイスラム教の教学者の資格を併せ持つ人物で，いずれの事例においても上述のようなエスニック・チャーチの「弱点」を克服し，異郷の地における信仰と各種サポートの拠点を確立することに成功している。これらの事例を通じて，外国から日本にやって来た人たちにとっての宗教（拠点）の重要性が示される。

［徳田　剛］

第11章

非集住者たちの宗教コミュニティ
──在日ベトナム人仏教徒にみる SNS の役割──

高橋典史

はじめに

　筆者は，2020年初めより急拡大した新型コロナウイルスのパンデミックの以前から，日本各地のベトナム人コミュニティについての調査を進めてきた。当初は，インドシナ難民にルーツを持つ在日ベトナム人（もしくは在日ベトナム系住民）と宗教との関わりを中心に研究していたものの，ここ数年は急増するベトナムからの技能実習生や留学生にも注目してきた。前者の場合，基本的には集住地域に焦点を当てることが多かった。しかしながら，技能実習生や留学生に関しては「集住」「非集住」といった分類の使用に困難さを抱くことも多かった。

　地域名を冠しているようなベトナム人のエスニック団体は各地に設立されており，さまざまな活動が行われている。しかし，就労先の企業や就学先の学校などにより地域的に散住しており，若年層の単身者が大半を占める技能実習生や留学生にとって，自分たちが居住する地域社会との交流はきわめて限定的である（それは一人暮らしをしているような，社会的マジョリティの「日本人」の単身の若者たちも同様であろう）。

　日本で暮らす移民たちについての研究は，彼ら／彼女らの「集住地域」を中心に進展してきたが，近年では「非集住地域」や「散在地域」に関する研究が蓄積されつつある［徳田・二階堂・魁生 2016］。こうした「非集住地域」においては，行政をはじめとする公的セクターや NPO 等の市民セクターによる「多文化共生」に関わる取り組みが未成熟であるため，全国各地に所在するカトリック教会などの宗教セクターの役割が大きい傾向がみられる［徳田 2016；2018］。ただし，本章は「集住地域」「非集住地域」という地域特性だけでなく，宗教コミュニティを構成する移民たちの側の性質を名指すものとして「非集住者」という語も用いたい。

　コロナ禍以前のエピソードではあるが，関東地方のあるカトリック教会においてベトナム人支援を行っているシスターと話していた際，彼女のスマートフォンには全国各地からひっきりなしに相談や連絡が寄せられていたことが強く印象に

残っている。当該の教会では，ベトナム人信者の共同体（コミュニティ）が存在しているものの，そのシスターは SNS を通じて広域にわたる在日ベトナム人たち（カトリックの信者ではない人びとも含まれる）とのネットワークに関わっていた［高橋 2016；2018］。ベトナム人の技能実習生や留学生の若者たちが数多く参加しているそうした宗教コミュニティについては，地理的な限定性は相対的に低い傾向がみられる。

　在日ベトナム人の生活におけるソーシャルメディアないし SNS をはじめとするオンライン・コミュニティの重要性については，すでに先行研究でも指摘されている［長谷部 2019；岩下 2020；松谷 2021］。本章では，技能実習生や留学生が多く参加している宗教コミュニティの事例を取り上げて，「集住／非集住」という地域特性と関わりつつも，自立的に存在するオンライン空間の役割について注目する。そして，コロナ禍という非常事態のなかで，そうした宗教コミュニティでは，SNS を中心とする各種メディアが活発に利用されたことを紹介する。そのうえで，オンライン空間において展開していくコミュニティ／ネットワークに参加している在日ベトナム人に対して，地域社会の人びとやそこに所在する諸アクターとの接点を創出する宗教コミュニティの役割について論じたい。

1　移民の SNS 利用

　各地の移民（エスニック・）コミュニティによる各種メディアの利用である「エスニック・メディア」の歴史は長い。古典的なエスニック・メディアとしては，移民たちの母語による新聞や雑誌など活字メディアがその代表であるが，テレビ・ラジオの放送メディア，そしてインターネット・メディアも出現してきた［李 2019：68-69］。

　在日ベトナム人に限らず，現代における移民とインターネット・メディア，とりわけ SNS などのソーシャルメディアとの関わりは深い。例えば，世界各地に移住した沖縄系移民たちは，それぞれの土地にエスニック団体の「県人会」を設立して活動してきた。しかし，近年のブラジルの沖縄系移民は，若い世代になるほど「沖縄」についての知識を，親族や県人会よりもインターネットや SNS から入手する傾向があることが指摘されている［MEIRELES 2018：66-67］。

　前述したように，技能実習生や留学生の在日ベトナム人に関しては，ベトナム難民の集住地域のような地理的な空間を共有する大きなコミュニティを形成しづらいため，SNS は非常に重要なツールである。特にベトナム人のあいだでは Facebook によるコミュニケーションがさかんであり，技能実習生たちのあいだでは，同胞同士の交流や互助だけでなく，ホスト社会の支援団体への相談や宗教コミュニティへのアクセスにも活用されている［長谷部 2019；岩下 2020］。

就労先の地理的広がりにより散住する傾向があるため，技能実習生には非集住性の特徴がみられる。ベトナム人留学生についても，佐藤由利子とフン・ティ・ハイ・タンによる研究によれば，中国人留学生と比較して首都圏以外の物価が安い地域に散住する傾向があるという（元留学生で卒業後も日本で働く人びとも同様である）。同研究のなかで紹介されている日本最大のベトナム人留学生団体「VYSA」の事例では，Facebook を活用して活動してきたことが記述されている［佐藤・フン 2020］。

　また，比較的近年に結成された宮城県仙台市のローカルなエスニック団体「在仙台ベトナム人協会」（略称：SenTVA，2018 年 9 月設立）を取り上げた先行研究では，同団体の多様な活動についての情報発信が Facebook とウェブサイトを通じてなされ，メンバー間のコミュニケーションでは Facebook が活用されていることが報告されている。そして，活動範囲としては仙台市に限定されるものの，人びとのコミュニケーションや情報発信は仙台市という地理的空間には限定されておらず，同協会がオンライン・ネットワークに関しても「重要なハブ」となっている点が指摘されている［松谷 2021］。

　SNS によるオンライン・ネットワークは，地理的空間に影響されずにグローバルに拡大可能であり，膨大な人びとのあいだのコミュニケーションを可能にする。しかしその一方で，SNS のオンライン・ネットワークによって形成されるような「コミュニティ」には，特定の言語や文化を共有する人びとのあいだで内閉化していく傾向がある点も看過できない。

　例えば李文は，SNS の普及以降の世代の在日中国人留学生とそれ以前の在日中国人留学生の親密圏を比較して，ホスト社会の生活圏中心だった時代から，SNS を通じた母国の家族や友人との密なコミュニケーションを基盤とする自文化圏中心へと移行している点を挙げて，SNS の「文化的閉鎖性」を指摘している［李 2018］。この SNS の「文化的閉鎖性」は，現在の技能実習生や留学生の在日ベトナム人の若者たちにも共通する特徴である。

　また，移民の SNS の利用に関して研究する際には，コミュニケーション自体の閉鎖性だけでなく，各国・各地域において普及しているサービスが異なっている点も考慮する必要がある。SNS の広がりはグローバルな現象であり，東南アジアでの普及と活用もめざましい。ただし，そうしたグローバル化の一方で，各国また言語圏における ICT のあり方はローカル化する傾向もある［小川 2019］。中国人の中国企業製の WeChat（微信），ベトナム人の Facebook のように，国や地域によって普及しているサービス（アプリケーション）に違いがあるため，その国籍やエスニシティをこえたコミュニケーションへの影響も重要な問題である。

　なお，こうした移民たちの用いるメディアの閉鎖性は，SNS 特有の性格ではない。白水繁彦は，在日ブラジル人らの日本のニューカマーの移民コミュニティ

における，新聞・雑誌・テレビ（衛星放送）などのエスニック・メディアについて，「心理的エンクレイブ化」を危惧した［白水 2011：40］。エスニック・マイノリティである移民たちによるメディア利用は，こうした内閉化をともなっている。白水は，そうした「心理的エンクレイブ化」を避けるために，移民コミュニティとホスト社会を架橋するキーパーソンの存在の重要性を挙げている［白水 2011：41-42］。

また，社会的排除にさらされがちなマイノリティである在日ベトナム人技能実習生と留学生については，ホスト社会側による支援活動においてもSNSの役割は大きい。例えば，愛知県労働組合総連合は，Facebookのメッセージ機能を使って「外国人実習生SNS相談室」を行ってきた［榑松 2017］。

SNSは「文化的閉鎖性」を有し，移民たちの「心理的エンクレイブ化」を促す傾向を持っている。他方でそれは，言語的・文化的な境界をこえてホスト社会へアクセスできる「ライフライン」にもなりうる。集住せずに散住する傾向にある技能実習生や留学生らの在日ベトナム人と宗教コミュニティとの関わりについては，このSNSによるコミュニケーションの「開放性」と「閉鎖性」の両面を考慮する必要があるだろう。

2 在日ベトナム仏教信者会の事例

2-1 在日ベトナム人の宗教コミュニティ

社会主義の政治体制をとり，共産党を唯一の合法政党としてきた「ベトナム社会主義共和国」は，現在の人口はおよそ1億人であり，人口の8割をこえるキン族（ベトナム人）のほかに50以上の少数民族が存在する。そして，宗教については，仏教をはじめとしてカトリックやカオダイ教などが信仰されている[1)]。宗教統制を行ってきたベトナム政府の統計において，公的に記録されるのは，政府公認の宗教団体の信者数のみとなるため，各宗教の教勢を正確に把握するのは困難であるが，ベトナム人（キン族）の主流の宗教伝統は大乗仏教である。ただし，カトリックの信者も少なくはなく，その宣教活動や社会活動をめぐってはベトナム政府との対立も生じてきた[2)]。

第二次世界大戦後，ベトナムが南北に分断されると，カトリック信者のなかには共産主義の北ベトナムから南ベトナムへ移住した人びとが多くいた。そして，ベトナム戦争の終結後，難民として国外へ流失したカトリック信者たちも多く，日本へ移住したベトナム難民についても，カトリック信者が占める割合が大きかった［日本国際社会事業団 1985：64］。それゆえ，日本のベトナム難民の「集住地域」では，その地のカトリック教会を基盤にしてエスニック・コミュニティが形成される傾向がみられた。そのような例としては，兵庫県神戸市長田区，兵庫県

姫路市，大阪府八尾市，神奈川県横浜市・大和市（いちょう団地）などが挙げられる［川上 2001］。

　野上恵美や三木英の先行研究［野上 2010：三木 2017］を参照すると，既存の日本の教会を基盤にしたカトリックのコミュニティと比べると，ベトナム人仏教徒のコミュニティの組織化や宗教施設（寺院）の設立はゆるやかであり，2000年代に入ってから進んできたようだ。三木［2017］が調査した国内のベトナム仏教寺院4か所のうち，埼玉県越谷市のもの以外の3か寺がある兵庫県神戸市および姫路市，神奈川県愛甲郡愛川町は，いずれもベトナム難民の「集住地域」ないしはその近隣エリアである。

　しかしながら，本章で注目したいのは，こうした難民をルーツとする在日ベトナム人の集住地域とは直接的には関係なく形成された，宗教コミュニティである「一般社団法人 在日ベトナム仏教信者会」の事例である。同団体代表のベトナム出身の尼僧ティック・タム・チー（Thích Tâm Trí／釈心智）氏は，その多面的な在日ベトナム人支援が注目されており，マスメディアでもたびたび報道されてきた著名な人物である[3]。

　1978年，ベトナム中部の高原地帯の農家の9人兄弟姉妹の末っ子に生まれたティック・タム・チー氏は，7歳にして出家し，その後ホーチミン市のベトナム仏教学院で学んだ。同学院に在学中の1998年に日本の伝統仏教の僧侶と出会い，その縁で2001年に留学のために来日した。コンビニエンスストアでアルバイトもしながら，大正大学や国際仏教大学院大学で仏教を学んだ（『しんぶん赤旗』2020年7月14日付）。

　ティック・タム・チー氏が日本の大学院で学んでいたさなかの2011年，東日本大震災が発生し，被災地のベトナム人留学生支援をベトナム大使館から打診されたことが，彼女の日本での本格的な活動の端緒であった。そして，被災したベトナム人たちのために，当時ティック・タム・チー氏が居住していた東京都心部の日本の伝統仏教寺院を避難所として提供することとなった。その際，避難したベトナム人留学生たちが，SNSを通じて困窮状況を発信したことにより，全国から支援物資が寄せられたという。そうした震災時の支援活動が全国のベトナム人仏教徒たちに知られるようになり，各地からベトナム仏教の施設を開いて教えを広めてほしいという要望が寄せられるようになった。それがきっかけとなって，ベトナム人仏教徒のための組織の結成に着手し，母国のベトナム仏教会主席からの認可も得て，2014年2月，「一般社団法人 在日ベトナム仏教信者会」が発足した［釈・吉水 2016］。

　在日ベトナム仏教信者会では，2020年初めに発生した新型コロナウイルスのパンデミック以前からティック・タム・チー氏が中心となり，技能実習生や留学生をはじめとするベトナム人の若者たちに向けた仏教の宗教活動を行うだけでな

く，さまざまな理由から生活困窮に陥った技能実習生らの支援活動を献身的に行ってきた。いわゆる「技能実習生問題」が社会的な耳目を集めるようになると，彼女たちの取り組みが新聞・雑誌・テレビなどのマスメディアで報道されるようになった。彼女たちは，宗教活動だけでなく社会活動に関しても Facebook を通じて，随時，情報発信しており，それを通じてオンライン・ネットワークが拡大してきた。2022 年 9 月 18 日現在，ティック・タム・チー氏の Facebook のフォロワーは，6 万 8451 人となっており，日本における個人の宗教者としては有数の多さであるとみられる。ちなみに同日現在，彼女の Twitter（現 X：エックス）アカウントのフォロワーは 5057 人であり，このフォロワー数の違いはベトナム人の SNS 利用が Facebook 中心であることも影響しているものと考えられる。

2-2　コロナ禍における在日ベトナム仏教信者会の支援活動の展開

　周知のとおり，新型コロナウイルス感染拡大は在日ベトナム人にも大きな影響を与え，特に技能実習生や留学生たちのなかには困窮するものが少なくなかった。そうした状況下で在日ベトナム仏教信者会は，さまざま支援活動を展開した。ここではまず同団体の報告資料をもとに，「2020 年春から 2021 年 7 月半ば」までの支援活動について紹介したい。

　コロナ禍によって仕事を失って困窮する在日ベトナム人たちが急増したことを受けて，在日ベトナム仏教信者会では「幸せの贈り物」プロジェクトとして，日本各地で暮らすベトナム人たちに食料を送付する活動を行った。全国のベトナム人コミュニティや企業などから寄付された物資は，米 150 トン以上，インスタントラーメン約 6000 箱，その他の食料品 800 トン，マスク 140 万枚にものぼり，5 万 5000 人以上の人びとに食料支援を行った。また，健康に不安を抱える者や保険の未加入者などの困窮者たちの通院に関する相談，精神的不安を抱えた人びとに対する心理カウンセリング，出入国在留管理庁との連携による 1200 人以上の帰国支援（帰国希望者の各種手続きのサポート）なども行われた。帰国支援に関連するものとしては，帰国まで滞在する住居の提供（東京，千葉，埼玉など）も実施され，2000 人以上を保護した（そのなかには 100 名をこえる妊娠女性も含まれていた）。さらに，ベトナムへの航空便に搭乗する帰国者のための成田空港へのバスや乗用車による無料送迎支援も行い，計 19 回で計 245 名が利用した。こうした諸々の支援については，在日ベトナム大使館の協力も受けたという。また，上述の社会活動と並行して，日本で亡くなったベトナム人たちのための葬儀などの宗教的支援も行った[4]。

　2021 年の夏以降も宗教活動とともに，技能実習生や留学生らの在日ベトナム人支援は続けられている。彼ら／彼女らにとって在日ベトナム仏教信者会は，まさに文字通りの「駆け込み寺」としての役割を果たしている。新型コロナウイル

スのパンデミック発生からしばらくの間は，2018 年 1 月に創設され，ティック・タム・チー氏が住職を務める大恩寺（埼玉県本庄市）を拠点に在日ベトナム人支援が行われた。さらに 2021 年 11 月には「栃木大恩寺」（栃木県那須塩原市）が新たに設立され（『朝日新聞』栃木 2022 年 8 月 26 日付），2022 年 7 月には「東京大恩寺」（東京都足立区）の建立に向けた祈念行事も挙行された。[5]

2-3　非集住地域におけるベトナム仏教寺院の建立

　在日ベトナム仏教信者会の大恩寺ならびに栃木大恩寺が所在する埼玉県本庄市と栃木県那須塩原市は，いずれもベトナム人集住地域ではないばかりか，そもそも外国人住民自体が少ない地域である。2020 年の国勢調査[6]によれば，本庄市は総人口 7 万 8569 人，そのうち外国人人口 2403 人であり，上位 4 か国の国籍はブラジル 718 人，ベトナム 370 人，フィリピン 331 人，中国 264 人である。また，那須塩原市は総人口 11 万 5210 人，そのうち外国人人口 1855 人であり，上位 4 か国の国籍はブラジル 341 人，中国 335 人，フィリピン 287 人，ベトナム人 187 名となっている。他方，在日ベトナム人の集住地域として知られている兵庫県神戸市（総人口 152 万 5152 人，外国人人口 3 万 3009 人）と姫路市（総人口 53 万 495 人，外国人人口 1 万 45 人）は，ともにベトナム国籍の住民が 3000 人をこえている（神戸市 3632 人，姫路市 3117 人）。こうした数字からも，2 つの「大恩寺」が所在する本庄市や那須塩原市については，外国人住民／ベトナム人住民の「非集住地域」にカテゴライズすることが妥当であろう。

　そもそも埼玉県本庄市にある大恩寺は，まったく別の日本の宗教団体（山岳修験系の教団）の教会施設を縁があって入手することができたために建立された。同寺院は，鉄道の駅や幹線道路から距離があるところに所在しており，周囲は田畑や丘陵地帯で民家もまばらなエリアである。また，栃木大恩寺も東京在住の日本人男性より，那須塩原市内の 2 階建ての民家 1 棟と 3000 m^2 以上の農地の寄付の申し出があったことから，2021 年 11 月に創設された（『朝日新聞』栃木 2022 年 8 月 26 日付）。栃木大恩寺の所在地も農地が大半であり，ところどころに民家や工場などがある地域である。

　このように，これら 2 つの「大恩寺」は，所在地域のベトナム人住民のエスニック・コミュニティを基盤として設立された寺院ではない。周囲にはベトナム人住民が少ないにもかかわらず多岐にわたる活動を展開することを可能にしているのが，SNS 等によるオンライン・ネットワークとマスメディアを通じた情報発信である。そうした情報メディアの活用によって，信者たちは地理的距離を越えてつながり，在日ベトナム人や母国ベトナムの人びとだけでなく，日本社会のさまざまな人びととも関係を構築している。

　また，ティック・タム・チー氏は，日本の仏教系の大学・大学院で学び，伝統

仏教界とも縁が深い人物であるため，在日ベトナム仏教信者会は，日本の伝統仏教の僧侶らを中心とする社会活動団体である「社会慈業委員会　ひとさじの会」などとも協力関係を有している［釈・吉水 2016；バフェッリ・高橋 2022］。また，埼玉県本庄市の「大恩寺」では，地元の農家との交流も活発である。農家からの協力をもとに，寺院の近くの農地を借りて「大恩寺　浄農園」と名づけて，ティック・タム・チー氏や僧侶やベトナム人信者たちが野菜を栽培している（『日本農業新聞』2021 年 8 月 18 日付）。2020 年 10 月や 2021 年 12 月に筆者が現地訪問した際にうかがった話では，近隣の農家が野菜を届けてくれることもたびたびあるとのことであった。

おわりに

　本章では，散住の傾向が高い，すなわち「非集住者」の性格を持つ技能実習生や留学生らの在日ベトナム人が関わる，在日ベトナム仏教信者会の宗教活動・社会活動と SNS との関係性について論じてきた。その活動拠点となっている寺院も在日ベトナム人の「非集住地域」に所在しているにもかかわらず，その活動はとても活発であり，地域をこえて展開している。それを支えているのが Facebook等によるオンライン・ネットワークである。こうした「非集住地域」における「非集住者」たちの宗教コミュニティの諸活動が，現代の情報化時代であるからこそ成立しているともいえるだろう。

　在日ベトナム仏教信者会は，国名を冠していることからも分かるように，在日ベトナム人の「エスニック・チャーチ」としての性格が色濃い。たしかに「心理的エンクレイブ化」（白水繁彦）や「文化的閉鎖性」（李文）の傾向も有するものの，組織外の多様なアクターや人びととの連携もさかんである。それは，日本の大学・大学院において仏教を学び，日本の伝統仏教の関係者やさまざま支援者等とのネットワークを有している代表のティック・タム・チー氏の方針や指導によるところが大きい。そして，SNS の積極的な利用だけではなく，新聞・雑誌・テレビなどのマスメディアを通じた広報活動も精力的に行っている。それゆえ，在日ベトナム仏教信者会に関しては，そうした各種メディアを通じたコミュニティの「開放性」も指摘できるだろう。

　ニューカマーの若い在日ベトナム人たちのように，その居住地域がどこであれ「非集住者」としての特徴を有する移民たちにとっては，SNS を通じてアクセスできる在日ベトナム仏教信者会のような宗教コミュニティが果たす役割は，物心の両面で大きい。新型コロナウイルスのパンデミック発生以降においては，そのニーズがさらに高まった。たとえコロナ禍が終息したとしても，技能実習生や留学生などの「非集住者」の特徴を有する移民たちが全国各地に散住するという状

況は当面継続していくことだろう。その意味でも，在日ベトナム人たちにとっての在日ベトナム仏教信者会の存在感は今後も大きいと考えられる。

　ただし，ホスト社会側の官民の諸アクターによる「多文化共生」や外国人住民支援の取り組みと，そうした宗教コミュニティとの協働については，行政における「政教分離」等の問題だけでなく，特定の行政区分をこえる活動との連携・協働という点で課題があるように見受けられる。特に地方自治体を中心とする公的セクターの活動は，その範囲に地理的制約がある。とはいえ，SNS を通じて広がる「非集住者」たちの宗教コミュニティと地域社会の諸アクターとのあいだの交流・連携は，今後の進展が望まれる沃野であることは間違いない。

付　記

本章は，JSPS 科研費 18H00929 の研究助成による研究成果の一部である。

●注

1）外務省「ベトナム社会主義共和国」　https://www.mofa.go.jp/mofaj/area/vietnam/data.html（2022 年 9 月 30 日閲覧）.
2）United States Department of State・Office of International Religious Freedom（2021）*VIETNAM 2021 INTERNATIONAL RELIGIOUS FREEDOM REPORT*　https://www.state.gov/reports/2021-report-on-international-religious-freedom/vietnam/（2022 年 9 月 30 日閲覧）.
3）"Temple of Refuge: Thich Tam Tri / Buddhist Nun" NHK WORLD-JAPAN　https://www3.nhk.or.jp/nhkworld/en/ondemand/video/2058939/（2022 年 9 月 30 日閲覧）.
4）一般社団法人在日ベトナム仏教信者会『「幸せの贈り物」プロジェクト』（仏事報告書，2021 年 7 月 15 日作成）を参照した。
5）ティック・タム・チー氏の Facebook ページを参照（2022 年 9 月 30 日閲覧）。
6）「令和 2 年（2020 年）国勢調査」については，次の総務省統計局のウェブサイトを参照した。https://www.stat.go.jp/data/kokusei/2020/kekka.html（2022 年 9 月 30 日閲覧）.

● 参考・引用文献

岩下康子［2020］「ベトナム人研修生・技能実習生——仮想空間に拡大するコミュニティと今後の展望」，駒井洋監修・小林真生編『変容する移民コミュニティ——時間・空間・階層』明石書店。
小川絵美子［2019］「SNS が拓く世界」，信田敏宏ほか編『東南アジア文化事典』丸善出版。
川上郁雄［2001］『越境する家族——在日ベトナム系住民の生活世界』明石書店。
樗松佐一［2017］『外国人実習生「SNS 相談室」より——ニッポン最暗黒労働事情』風媒社。
佐藤由利子・フン・ティ・ハイ・タン［2020］「ベトナム人留学生——中国人留学生と比較した特徴とコミュニティの役割」，駒井洋監修・小林真生編『変容する移民コミュニティ——時間・空間・階層』明石書店。
釈心智・吉水岳彦［2016］「路上生活者「支縁」における在日ベトナム仏教信者との協働について」『M ネット』188.
白水繁彦［2011］「エスニック・メディアの新しい展開」*Sophia Journalism Studies: SJS*, 5.
高橋典史［2016］「キューポラのあった街の「旅する教会」」『M ネット』185.

─────［2018］「日本におけるインドシナ難民の地域定住と宗教の関わり──ベトナム難民の事例を中心に」，高橋典史・白波瀬達也・星野壮編『現代日本の宗教と多文化共生──移民と地域社会の関係性を探る』明石書店．

徳田剛［2016］「「非集住地域」における外国人支援セクターとしてのカトリック教会」，徳田剛・二階堂裕子・魁生由美子『外国人住民の「非集住地域」の地域特性と生活課題──結節点としてのカトリック教会・日本語教室・民族学校の視点から』創風社出版．

─────［2018］「地域政策理念としての「多文化共生」と宗教セクターの役割」，高橋典史・白波瀬達也・星野壮編『現代日本の宗教と多文化共生──移民と地域社会の関係性を探る』明石書店．

徳田剛・二階堂裕子・魁生由美子［2016］『外国人住民の「非集住地域」の地域特性と生活課題──結節点としてのカトリック教会・日本語教室・民族学校の視点から』創風社出版．

日本国際社会事業団［1985］『我が国におけるインドシナ難民の定住実態調査報告』日本国際社会事業団．

野上恵美［2010］「在日ベトナム人宗教施設が持つ社会的意味に関する一考察──カトリック教会と仏教寺院における活動の比較」『鶴山論叢』10．

長谷部美佳［2019］「在日ベトナム人」，信田敏宏ほか編『東南アジア文化事典』丸善出版．

バフェッリ，エリカ・高橋典史［2022］「越・台・日の仏教者たちの支援活動を通じた交流」『Mネット』220．

堀江直美［2020］「在日ベトナム系移民に関する予備的考察」『多文化社会研究』6．

松谷凌雅［2021］「非集住地域に暮らすベトナム人に関する人類学的研究──仙台市におけるベトナム人協会の活動を事例に」『東北人類学論壇』21．

三木英［2017］「設立される待望の故郷──在日ベトナム人と仏教寺院」，三木英編『異教のニューカマーたち──日本における移民と宗教』森話社．

李文［2018］「中国人留学生における親密圏の変容──SNS の文化的閉鎖性」『評論・社会科学』126．

李萌［2019］「多文化共生社会における在日チャイニーズの文化的権利とエスニック・メディアの役割」『総合政策論叢』37．

MEIRELES, Gustavo［2018］ "The Changing Character of Ethnic Organizations of the Okinawan-Brazilian Community: Analysis of the Data from the 6th Worldwide Uchinanchu Festival,"『移民研究』14．

第12章

地方におけるムスリム人口の増加とマスジドの役割
——新居浜マスジドの事例から——

岡井宏文・徳田　剛

はじめに

　本書の第Ⅰ部では，地方における外国人人口が近年急増し，受け入れに慣れていない現場においていかに対応するかが共通テーマとなっているが，イスラーム教徒（ムスリム）についても同様の傾向が見られる。それとともに，イスラームの礼拝施設であるマスジド（モスク）の設立も全国的な広がりを見せている。

　在日フィリピン人などのカトリック教徒が既存の教会に参集し，各々の信仰や同胞とのつながりの場としているのに対して，ムスリムの場合は，建物を新築したり，リフォームしたりして，自力で信仰の場を作りだしてきた。その数は，2022年末現在160か所以上とも言われる。

　カトリックと同様に，マスジドもまた信仰をもつ外国人にとって信仰と生活両面で重要な拠点となっている。その一方で（地方では特に）これまでにほとんどなじみのない宗教施設が地元に突然つくられ，見慣れない服装や，礼拝やお祭りの際に大勢の人が参集する様子を目にするようになることから，ホスト社会側の戸惑いや違和感，時には反発といったネガティブな反応を惹起することもある。

　世界三大宗教のひとつであるイスラームの信仰者は日本国内においても増加している。ムスリムにとって信仰と生活両面で重要な場となっている宗教的コミュニティと，地元地域との連携をどのように深めていくかは，「マスジドが地域のムスリムにとってどのような場所なのか」ということへの理解を含め，今後ますます重要な課題となってくるだろう。

　そこで本章では，ムスリム人口の増加と地方への拡散傾向を統計的に確認したうえで，地方でのイスラームの信仰拠点確立の最初期の事例として愛媛県新居浜市にある新居浜マスジドを取り上げ，設立経緯と現在の運営状況，およびその存在意義について明らかにする。

1　ムスリム人口の増加と地方への拡散

　本節では，日本のムスリム（イスラーム教徒）の人口の概要を見ていく。[1)]

　社会学者の店田廣文によると，日本のムスリムの推計人口は，2020年の時点で23万人である。その出身国は多様であり，100か国以上に上るという。在留人口の多い上位10か国は，インドネシア，パキスタン，バングラデシュ，マレーシア，トルコ，イラン，ウズベキスタン，アフガニスタン，ナイジェリア，エジプトであり，これらの国の出身者が全体のおよそ半数を占めている［店田 2021］。法務省の『在留外国人統計』をもとに，これら上位10か国の出身者の2010年から2021年までの都道府県別人口の推移と，増加人数，増加率をまとめた（**表12-1**）。これをもとに，ムスリム人口の時系列的な変化と広がりを見ていく（もちろん各国出身者のすべてがムスリムではないが，おおよその傾向の把握は可能である）。2021年時点の値を見ると，特に人口が多いのは東京をはじめとする関東大都市圏，中部・東海地方などである。しかし，増加率を見ると別の傾向が見えてくる。2010年から2021年の間に，すべての都道府県において人口が増加していることが分かるが，特に注目すべきなのは地方における人口増が認められる点だろう。24の自治体で増加率は200％を超えており，そのうち福島，鹿児島，沖縄では300％を超えた。この中には，先に挙げた集住地域以外の地域が多数含まれている。集住地域に比べ人口は小規模であるが，各地においてムスリム人口の存在感は増し

表12-1　ムスリム人口上位10か国出身者の人口と推移（2010-2021年）

都道府県	2010	2016	2021	増加人数（2010-2021）	増加率
総数	67,423	96,152	128,838	61,415	191％
北海道	801	1,151	1,979	1,178	247％*
青森	204	260	308	104	151％
岩手	262	286	441	179	168％
宮城	760	1,320	1,670	910	220％*
秋田	111	156	205	94	185％
山形	150	249	347	197	231％*
福島	239	486	737	498	308％**
茨城	3,404	5,748	7,803	4,399	229％*
栃木	1,447	2,349	3,509	2,062	243％*
群馬	2,032	3,474	4,854	2,822	239％*
埼玉	6,690	8,725	12,636	5,946	189％
千葉	4,888	6,270	8,947	4,059	183％

東京	12,525	15,257	18,887	6,362	151%
神奈川	5,713	7,189	9,771	4,058	171%
新潟	846	907	1,117	271	132%
富山	744	1,055	1,430	686	192%
石川	514	846	872	358	170%
福井	218	341	441	223	202%*
山梨	377	443	513	136	136%
長野	1,184	1,328	1,798	614	152%
岐阜	755	1,364	2,031	1,276	269%*
静岡	2,836	3,443	4,138	1,302	146%
愛知	5,727	10,059	12,004	6,277	210%*
三重	1,144	1,717	2,337	1,193	204%*
滋賀	473	985	1,210	737	256%*
京都	890	1,532	1,916	1,026	215%*
大阪	2,685	4,189	6,253	3,568	233%*
兵庫	1,466	1,930	3,157	1,691	215%*
奈良	306	486	590	284	193%
和歌山	178	225	288	110	162%
鳥取	147	194	222	75	151%
島根	174	257	302	128	174%
岡山	787	1,203	1,646	859	209%*
広島	1,136	1,970	2,510	1,374	221%*
山口	356	478	737	381	207%*
徳島	278	410	538	260	194%
香川	405	696	1,077	672	266%*
愛媛	260	536	660	400	254%*
高知	299	320	350	51	117%
福岡	1,545	2,168	2,723	1,178	176%
佐賀	326	596	589	263	181%
長崎	228	459	419	191	184%
熊本	380	518	950	570	250%*
大分	508	943	1,045	537	206%*
宮崎	392	538	754	362	192%
鹿児島	255	323	777	522	305%**
沖縄	378	747	1,238	860	328%**
未定・不詳		26	112	19	120%

注：各年度の『在留外国人統計』を元に作成。増加率が 200％以上の値に「＊」を，300％以上の値に「＊＊」を付した。「未定・不詳」は 2012 年からの数値を用いた。

つつある。

ムスリムの居住地域の拡大は，ムスリム・コミュニティの形成状況からもうかがい知ることが出来る。イスラームの礼拝施設であるマスジド（モスク）は，1990年頃から設立が盛んになった。初期のマスジドは，関東大都市圏や中部・東海地方に集中していたが，現在は全国的に分布している。2021年現在，マスジドのない都道府県は，山形県や高知県などがわずかに残るのみである。

では，こうしたマスジドは，地方に居住するムスリムにとってどのような役割を果たしてきたのだろうか。次節では，愛媛県新居浜市に位置するマスジドを取り上げその機能を読み解いていく。

2 新居浜マスジドにおける宗教的コミュニティの展開

2-1 新居浜マスジドの基本情報

新居浜マスジド（モスク）は，2003年にA氏（故人，2019年死去）によって設立された。A氏は大学入学後，マレーシアでイスラームに入信し，その後同国のイスラーム中等学校，エジプトのアズハル大学，リビアのイスラームダアワ大学で学んだ後，帰国した。ラケットショップを営む父親の縁で1988年に新居浜市に移住し，高校，大学時代に打ち込んだバドミントンを主力とするラケットショップを開店した。新居浜マスジドは，A氏経営のラケットショップの二階部分に位置している（**写真12-1**）。礼拝スペースや手足を清める洗い場，キッチンなど，マスジドに必要な設備が整備されている。

筆者（岡井）が2005年にA氏に聞き取りをした情報によると，マスジドにおけるおもな活動は次のようなものであった。① 毎日五回の礼拝，② 金曜日の集団礼拝，③ 土曜日・日曜日の勉強会，④ 年二回のイード（イスラームの大祭），⑤ 年一回のキャンプなどである。礼拝には，新居浜市周辺のインドネシア人，マレーシア人など東南アジア出身者を中心に外国人が集う場となっていた。

以下では，A氏のご家族に対して行った聞き取りの情報をもとに，宗教セクターとしての新居浜マスジドの活動を整理する。

写真12-1 新居浜マスジド
筆者撮影（2022年12月）.

2-2 新居浜マスジド設立以前

新居浜マスジド設立以前から，

A氏は，新居浜市の外国人との関わりを有していた。1990年代初頭にB氏（現，新居浜市国際交流協会会長）らとともに「インターナショナル・パーティー（後にグローバルパーティーに改称）」の立ち上げに関わったほか，新居浜工業高等専門学校（新居浜高専）のマレーシア人留学生との関わりを有していた。1982年以降日本の大学・大学院・高専では，マレーシアの「ルックイーストポリシー」のもと，マレーシア人留学生受け入れが進められた。A氏は，1988年の新居浜市転居後，高専のマレーシア人留学生と関わりを持つようになった。食事会やクルアーンの勉強会のほか，1989年からは留学生らとともに断食明けの祭り（イード・アル＝フィトル）も執り行った。またA氏経営のラケットショップは，マレーシア人留学生の立ち寄り先になっており，A氏は，彼らの生活相談を行うとともに，ショップでのアルバイトも斡旋することを通じて，生活面でのサポートを行っていた。

2-3　新居浜マスジド設立以後

2003年にマスジドが開堂されたことで，多数のムスリムが新居浜マスジドに集まるようになった。A氏によれば，2005年当時，新居浜市周辺にはインドネシア人を中心に200名程度のムスリムが生活をしていた。

当時新居浜市に隣接する西条市には，松下寿西条工場が位置しており，多数のインドネシア人研修生が在籍をしていた。彼らが，週末に新居浜マスジドを訪れるようになった。県外から新居浜市周辺に，マスジドがあるという理由で転居してくるパキスタン人やバングラデシュ人のビジネスマンもいた。2003年からはインドネシア人たちのイスラーム勉強会がマスジドで開催されるようになった。新居浜高専の女子留学生たちも週末マスジドに宿泊するなど，外国人ムスリムのための居場所として機能するようになった。その後は，近隣の介護施設や工場勤務のインドネシア人や，市内外在住のパキスタン人ビジネスマンを中心に，多いときで30名程度が礼拝に参集していた。2012年頃からは，金曜日の集団礼拝の際に，礼拝者に対して昼食が提供されていた。

また，マスジドの存在が認知されていくことによって，A氏には，外国人ムスリムからの相談が持ち込まれるようになった。具体的には，住居探し，土地の賃貸に際しての保証人依頼，国際結婚についての相談，礼拝時間を確保するための会社との交渉依頼など，生活相談から宗教的なケアに至るまで幅広い依頼に対応をしていた。また，地元企業，警察などからも，遺体の宗教的な処置に関する問い合わせ（企業）や，外国人関係の問題が起きた際の相談・通訳依頼（警察）が持ち込まれることが増えた。

地方に暮らす外国ルーツの人びとにとって，このマスジドのような場はとても貴重な存在である（解説5および徳田・二階堂・魁生［2016］を参照）。大都市と異な

り，地方都市に暮らす外国人は，必ずしも狭い地域にまとまって住んでいるわけではない。散住する傾向が強い場合，困りごとが発生した際に，個人や家族単位で孤立してしまう状況も生じやすい。このようなとき，外国人が多く集う宗教施設は，かれらの信仰を支えると同時に文字通り「駆け込み寺」として機能してきた。しかし，イスラームのように日本でなじみの薄い宗教を信仰している場合，居住地域にこうした場そのものが存在しないことも多く，自力で宗教施設をつくるのにも多くのお金と労力が必要となるため，そうした場を得られないことも珍しくない。新居浜もこうした事情と無縁では無かったが，A氏を中心にムスリム・コミュニティの形成がなされた［岡井 2023］。マスジドの設立後はその存在が可視化され，さらに外国人を引きつけることになった。

　そのようななか新居浜マスジドは，当地の宗教セクターとして信仰の場のみならず，① 外国人の居場所，② 生活・宗教相談先としての機能を持つようになり，その機能をA氏が一手に担っていたといえる。

2-4　A氏逝去後の新居浜マスジド

　2019 年 5 月，A氏が亡くなったことで新居浜マスジドは転機を迎えることになった。

　マスジドの運営は，A氏の妻のC氏と長男のD氏が主に担うことになったが，① 外国人の居場所，② 生活・宗教相談先としての機能を維持することが困難になった。

　A氏の逝去後も礼拝などは通常通り行われていたが，2020 年初頭の新型コロナウイルス感染拡大後，同年 3 月にはマスジドでの金曜礼拝を中止することになった。その後，感染状況の落ち着きとともに個人の礼拝者の受け入れを再開した。2022 年半ば以降はインドネシア人の勉強会，食事会が定期的に開催されるなど，徐々に居場所としての機能が戻りつつある。一方，生活・宗教相談対応はA氏の逝去により対応がほぼ完全にストップした。これらの対応をすべてA氏が行っていた事に加え，外国人支援の経験とイスラームに関する深い知識が必要とされる相談に，C氏，D氏ともに対応が難しいためである。A氏の逝去は，宗教指導者と地域での外国人支援の担い手，双方の喪失を意味した。

　現在も集団礼拝のニーズや，生活・宗教相談は散発的に届いており，今後の立て直しが模索されている。次男のE氏によれば，モスクの存在をあらためて近隣のムスリムに周知するとともに，新型コロナウイルスの感染状況が収束した際には，ムスリムの居場所としての機能を回復させていく予定とのことである。また，生活相談に関するニーズへの対応は，まだ打開策が浮かんでいないが，宗教相談に関しては，外部から宗教的なリーダーシップを担える人材を招聘するなどが模索されている。

▌ おわりに

　本章第１節で見たように，日本においても近年ムスリム人口は全国的に増加してきている。それに伴って都市・地方に関わらず，マスジドが次々と設立されている。マスジドは日々の礼拝や宗教儀礼の遂行，共通の信仰を持つ人たちとの交流の拠点であるだけでなく，生活上のニーズや困りごとの解決が期待できる場所ともなっている。

　入信者の増加や家族形成を背景に，日本人をはじめ日本にルーツを持つムスリムも増えてはきているが，マスジドにはニューカマー第一世代の男性をはじめとする外国ルーツの人たちが多く集う。そのため外国人の姿が多くみられるキリスト教会や仏教寺院などと同様に「エスニック・チャーチ」の特徴を帯びることが多く，地域との日常的な関わりが希薄なマスジドも存在する。この場合，地域社会からするとマスジドで何が行われているのかは見えづらく，ましてそこに居住するムスリムにとってマスジドがどのような意味を持つ場なのかは，さらに見えづらい状況にある。

　このような中，新居浜マスジドの事例の特徴は，宗教コミュニティであるマスジドとホスト社会の住民や組織とが相互に見える形で接続され，両者が連携するなかで実質的な外国人支援が展開していたことにある。こうした連携のあり方は，外国人が多く集うマスジドが位置する他地域でも参考になるだろう。

　こうした連携のあり方を実現するには，とりわけイスラームの信仰拠点に事欠き，ホスト社会側のなじみも薄い地方において，マスジドの運営や信者の教導を担う人材と，宗教的コミュニティとホスト社会の住民や組織との橋渡し役の担い手の確保はきわめて重要なポイントとなる。新居浜マスジドの設立とその運営・維持にあたっては，それらの役割を一手に引き受けることができる，地元出身の名士でありイスラーム学者でもあったＡ氏の存在がきわめて大きな意味を持っていた。Ｒ・パットナムの言うところの（イスラーム教徒間の）「結束」機能と，お互いに異質な宗教的コミュニティとホスト社会の間の「橋渡し」機能を同一人物（Ａ氏）が担うことによって，全国的にもきわめて早い時期に信仰と生活両面を支える拠点（マスジドから言い換え）が実現したのである。もちろんこのような人物が現在の日本各地に存在することは現状ではほぼ有り得ず，ここに確認した地方でのマスジド設立に必要な２つの役割・機能を別々の個人や集団が担うか，あるいは一方は得意だがもう一方は不得手である「誰か」が苦心しながらそれら２つの課題に対応していくことになるだろう。とりわけ，地元での認知を伴った形でマスジドを安定的に運営していくには，宗教的コミュニティ内部とホスト社会側の双方において（新居浜の例ではＡ氏とＢ氏のような）日本社会に通じたイスラー

教徒，およびムスリムとその信仰について深く理解した地元のキーパーソンの存在が必要となってくる。それらの役割の担い手として，今後さらに増えてくるであろう日本人ムスリムの存在が鍵となってくるかもしれない。

イスラーム教徒にとっての礼拝や宗教儀礼の遂行は，盆正月やクリスマスといった形式的な宗教儀礼への関与を除いて日常生活における宗教的要素が希薄な日本社会の想像をはるかに超えて，きわめて重要なものである。そうであるがゆえに，身近な地域に信仰拠点であるマスジドが存在することは，外国ルーツの在日ムスリムの人たちの生活の質を大いに高めることになるだろう。インドネシアなどからの技能実習生や南アジア出身者の中古車販売業者など，イスラームを信仰する外国人住民が地域経済の貴重な担い手となっているところもある。増加傾向にあるムスリム人口とマスジドの存在を地域社会が受け止め，良好な関係を築いていくための相互理解の進展とノウハウの蓄積が今後ますます求められてくる。新居浜マスジドの事例とそこでのA氏の取り組みは，その際の貴重な一事例として位置付けることができるであろう。

付 記

本研究は，科学研究費（18K00085, 20H05826）の成果の一部である。本章のはじめに・おわりには徳田，1・2節は岡井が執筆を担当した。なお，第2節の記述は岡井［2023］をもとにしている。

● 注

1）国勢調査等において宗教を問わない日本において，特定の宗教を信仰する人の数を厳密に知ることは困難である。文化庁の『宗教年鑑』では法人ごとの信者数を知ることが出来るが，あくまで教団による自己申告の値である。またそもそもイスラームには特定の法人やモスク（イスラームの礼拝施設）に登録したり所属したりという制度がなく，定期的にモスクに通わない人もいるため現実を十分に反映しているとは言いがたい。このようななか，日本のムスリム人口は，在留外国人人口を元に推計されてきた。

● 参考・引用文献

岡井宏文［2018a］「ムスリム・コミュニティと地域社会──イスラーム団体の活動から『多文化共生』を再考する」，高橋典史・白波瀬達也・星野壮編『現代日本の宗教と多文化共生──移民と地域社会の関係性を探る』明石書店．

──────［2018b］「日本とイスラーム──モスクから見る日本のムスリム・コミュニティ」，小杉泰・黒田賢治・二ツ山達朗編『大学生・社会人のためのイスラーム講座』ナカニシヤ出版．

──────［2023］「瀬戸内から世界に広がるつながり──ある日本人ムスリムの足跡をたどる」，黒木英充・後藤絵美編『イスラーム信頼学へのいざない』東京大学出版会．

店田廣文［2021］『世界と日本のムスリム人口 2019・2020年』多民族多世代社会研究所．

徳田剛・二階堂裕子・魁生由美子［2016］『外国人住民の「非集住地域」の地域特性と生活課題──結節点としてのカトリック教会・日本語教室・民族学校』創風社出版．

エスニック・コミュニティ

在留外国人統計によると，2022 年 6 月末現在，日本には約 296 万人の外国人が在住しており，うち約 250 万人がアジアの 40 か国から来日した外国人である。ある国から別の国へと人間が移動する理由は何だろうか。学生なら留学，社会人なら仕事や結婚が思いうかぶだろうか。約 296 万人の外国人は，それぞれの理由ごとに「在留資格」を得て日本で生活している。日本での生活は大部分の外国人にとって，母国語が日常的に使えず，行政手続きを含む生活上の必要最小限のコミュニケーションにも言語上の大きな壁がある状態で始まる。異国であっても同じ国の人が集住する地域では，仕事の紹介や生活上の相互扶助が比較的スムーズに成り立つ。働くために外国に行く場合，先行して渡来し，すでに生活基盤を築いた家族や友人による「呼び寄せ」が多かったのはそのような理由にもよる。では，言語を共有する同じ国の人が近隣にいない場合はどうすればいいのだろうか。翻訳アプリが普及し，格段に便利になったとはいえ，やはり日本語の習得や，行政手続等の書類作成の手助け，悩み相談等々，人と人とのつながりが必要不可欠である。

この項では，日本の地方において永続的，半永続的な生活拠点をもつ在日外国人のコミュニティについて現地調査にもとづいてみていく。まず，第 13 章では日本における定住歴がもっとも長い在日外国人である在日コリアンに着目し，四国朝鮮初中級学校を結節点とする民族教育とコミュニティ活動を具体的にみていく。在日コリアンの集住地域ではない，地方において生まれ育つ在日コリアンの子どもたちは，日本社会において「差異」とみなされる朝鮮語，朝鮮文化を民族学校と家庭教育をとおして身につけ，自分のルーツを尊重しながら地域社会のメンバーとして活躍できる市民に育っている。卒業生たちは，多言語を駆使し，国際交流やスポーツ等，さまざまな分野で地域に貢献している。地方における民族学校が，地域社会の多文化化を推進するようすを具体的に見ていく。

次に，第 14 章では，1990 年代に日本人男性との結婚を機に定住した結婚移民の女性たちへの聞き取り調査によるデータから，彼女らの集いの拠点となってきたカトリック教会，日本語教室，民族舞踊のサークル等について考察する。在日フィリピン人は集住地域がほぼなく，民族学校もない。その代替として，教会の信徒組織から発展したフィリピンコミュニティが結婚移民たちの集いと相互扶助の場となった。さらには，日本生まれの子どもたちに自国の言語文化を伝える場となり，同じ地域社会で暮らす日本人とのネットワークを広げる回路となってきた。各コミュニティは民族舞踊グループを結成し，各地域の国際交流フェア等の舞台を彩り，外国人住民の存在を可視化させた。日本で高齢期を迎えようとしている結婚移民の語りから，彼女らのライフコースの中でコミュニティとの関わりは強い時期も弱い時期もあるものの，コミュニティは，彼女らが日本で生き抜くための支えだったことがわかる。いつの時代も，どの場所にいても，人にはコミュニティが必要なのである。

［魁生由美子・高畑幸］

第 13 章

地方の「小さな学校」がつくる多文化共生
——四国朝鮮初中級学校を拠点とする地域の多文化化——

魁生 由美子

はじめに

　本章では，中四国地方の在日コリアンコミュニティの持続と再生のかなめである四国朝鮮初中級学校（以下，四国朝鮮学校）に着目する。人口減により縮小する地方の地域社会において在日コリアンと日本人市民が協働し，差異を前提とした多文化共生の地域づくりを進めている。四国朝鮮学校は日本の小中学校に相当する民族学校である。同校では，学生たちが朝鮮語をはじめとする民族教育とともに日本の教育課程に準ずる科目を学ぶことをとおして，多言語を使い，複眼的に思考することができる新しい世代の在日コリアンが育っている。

1　異文化としての在日コリアン

1-1　ゼロからの他者理解

　2022 年 6 月 6 日，筆者が担当する教職大学院科目（公民）の授業で四国朝鮮初中級学校長李一烈先生にゲストスピーカーとして登壇していただいた。李先生は，校長職を 20 年以上務める民族教育のベテランである。

　2 部構成の授業の前半は，朝鮮解放直後から始まった日本国内での民族教育の様子を描写した映画『朝鮮の子』（1955）を視聴した。機器の準備中，将来教職を目指す大学院生たちに身近な朝鮮文化について尋ねてみた。一様に考え込んでしまったので，食べ物で何かないか投げてみた。すると「焼き肉」「ビビンバ」「キムチ」と声が出た。それはどこで食べたり買ったりできるのかと問うと，食べ放題の焼き肉チェーン店やショッピングモールのフードコート，スーパー，そして「ヤンニョムチキン[1]」という声も上がった。松山市内には在日コリアンが経営する焼き肉店が多数あるが，大学院生らの目には入っていない。グローバリゼーションの進展により，文化の多様性を尊重することが一層重要になっていると具体的に学んでいく学習は，中学校の社会科授業の内容である。大学院生に同じ問題設定で地域の朝鮮文化を丁寧に問うと，商品化された現代韓国文化がようやく

出てくる水準である。つまり，隣人である在日コリアンの文化については，ほぼゼロといってよい地点から学習が始まる。マザーテレサは愛の反対は憎しみではなく無関心であると語ったが，無関心の堆積が差別の土壌になるリスクについては，後ほど述べたい。

ところで，朝鮮文化について問われた大学院生が想起した食べ物やK-POP等は，2000年代以降，都市から地方にまであまねく波及した韓流ブームの影響である。コロナ感染予防の「ステイホーム」で韓国ドラマブームが再燃し，2020年以降は第4次の韓流ブームといわれている。

日本最大の在日コリアン集住地域である大阪市生野区のコリアタウンは，かつて朝鮮市場と呼ばれ，オールドカマーを主たる顧客とする在日コリアンの台所であった。2022年1月，旧3商店街が一般社団法人「大阪コリアタウン」に統合され，さらなる発展を目指している。「大阪コリアタウン」には毎年約200万人が訪れ，今や大阪有数の観光地となった。大阪市生野区の住民の2割以上が在日コリアンであり，日本国籍を持つコリアルーツの住民も多い。コリアタウンの至近に第4の朝鮮語読みである「チェーサー」と呼ばれる大阪朝鮮第4初級学校（2023年4月から大阪朝鮮初級学校に統合）と大阪市立御幸森小学校（2021年3月閉校）があった。御幸森小学校の跡地を「みんなの学校」として再生する計画が官民協働で進行している。コロナ感染の沈静期には「大阪コリアタウン」に観光客が大挙して訪れ，活況を呈した。キムチや常備菜等，日常の食材店に長蛇の列でならび，韓国コスメ，K-POPアイドルのグッズ，食べ歩きのファストフードも大盛況である。

地方都市においても，韓流ブームは浸透した。ショッピングモールの文具コーナーにK-POPアイドルのグッズコーナーが常設される新時代である。20世紀，韓国では日本製の化粧品はあこがれの的だった。翻って現在では，特に青年層はK-POPアイドルが使う韓国コスメを欲しがるのでドラッグストアの定番商品になった。ここ20年以上，国内でもっとも生産量の多い漬物は一貫してキムチであるが，近年，スーパーでは韓国ブランドの食材が豊富化し，参鶏湯や冷凍餃子を日常的に入手できる。このように日本人は，未曽有の近しさで韓国文化を楽しんでいる。授業準備中の大学院生たちはこのような情報の断片をつなげて，朝鮮文化の具体例を挙げようとしたのである。しかし，韓流ブームは現代韓国の大衆文化に由来する。四国朝鮮学校の学生たちも流行には敏感であるが，民族学校の教育課程で学習する朝鮮文化は，現代韓国の大衆文化ではない。商品化された韓国の大衆文化を知っていても，地域の在日コリアンのことは分からない。

1-2　マイナスからの他者理解

近年，各地域の国際交流事業に，まちづくり，子ども支援等多様なNPO団体

が参画している。「在日にとって多文化共生は重要なキーワード」である一方で「国際化は政府の行政文書の用語」である。国際化は特に英語圏の諸外国に特化して推進され，定住歴がもっとも長い在日コリアンを含む非英語圏の住民を等閑視してきた［Gildenhard2022：202-204］。行政はオールドカマーの在日コリアンに対して，社会保障や社会サービスの標準的水準で対応しないことが常態化しているといえばいいすぎだろうか。21世紀にそのような差別はないと思うかもしれないが，現実として在日コリアンを住民サービスから外す事態は発生している。[2]

　日本におけるコロナ禍のもっとも初期に当たる2020年3月，店舗のトイレットペーパーや使い捨てマスクが欠品するような時期に，さいたま市は備蓄マスクの配布事業から埼玉朝鮮初中級学校の幼稚部を排除した。[3]幼稚部園長が問い合わせると，さいたま市は「各種学校は市の管轄ではないため，配布したマスクがどう使われるかを監査できない」と対応した。その後，埼玉弁護士会による声明［埼玉弁護士会 2020］，全国からの電話，メール等による抗議もあり，後日，幼稚部への配布が決定した。

　四国朝鮮学校を支援する市民がさいたま市に抗議電話をかけたところ，市職員は「差別するつもりはなかった」と応答し，怒りと失望に追い打ちをかけた。[4]この行政による「意図せざる」差別は，さらなる差別を惹起した。マスク不配布のニュースが報道されると「日本から出て行け」等，露骨なヘイトスピーチの電話やメールが幼稚部に殺到したのである。[5]コロナの混乱期に，朝鮮学校が今すぐ必要な社会サービスから排除され，排除に対する抗議活動を含めて報道されると，機会に乗じてレイシストが朝鮮学校をヘイトスピーチの標的とした。国レベルの政策では，2020年5月，政府はコロナ禍による困窮対策として「学生支援緊急給付金」制度を開始し，学校1校当たり最高500万円，学生1人最高20万を支給することを閣議決定したが，各種学校である朝鮮大学校とその学生を除外した。このように，朝鮮学校に対する官民一体の差別は，コロナ禍で一層顕在化したといえる［武市 2020］。[6]

1-3　他者理解をはばむコリアヘイト

　朝鮮学校に対する「官民一体のバッシング」は根深い。教科書の書き換えを典型とする歴史修正主義の流れの中で，出版物やインターネット上の書き込み等を土壌として「嫌韓」をかたるレイシスト集団が形成された。これが先鋭化し，在日特権を許さない市民の会（在特会）等による京都朝鮮第一初級学校に対するヘイトクライム（2009年12月），徳島県教職員組合に対するヘイトクライム（2010年4月）等，直接的な暴力をともなうヘイトクライムが問題化した。大阪市や川崎市等では「ヘイトスピーチ禁止条例」が施行されたが，現在も差別街宣，インターネット上への書き込み等は続発している。2021年8月，京都府宇治市の在日

コリアンが暮らすウトロ地区で民家に放火した青年（当時 22 才）は，同年 7 月に名古屋でも在日大韓民国民団愛知県本部等に放火した。在日コリアンが「不当に利益を得ている」ので「嫌悪感や敵対感情」を持つに至ったと犯行動機を語っている[7]。マイノリティへの無関心は差別の温床となり，本来マジョリティであるのに結果として社会的に排除された青年層は踏みつけやすい標的を探し出す。2022 年 4 月には，青年（当時 29）が韓国に対する「悪感情」から大阪府茨木市のコリア国際学園や宗教団体等に放火し，逮捕されている［特定非営利活動法人コリア NGO センター　2022：14-16］。

　ところで，韓国への訪問は危ないと親に忠告されたことがあるという学生は少なくない。「在日特権」等々，インターネット上にさまざまなデマが飛び交い，不安になった人びとの中には韓国と関わらない方がよいと人に忠告する場合もある。これらのデマの根源のひとつは，韓国や「北朝鮮」は危険であると強調する官製ヘイトである[8]。「北朝鮮」と関係のある朝鮮学校は補助金の対象外として問題がないという即断をあおってきた一部の政治家と市民は，本章が紹介する朝鮮学校の由来や意義を意図的に無視し，日本社会の多様性を担保する民族教育をヘイトの標的にしてきた。

　以下では，現地調査により収集した資料を参照しつつ，地方の外国人人口が増加する中で総人口が減少し，在日コリアンの人口も減少する中で，四国朝鮮学校という小さな学校が民族教育を行っている様子を見ていく。朝鮮学校は在日コリアンコミュニティにとって欠くべからざる結節点であり，日本人の市民にとっては地方の多文化化を推進し，文化の多様性を尊重する方法を具体的に学ぶ場となっている。

2　愛媛県における在留外国人と在日コリアンの人口概況

2-1　愛媛県における在留外国人の概況

　1990 年に 38 か国 3098 人であった愛媛県における外国人人口は，2015 年に 1 万人を突破し，2021 年には 98 か国 1 万 1909 人となり，過去 30 年で激増した。

　ここで愛媛県および人口 4 位までの市における外国人人口の構成を見ておきたい（表 13-1）。

　次に，愛媛県および四国 4 県（徳島，香川，愛媛，高知）における「韓国・朝鮮」人口の過去 25 年の推移を図 13-1 でみておく。

2-2　四国朝鮮初中級学校の沿革

　出入国在留管理局ホームページでは 2022 年 9 月末現在，1959 年の外国人登録者数を公開しており，「朝鮮人」は徳島 540 人，香川 1086 人，愛媛 3195 人，高

表 13-1 愛媛県および県内 4 市における在留外国人人口 (2021 年 12 月末現在)

県市 (総人口*)	総数	ベトナム	中国	フィリピン	韓国**	その他
愛媛県 **(1,317,405)**	**11,900** **(0.9%)**	**3,427**	**2,681**	**2,007**	**1,048**	**2,737**
松山市 (507,211)	3,376 (0.67%)	766	689	302	595	1,024
今治市 (153,532)	2,798 (1.8%)	599	928	834	74	363
新居浜市 (116,624)	1,245 (1.1%)	416	136	172	163	358
西条市 (106,265)	1,247 (1.2%)	365	423	164	44	251

注 1 : *総人口は住民基本台帳登録数を各市が取りまとめたもので, 松山市が 2022 年 1 月 1 日現在, 今治市,
　　　新居浜市, 西条市は 2021 年 12 月 31 日現在となっている。
注 2 : ** 2020 年 12 月末の在留外国人統計によると愛媛県の「朝鮮」人口は 97 人となっている。出入国在留
　　　管理局ホームページで公開されている 2021 年度 12 月末の同統計は「朝鮮」を「その他」に含めてい
　　　るが,「朝鮮」人口は 2020 年 12 月末と同程度であると推測できる。
出所 : 在留外国人統計 (旧登録外国人統計) をもとに筆者作成。

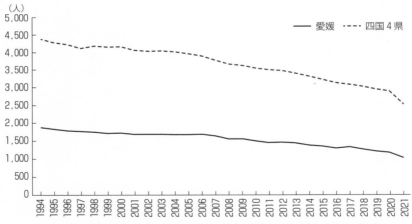

図 13-1 愛媛県および四国 4 県における「韓国・朝鮮」人口の推移
注 : 在留外国人統計では 2015 年以降, それまで「韓国・朝鮮」としていた形式を「韓国」「朝鮮」に変更
　　している。2015 年以降は, 在留外国人統計「韓国」「朝鮮」人口を筆者が合算して示した。2021 年に
　　ついては愛媛県で約 100 名, 四国 4 県で約 200 名と推測できる「朝鮮」人口がグラフ上に計上されて
　　いない。
出所 : 在留外国人統計 (旧登録外国人統計) をもとに筆者作成。

知 1425 人と四国 4 県で 6246 人となっている。高度経済成長期直後にあたる 1974
年では, 徳島 339 人, 香川 996 人, 愛媛 1861 人, 高知 895 人, 四国 4 県で 4091
人に減少している。**図 13-1** のとおり, 過去 25 年では, 愛媛, 四国 4 県ともに約
4 割の人口減がみられる。国勢調査の人口を確認しておくと, 愛媛県は 1995 年

150 万 6700 人から 2020 年 133 万 4841 人と 1 割強の人口減，四国 4 県では 1995 年 418 万 2827 人から 369 万 6171 人とやはり 1 割強の人口減となっている。

　四国における在日コリアンの人口の推移と四国朝鮮学校の沿革（**表 13-2**）を合わせてみておきたい。1945 年 8 月 15 日の朝鮮解放時，日本国内に 200 万人以上の朝鮮人がいたと推計されている［在日コリアン青年連合（KEY）2017：21-22］。解放後の数年で帰国可能な者は帰国し，1950 年代には 60 万人前後が日本に在住し

表 13-2　学校法人愛媛朝鮮学校 四国朝鮮初中級学校沿革

1945 年	11 月　朝鮮語教室開設。 日之出教室，宇和島教室，松前教室，高岡教室，周桑教室，新居浜教室，八幡浜教室，長浜教室
1947 年	7 月 4 日　松山市朝鮮人小学校（松山市築山町）創立。 敷地面積 100 坪，木造 50 坪の校舎，教室 2，教員 2 人，生徒 25 人，国語，歴史，地理，音楽などの科目で授業。正規学校として出発。
1949 年	10 月 19 日　「朝鮮人学校閉鎖令」により，松山朝鮮人小学校，新居浜朝鮮人小学校，宇和島朝鮮語教室が強制閉鎖。10 月下旬から移動式教室として同胞宅，寺社，日本の高等学校の教室を借りて授業。
1952 年	4 月　中級部を併設。「松山朝鮮人小中学校」
1954 年	4 月 24 日　校舎新築，移転（松山市小坂町）。敷地面積 420 坪，木造 4 教室。運動場 300 坪。教員 4 人，生徒 55 人。
1959 年	4 月〜1960 年　寄宿舎生受け入れ。生徒数 156 人（寄宿舎生 68 人）
1964 年	11 月　松山朝鮮人小中学校を改称し，現在の場所である松山市南斎院町に四国朝鮮初中級学校を創立。 敷地面積 2 千坪，運動場 800 坪，校舎 230 坪
1974 年	第 2 運動場増設。
1989〜90 年	学校創立 45 周年を記念し，校舎，寄宿舎全修築。
1998 年	愛媛県から補助金（国際交流費）交付。※全国で最も遅い
2000 年	創立 55 周年記念「統一世代の集い」（タイムカプセル掘り起し）
2003 年	「朝鮮学校を支える四国の会」設立
2005 年	創立 60 周年記念式典および大同窓会
2012 年	3 月　第 5 回声楽アンサンブルコンテスト全国大会出場 10 月　「四国朝鮮初中級学校の子どもたちの教育への権利実現・市民基金」発足
2012 年	創立 70 周年記念
2019 年	児童生徒 15 人（初級部 9 名，中級部 6 名），教員 5 名
2020 年	創立 75 周年。児童生徒 14 人（初級部 8 名，中級部 6 名），教員 4 名
2021 年	全国小規模ウリハッキョ（朝鮮学校）によるリモート交流開始 10 月　愛媛アドン（児童）教室再開
2022 年	1 月　「2021 年度愛校運動模範校」受賞 4 月　愛媛県在日朝鮮人中等教育実施 70 周年

出所：四国朝鮮初中級学校学芸会パンフレット 2019 年度「미래를 향하여 希望に向かって」，2020 年度「종소리 鐘の音」，2021 年度「세세데 새세대」の内容を原則転載するかたちで筆者作成。

ていた。朝鮮解放当時，愛媛県には 8500 人から 9000 人の朝鮮人が在住していた
と推計されている。1950 年代後半までに，その 6 割以上が，帰国や日本国内の
移動等で減少したことになる。1950 年代後半は，朝鮮民主主義人民共和国への
帰国運動が展開され始めた時期でもあり，四国朝鮮学校では多くの学生が学び，
四国全域から寄宿生の受け入れを開始している［呉 2019：31-33］。日本における
生活基盤が恒久化するにしたがい，1970 年代後半以降，朝鮮学校は日本での定
住を前提とした教育内容に改訂した。21 世紀に入り学生数の減少が顕著となり，
2021 年度 12 人，2022 年度 8 人，2023 年度 10 人と，四国朝鮮学校は全国でも
もっとも小規模な朝鮮学校である。

3　地方における多文化共生の最前線

3-1　「小さな学校」の自尊心

　愛媛県と松山市から，それぞれ国際交流，教育助成という名目で補助される年
間計 80 万円以外に公的補助はなく，松山市はじめ全国の自治体で取り組まれた
小中学校のエアコン設置も四国朝鮮学校では学校関係者の支援で対応するしかな
かった。このように四国朝鮮学校を取り巻く環境は大変厳しい。未曽有の逆境の
中にありつつ，それでもコロナ禍の沈静期には運動会，公開授業，学芸会等を開
催し，県内外から多くの卒業生等を含む関係者，日本人市民が応援に駆け付けた。
運動会は，四国朝鮮学校の運動場で行うが，体育館の設備がないため，学芸会は
近隣の公共施設を借りて実施する。2021 年度学芸会はコロナのため公共施設を
使えず，支援者の尽力により，松山市内の教会ホールを会場として開催された。
この 20 年間で複数の日本人の支援団体が発足し，行事の運営等，日朝の市民協
働の動きが活発化している。縮小する地方の地域社会において同じく縮小する朝
鮮学校コミュニティが，必要に迫られるかたちで協働を進めてきた側面があると
いえる。その一方で，多文化共生や「韓流ブーム」の影響を受けたコリア文化の
再発見等，いままで参加したことのない層の市民が協働する場面も増え，支援の
すそ野が広がっている。

　2022 年度の運動会には，広島朝鮮初中高級学校から，四国朝鮮学校の卒業生
を含む約 20 人の学生も加わり，参加者は約 150 人となった（**写真 13-1**）。在学生
はほぼ連続で出場し，学生の家族・親戚，日本人の参加者もリレー，綱引き等の
競技に相次いで出場し，演目の最後は統一列車である。70 代の卒業生が見守る
中，孫世代に当たる在学生が朝鮮舞踊を披露し，日本人を含む親世代はリレー競
技を全力で走った。運動会の終了後は各グループに七輪が設置され，焼肉大会で
ある。学校関係者が肉とキムチ，チヂミ等を販売し，得意の朝鮮料理を盛り込ん
だごちそうをグループ間であちこちやりとりすると，運動場は一転，晴天の野遊

写真 13-1　四国朝鮮初中級学校運動会の様子（2022 年 5 月 22 日）

筆者撮影.

会（야유회 ピクニック）となる。朝鮮学校コミュニティにおける若手商工部会である愛媛県青商会の会長は、「『児童・生徒数が少なくてもこんな運動会ができるんだね』と言われることがあるが、自分は数じゃないと思う。3 人だろうが 90 人だろうが、自分たちがどうやって盛り上げるか。四国ハッキョの子たちは集団体操の振り付けや構図も伝統的に自分たちが作る。群衆舞踊も統一列車も当たり前の光景。うちにはうちの運動会がある」と語っている［月刊イオ 2022：21］。在学生への信頼と自分たち（우리 ウリ）の伝統に対する自尊心が垣間見える。

　ちなみに、ここでいう「群衆舞踊」とは、肩を揺らして踊る朝鮮の踊り（어깨춤 オッケチュム）の群舞である。行事のフィナーレに軽快な楽曲が始まると、会場のあちこちから一人また一人と躍り出て、会場の熱気はさらに盛り上がる。楽曲が「統一列車は走る 통일렬차 달린다」に変わると、いよいよである。群舞のどこからか、前の人の肩に両手を添え、次もまた同様に続々と列を作り、複数の「列車」が走り始める。複雑にうねりながら次第に「列車」が繋がり始め、最後には会場がひとつの統一列車になる。この統一列車は、朝鮮学校卒業生の結婚式を含め、各種イベントのエンディングにおける定番となっている。

3-2　四国朝鮮初中級学校の「地域化」と「国際化」

　2021 年 10 月、四国朝鮮学校では「愛媛アドン（児童）教室」を再開した。夏期学校も含めて日本の学校に通う在日コリアンの子どもたちに四国朝鮮学校の「間口」を広げ、愛媛における在日コリアンコミュニティの維持と再生を図るための試みである。四国朝鮮学校はコリアルーツの子どもたちどうしの民族的なつながりをつくる場であり、さらには日本の子どもたち、ダブルルーツの子どもた

ちとの出会いの場でもある。2018 年，四国朝鮮学校の近所に位置する保育園の園児たちが四国朝鮮学校のグラウンドを使用したり，四国朝鮮学校の行事の際，保育園の敷地を駐車場として利用したりする等，「困った時はお互い様」の交流が始まった¹¹⁾。地域の祭り等の行事には積極的に参加し，四国朝鮮学校の子どもたちが朝鮮舞踊や歌唱を披露する。「地域の学校」として可能な限り資源を地域に提供する方針は，李校長の広島朝鮮初中高級学校時代，地域住民へのハングル教室やパソコン教室の無料開放を行った経験がひとつの下敷きになっている。新校舎への移転にともない，地域の市民へ学校を開放することにより相互理解を促進したのである。教職員と学父母の知恵を集結し，四国朝鮮学校は命脈をかけて地域化を推進する一方，多様性が不可視化されがちな地方の地域において，地域の市民は食や朝鮮語，スポーツ等，対面的な出会いの中で五感をもって多文化化される。

2020 年の春以降，コロナ禍の直撃を受け，四国朝鮮学校の ICT 化は一気に加速した。すでに全国の朝鮮学校で 2018 年以降進んでいた電子教科書の導入は2023 年度完成の予定であったが，コロナ禍での学習の継続という必要にも迫られ，タブレットや PC を駆使し，広島や岡山の朝鮮学校とネットでつないだリモート授業も日常の風景となった。ICT 化の側面のみならず，サッカー大会や芸術公演の際，中四国の朝鮮学校が一緒のチームで活動する場面は年々増えている。すでにみたように，運動会や学芸会等の行事には県外から朝鮮学校の学生も多数参加するので，モニター上で会っていた教員や友人とリアルで対面するよろこびも，新しい朝鮮学校コミュニティの定番となりつつある。

政治的イデオロギーが対立する中で長らく遠かった韓国と朝鮮学校の距離が近年一気に近くなった。仲介役は「モンダンヨンピル¹²⁾」や松山市の友好都市平澤市の団体をはじめとする韓国の市民運動である。韓国における在日コリアンの再発見ともいえる朝鮮学校「国際化」のムーブメントで，日本の朝鮮学校が韓国KBS テレビの特番で紹介された¹³⁾。朝鮮学校から世界に向かうベクトルの「国際化」も進んでいる。芸能の分野で活躍する四国朝鮮学校の卒業生，国際試合で勝負できるスポーツ選手等，朝鮮学校は国際的な舞台に多くの卒業生を輩出している。李校長は空手の達人でもあり，朝鮮学校のやんちゃな学生たちと対峙してきた。李校長に空手を教えた師匠は空手チョップで戦後プロレス界の一世を風靡した力道山の師匠でもある。今，四国朝鮮学校の小さな学生たちが李校長に空手を教わっている。スポーツ，より厳密にいうと「自らの心を潔める」武道が，歴史と海を越えて，学生たちに継承されている［山平・竹峰 1990：163］。

ここまで見てきたように，四国朝鮮学校をとりまく小さな地域から国際的な市民運動まで，それぞれ異なった層で連携と協働が広がり，「小さな学校」では在日コリアンの子どもたちが育っている。金子みすゞの詩に登場する「みんなち

がってみんないい」という一節にちなみ，「小規模校ならではの」「児童・生徒一人一人が主人公になり輝く学校」が四国朝鮮学校である。朝鮮語や朝鮮舞踊，文化や習慣等々の「朝鮮人らしさ」は日本社会においては少数者の差異としてみなされる。四国朝鮮学校ではその差異をはぐくみ，差異を存在の根（뿌리 プリ）として誇る次世代の子どもたちを中心に，地方の在日コリアンコミュニティは維持・再生されている。日本社会にとって朝鮮学校は，小さな地域から差異を前提とした多文化共生をつくるための大切な拠点である。

付　記

本章は，日本学術振興会科学研究費補助金基盤研究（B）「日本の地方部における多文化化対応とローカルガバナンスに関する地域比較研究」（代表・徳田剛・大谷大学）の成果の一部である。調査に協力してくださった皆様に心より感謝申し上げる。

●注

1）鶏の唐揚げに真っ赤な甘辛ソースを絡めた若者に人気のある韓国発のメニューである。

2）コロナ以前には，埼玉県が 1980 年代より支給してきた埼玉朝鮮学園への私立学校運営費補助金を 2011 年以降不支給とし，その後交渉が続いている［金 2019］。

3）「朝鮮学校の幼稚園，マスク配布対象外に　さいたま市」（朝日新聞，2020 年 3 月 11 日）

4）差別が露見した後の「差別するつもりはなかった」という弁明は差別者の常とう句である［キム 2021］。

5）「マスクが配られた朝鮮学校幼稚園が浴びた『ヘイトの嵐』そして…」（毎日新聞，2020 年 8 月 26 日）

6）「マスク支給でも格差，『非人道的』批判受けたさいたま市は撤回（在日朝鮮人差別問題・前編）コロナ下で朝鮮学校の排除拡大，国連の是正勧告に従わない日本政府」（愛媛新聞，2022 年 8 月 25 日），「『各種学校』口実の排除，幼保無償化からコロナ対策支援にも拡大（在日朝鮮人差別問題・後編）『官民一体』の在日朝鮮人バッシング，安倍元首相銃撃でも飛び交ったヘイト」（愛媛新聞，2022 年 8 月 25 日）。

7）ウトロ地区の在日コリアン活動家が収監された青年と面談したが，これが青年にとって在日コリアンと対面して話した初めての機会であった。それまで関心を持ったことも直接会って話したこともないエスニック・グループの人びとに対して，インターネットで数時間検索した程度の情報で憎悪を募らせ，放火したわけである。「『反日のふるさとだと思っていた』ウトロ放火事件　被告と被害者が初対面 "デマ" 信じて憎悪募らせ…【京都発】」（FNN プライムオンライン　2022 年 9 月 5 日　https://www.fnn.jp/articles/-/411150）（2023 年 8 月 29 日閲覧）。

8）海外安全ホームページに掲載された「韓国：『3.1 独立運動 100 周年』に際するデモ等に関する注意喚起」（2019 年 2 月 28 日）を参照。「3 月 1 日に国内各都市でデモ等が行われる可能性があります。最新の情報に注意するとともに，デモ等には近づかない等慎重に行動してください」「万が一，被害に遭った場合やほかの邦人が被害に遭ったとの情報に接した場合には，大使館または総領事館にご一報ください」等，リスクを過度に強調し，恐怖心を煽った。韓国は危険である，市中で人が集合するデモへの参加は望ましくない行為であるという日本政府の直接的なメッセージである。

9）2012 年度四国朝鮮初中級学校公開授業プログラム，2014 年度四国朝鮮初中級学校学芸会
　プログラム「～軌跡，継承～」の記載を参照。

10）2022 年 9 月，在日コリアン 3 世きむきがん氏が主宰する劇団石（トル）によるひとり芝
　居「キャラメル」の高知・愛媛公演には多数の日本人ボランティアスタッフが参集した。

11）李一烈「朝鮮学校（ウリハッキョ）物語」愛媛大学大学院教育学研究科「教材研究の基礎
　理論（公民）」（於：愛媛大学教育学部，2022 年 6 月 6 日）当日資料，p.3。

12）モンダンヨンピル（몽당연필：公式ホームページ http://www.mongdang.org/kr/）は東
　日本大震災（2011 年 3 月）で被災した朝鮮学校を支援するために発足した韓国の非営利民
　間団体である。

13）「（時事企画窓）『朝鮮学校』在日同胞民族教育 70 年」韓国 KBS＝2019 韓国放送大賞作品
　賞受賞作（2019 年 3 月 5 日放映），「（4.24 企画）在日朝鮮人，そして朝鮮学校」韓国 KBS
　（2019 年 4 月 20 日放映）。

● 参考・引用文献 ─────────────────────────────

キム・ジヘ（尹怡景訳）［2021］『差別はたいてい悪意のない人がする──見えない排除に気づ
　くための 10 章』大月書店。

金理花［2019］「地方行政による朝鮮学校就学支援金差別と『官製ヘイト』──埼玉朝鮮学園
　補助金不支給問題を中心に」『関係性の教育学』18.

月刊イオ［2022］「トンポへ会いに 愛媛県──人は少ない，ならどうする？」『月刊イオ』313.

呉永鎬［2019］『朝鮮学校の教育史──脱植民地化のへの闘争と創造』明石書店.

埼玉弁護士会［2020］「備蓄用マスクの配布先から埼玉朝鮮幼稚園を除外したことに対し抗議
　するとともに，即時の配布を求める会長声明」 https://www.saiben.or.jp/proclamation/
　000120.html（2023 年 5 月 10 日閲覧）.

在日コリアン青年連合（KEY）［2017］『在日コリアンの歴史を歩く──未来世代のためのガ
　イドブック』彩流社.

武市一成［2020］「日本社会の構造的差別の一考察──新型コロナウィルス感染症拡大下のさ
　いたま市における朝鮮学校マスク配布除外問題」『埼玉学園大学紀要 人間学部篇』20.

特定非営利活動法人コリア NGO センター［2022］「民団施設やウトロ地区での放火事件　求
　められる在日コリアンへのヘイトクライム対策」『コリア NGO センター News Letter』
　54.

山平重樹・竹峰且秀［1990］『拳道伝説　拳聖　中村日出夫の足跡』福昌堂.

Bettina Gildenhard, Contested concepts: internationalisation and multicultural coexistence in
　Japan ── with special focus on ethnic classrooms, JAPAN Forum, Volume 34, Issue
　2（2021）＞ 4.1. Multicultural coexistence versus internationalization.

第14章

関西地方のフィリピン・コミュニティ
——第一着地点から老後の支えまで——

高畑　幸

はじめに

　フィリピン人は，日本全国津々浦々に居住している。中華街やコリアンタウンのような商業化された集住地は無く，カトリック教会等の宗教施設を核とするネットワーク型のコミュニティが形成されてきた。本章では，関西地方で20年以上暮らしているフィリピン人結婚移民女性の語りから，フィリピン・コミュニティがどのように彼女らの人生に位置付けられてきたかを考えてみよう。

　結論を先取りすれば，民族学校を持たない在日フィリピン人にとって，フィリピン・コミュニティは，来日直後は仲間を得るための第一着地点となり，子育て中は子どもを母国の文化に触れさせる場となり，家族以外の「日本社会」とつながる回路となり，加齢を意識する頃には古い友人と再会し励まし合う場となる。エスニックな共同体は彼女らが日本での生活を継続するために必要不可欠なものである。特に地方での多文化共生においてはエスニック・コミュニティの形成，維持，強化を通じて外国人住民と行政および地元商工業界とのつながりを作ることが肝要だと言える。

　在日フィリピン人は50代の結婚移民女性が多い（**図14-1**）。その理由は，1980年代後半からフィリピン人女性興行労働者が大量に来日し，彼女らと日本人男性との結婚が1990年代前半から2000年代半ばに多発したことにある。1992年から2020年の間に発生した日比結婚件数は累計17万5753件となった。その97%が，日本人夫とフィリピン人妻の組み合わせである（厚生労働省・人口動態統計）[1]。2021年12月末現在，在日フィリピン人数は27万6615人に上り，主な在留資格は永住13万5300人（48.9%），定住5万4946人（19.9%），日本人の配偶者等2万5538人（9.2%）と定住性が高い（法務省・在留外国人統計）[2]。主な定住層は結婚移民と日系人（戦前の日本人移民の子孫）だが，本章では結婚移民に焦点を当てたい。その理由は，日系人よりも結婚移民のほうが，同胞とのつながり作りを切実に求めるからだ。日系人は家族・親族単位で来日し，家庭内もフィリピン語（地方語）のため孤独を感じづらい。一方，結婚移民は家庭内で自分ひとりがフィリ

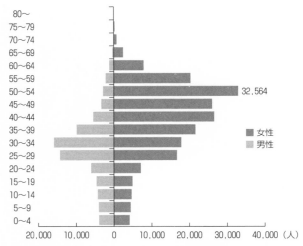

図 14-1　在日フィリピン人の年齢構成（2021 年）

出所：法務省・在留外国人統計から筆者作成。

表 14-1　都道府県別・外国人人口に占めるフィリピン人比率（2021 年）

		外国人総数	フィリピン人数	フィリピン人比率
	全国	2,760,635	276,615	10.0%
1	愛知県	265,199	39,149	14.8%
2	東京都	531,131	33,027	6.2%
3	神奈川県	227,511	23,278	10.2%
4	埼玉県	197,110	21,485	10.9%
5	千葉県	165,356	19,667	11.9%
6	静岡県	97,338	17,304	17.8%
7	岐阜県	56,697	13,564	23.9%
8	茨城県	71,121	9,923	14.0%
9	大阪府	246,157	9,247	3.8%
10	群馬県	61,945	7,890	12.7%

出所：法務省・在留外国人統計から筆者作成。

ピン人という空間において孤独を抱えやすく，フィリピン人同士の集まりは友人と会い，母語で思い切り話せる癒しの機会となる。

　本章で使用するデータは，筆者らが 2021 年 8 月と 2022 年 3 月に行った，関西地方在住で 50 代以上の在日フィリピン人結婚移民女性 48 人を対象とした半構造化インタビューから得た語り[3]である。対象者の多くが大阪府在住だが，本書のテーマからして，大阪は「地方」なのかと疑問を持つ読者もいるだろう。たしかに大阪は日本三大都市のひとつだが，フィリピン人の居住においては意外にも「散

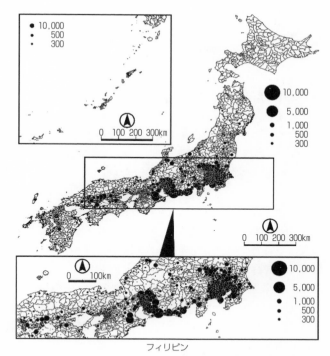

図14-2　在日フィリピン人の居住分布（2021年）
出所：法務省・在留外国人統計から筆者作成。

在地区」である。**表14-1**が示すように，都道府県別のフィリピン人数では関東地方はフィリピン人数が多く，東海地方（岐阜県，静岡県，愛知県）は外国人総数に占めるフィリピン人比率が高い。大阪府はフィリピン人数では9位だが，フィリピン人比率が3.8%と全国最低で，全国平均の10.0%を大きく下回る。京都府は4.2%，兵庫県は4.3%と同様に低い。したがって関西は，都市規模は大きくてもフィリピン人が相対的に潜在化しやすい場所なのである（**図14-2**）。集住地は形成されづらく，フィリピン人同士がコミュニティの結節点を主体的に探す必要がある場所だと考え，本章ではこのデータを使いたい。

▼　1　先行研究

　次に，本研究に関わる先行研究をまとめておく。なお，ここでは「コミュニティ」を，地理的な集住に留まらず，地域性と共同性を合わせ持つ人びとの集合体ととらえたい。結婚移民は来日当初に日本人配偶者と同居するため，移民独自の集住地区を形成できなかった。小規模ながらも集住が見られる場所を探せば，「フィリピンパブ」で働く女性たちが多い名古屋市中区の繁華街［高畑 2017］や，

東海地方の工業都市でフィリピン日系人を多数雇用する派遣会社のアパート群
[Takahata 2021] 等がある。

　居住とは別の，一時的に立ち現れる共同体とネットワークの核がカトリック教
会である。フィリピンでは人口の約8割がカトリックの信徒とされる（外務省・
各国情報[4]）。同国で育った人びとは日本へ来住後も，毎週日曜日にカトリック教会
で行われるミサに通い，教会はフィリピン人が出会う場所となり，その信徒組織
がフィリピン・コミュニティへと発展してきた［マテオ 2003；Lemay 2019］。信徒
の顔ぶれは，1990年代は結婚移民が多かったが2000年代以降は技能実習生や留
学生へと変わりつつも，現在もなおカトリック教会は集いの場所でありつづけて
いる［川添 2021］。

　地方都市や過疎地に暮らす結婚移民たちにとって，結節点としてのカトリック
教会の機能はきわめて重要であった。野入［2019］は，鹿児島県の徳之島，沖縄
県の宮古島および石垣島でのフィリピン人女性たちのコミュニティのありかたを
調査した。同地でも興行労働を経て日本人男性に嫁いだフィリピン人女性たちが
長年にわたり暮らし，互いに旧知の仲である。カトリック教会では時期により
フィリピン人の司祭やシスターが派遣されることがあり，結婚移民たちは自身の
悩みを司祭らに母語で相談し，神に祈って精神的な安定を得る。また，家族の問
題や法的問題に対応できる専門家人材が少ない離島で，カトリック教会を起点と
するネットワーク型のフィリピン・コミュニティが数少ない問題解決手段となっ
てきたという。教会へ通う頻度は人それぞれであっても，いざというときには互
いに声を掛け合える仲間が教会にはいるのである。

　また，大分県のフィリピン・コミュニティの観察を続ける光野［2020］は，
フィリピン・コミュニティを，ボランティア活動を回路として日本社会とつなが
る場であるとする。結婚移民らはフィリピン・コミュニティに参加し，地元の国
際交流イベントで民族舞踊を披露し，タガログ語による生活相談会を実施し，ク
リスマス・パーティやチャリティ・イベントを開催するなどのボランティアを通
じて地域社会に溶け込んだという。光野によると，ある時，フィリピン・コミュ
ニティの代表をつとめた女性が50代となり，フィリピンへ帰国することになっ
た。コミュニティの活動で地元の行政および経済界と人脈を作っていた彼女は，
大分の介護施設からの協力依頼にもとづき，帰国後にマニラで技能実習生の送出
機関を設立した。2015年からすでに介護人材の養成（日本語および介護研修），送
出と大分での受入れは始まっている。大分県在住のフィリピン人結婚移民がこの
送出機関を通じてフィリピンにいる甥姪を技能実習生として来日させるケースも
あるという。ひとりの女性の結婚による移住と故郷への帰還を機として発生した，
公益性が高いビジネスである。

　以上より，フィリピン人結婚移民のコミュニティ形成とその機能が見えてきた。

地方都市や離島においては，フィリピン人が少ないからこそ，仲間に出会う場としてカトリック教会が重要である。その信徒集団がフィリピン・コミュニティとして発展し，集団内の相互扶助が続き，また，日本社会との接点になる。これら先行研究は，コミュニティを場あるいは集団として見たものと言えよう。これに対し，個々の結婚移民が来日以来，いかにフィリピン・コミュニティと関わってきたかについて，以下に筆者らによる聞き取り調査から明らかにしたい。

2　結婚移民にとってのフィリピン・コミュニティ
──関西地方での聞き取りから

2-1　調査の概要

　本調査の対象は，関西地方在住で 50 代以上のフィリピン人結婚移民女性 48 人である。サンプリングは機縁法で，聞き取り調査は 2021 年 8 月 19 日〜22 日と 2022 年 3 月 25 日〜27 日，筆者を含む 4 人の研究者が，研究目的，質問項目，対象者の個人情報保護に関する説明を口頭と書面で行い，同意書に署名を得た上で，一人当たり 30 分から 90 分，半構造化インタビューを行った。

　対象者 48 人の平均年齢は 59 歳で，初来日の年齢平均は 24 歳，定住開始時の年齢平均は 28 歳であった。初来日の理由は就労が 33 人（うち 31 人が興行労働），日本人男性との結婚 14 人，その他 1 人で，調査時点での婚姻状態は，日本での初婚となった日本人夫との婚姻継続は 3 人に 1 人であった。定住開始時は結婚移民だったものの，その後，離婚や死別により自らが世帯主となった人びとは多い。48 人中，45 人に子ども（養子を含む）がおり，そのうち 21 人は孫が，1 人は曽孫がいる。以下に，彼女らの語りから「結婚移民のライフコースにおけるフィリピン・コミュニティの意味づけの変化」を見ていこう。

2-2　仲間と癒しの場所を探す

　集団で来日し働く技能実習生とは違い，結婚移民は単身で来日し，未知なる「日本の家族」に飛び込んだ。来日当初，緊張を強いられる日常生活から一時的に開放されるのが，毎週日曜日，カトリック教会で開かれる英語やフィリピン語での礼拝だった。

> （日本に来て間もない頃に重要だったグループは）カトリック教会ですね。その次はフィリピン・コミュニティですね。ホームシックになりますから。(1960 年代後半生まれ，1990 年代前半から日本在住，日本人夫と死別，一人暮らし，弁当工場勤務)

　教会では，ミサ（礼拝）の後半で，司祭は初めて教会に来た人たちを信徒全体

に紹介する。そしてミサ終了後は別室に移動しお茶と軽食で信徒たちが歓談する
のが常である。「日本の家族」の中で感じる孤独を癒し，精神的な安定を取り戻
す信仰の場は，次第に，信徒が司祭に悩みを相談したり，フィリピン人同士が仕
事を紹介しあう等の相互扶助の場となった。

> 　私はカトリックです。来日してから 5 年ぐらいまでは教会が一番大事なグルー
> プでした。何か，わからないことがあれば，教会に行って尋ねました。パスポー
> トの有効期限が切れそうな時などです。教会には友達がいて，コミュニティがあ
> りますので，そこに行って友達に何でも聞きました。カトリックの私たちにとっ
> ては教会が一番大事な団体だと思います。(1960 年代後半生まれ，1990 年代前半か
> ら日本在住，日本人夫と結婚継続，夫・娘と同居，ゴム製造工場勤務)

> 　(日本に来た当初，重要だったグループは) 大阪のカトリック教会のフィリピン・
> コミュニティです。日本人の司祭やシスターが私を支えてくれました。私の自宅
> にも訪問してくれて，私は色々な悩みを相談しました。彼 (女) らは日本人と結
> 婚したフィリピン人を助けてくれました。(かつて自分が支えてもらったので) 今
> は私が，夫や子どもとの問題などを抱えているフィリピン人をサポートしていま
> す。私が来日したのは 33 年位前で，当時の教会は小さな礼拝堂でした。(1950 年
> 代後半生まれ，1980 年代後半から日本在住，日本人夫と離婚し独身，息子夫婦・娘と同
> 居，食品加工工場勤務)

2-3　助け合いの場所，フィリピン文化を継承する場所

　在日フィリピン人は民族学校を持たない。結婚移民たちが日本語を覚えて日本
の家族と意思疎通をはかり，子どもたちは日本の学校で学ぶため，子どもたちが
フィリピンの言語や文化を学ぶ機会は極めて少ない。その状況で，教会および
フィリピン・コミュニティが主催するフィリピンの祭りを模したイベントは，日
本生まれの子たちに母国の文化を体験させる貴重な機会であった。

> 　子どもたちが小さい時はよくミサに連れて行きましたし，フローレス・デ・マ
> ヨ (教会で開催されるフィリピンの花祭り) などの催しに子どもを参加させました。
> コミュニティの活動にも連れて行きました。でも，少し大きくなってくると，
> (子どもたちが部活等で忙しくなり) バラバラになって，一緒に (教会に) 行くのを
> 嫌がったりするので，私ひとりで教会に行きました。(1960 年代後半生まれ，1990
> 年代前半から日本在住，日本人夫と離婚し独身，娘 2 人と同居，通訳業)

　結婚移民たちがまだ若い母親だった 1990 年代から 2000 年代，関西各地にある
フィリピン・コミュニティでは，上記のフローレス・デ・マヨを開催したり，子

どもたちにフィリピンの民族舞踊を教えて地元の国際交流イベントで母親たちと一緒に踊ったり，子どもたち向けのフィリピン民族衣装のファッションショーを開催するなどの活動が盛んに行われていた。このような場が，在日フィリピン人の第二世代同士が知り合う機会となった。しかし，子どもが中学生や高校生になると，母親とは別行動となり，部活動等のため教会に通うことの優先度は下がっていく [Lemay 2019]。

　その後，結婚移民たちは子どもの学費を稼ぐためのパート労働で忙しくなり，お互いに会う機会は減るが，かつて来日当初に教会で知り合った仲間たちとの付き合いは続く。対面的な交流だけでなく，Facebook 等の SNS で「いいね」をし合う仲間となる。特に，日本人夫との離婚や死別を経てシングルマザーになった女性たちには，コミュニティの仲間同士の助け合いが大きな意味を持った。

　　コミュニティの仲間はお互いに親戚のような付き合いで，一緒にいると楽しいです。私が所属する教会のコミュニティには私の従姉妹も入っています。（コミュニティは）同じメンバーで長く付き合っているので楽しいのです。その仲間が，私の心の中で一番大きい場所を占めています。（1970 年代前半生まれ，1990 年代後半から日本在住，日本人夫と離婚し独身，娘・息子と同居，食品販売店勤務）

　フィリピン・コミュニティは相互扶助だけでなく渉外的な機能を持つ。各地の国際交流協会から依頼され，彼女らは交流イベントでバンブーダンス等のフィリピンの民族舞踊を披露するようになった。興行労働者は来日前にダンスの訓練を受けたため，民族舞踊は彼女らの得意分野である。同時に，民族舞踊は自分たちのフィリピン文化を広く日本人に伝える媒体となり，彼女らの楽しみと生きがいでありつづけた。

　　私は A 市のカトリック教会に通っています。また，土曜日には A 市の公民館でフィリピンダンスを教えています。私が作ったフィリピン・コミュニティには地区ごとの支部がありますが，最近，シニア（年配者）の支部も作りました。歳をとってもダンスをしたいですからね。公民館で，フィリピンの子も日本の子も一緒に踊っています。（1960 年代後半生まれ，1990 年代前半から日本在住，日本人夫と死別，一人暮らし，弁当工場勤務）

　　以前，私は B 市のフィリピンダンスチームでよく活動していました。今はコロナもあり，（催しが中止になり）ダンスを見せる場所がありません。また，私たちも歳をとり，だんだん腰が痛くなりました。バンブーダンスをやるのさえ，大変です。体が痛くなります。でも，もしリクエストがあれば，ダンスをお見せしに行きますよ。（中略）私の場合，日本に来てから一番大切なつながりはやはり，

ダンスチームです。これまでに 28 年間活動しています。（歳をとり）フィリピン
に帰国する仲間もいますが，私は日本で元気なうちは，チームのみんなと付き合
いたいと思います。（1960 年代後半生まれ，1990 年代前半から日本在住，日本人夫と
死別，パートナーと同居，パートナーの自営業手伝い）

2-4　「日本人」とのつながりを作る場

　フィリピン・コミュニティとして民族舞踊を各地の国際交流イベントで披露し
ながら，結婚移民たちは家族以外の「日本人社会」と出会い，新たな人間関係を
築き，日本人に対して自分たちが影響を与えていることを実感することとなった。

　　日本に来てから 5 年ぐらいの間，私にとって大事だったのは C 市のフィリピ
　ン・コミュニティでした。教会に集まってお互いの悩みを相談しあったり，（金
　銭的な）助けが必要な人がいたら寄付しあったりしました。また，いろいろな場
　所に行って（イベント等で民族舞踊を披露して），私たちは日本人に対して私たち
　のタレント（才能）を見せることができました。日本人は私たちの踊りを見て楽
　しい気持ちになってくれました。（コロナが収束したら）また私たちが踊りを踊れ
　るようになるといいと思います。（1970 年代前半生まれ，1990 年代後半から日本在
　住，日本人夫と離婚し独身，娘・息子と同居，食品販売店勤務）

　もうひとつの方向性として，フィリピン・コミュニティから各市の国際交流協
会につながり，公民館等で開催される地域の日本語教室に参加する人たちがいた。
特に，子育て中のシングルマザーにとっては，日本語教室は，自宅に届く日本語
文書を読んでもらい，記入を手伝ってもらえる実質的な支援を受ける場である。
また，教室の日本語講師や学習者仲間は地域での日本人の友人となった。

　　（フィリピン・コミュニティの紹介で）地元の国際交流協会の催しに参加してい
　ます。それから，日本語の勉強です。（今は 30 歳の）息子がまだ 2 歳だった時に
　（地域の日本語教室に）参加しはじめ，今までそこでがんばってます。教室は私の
　息抜きの場所で，話し相手もできました。日本人の先生や友達もいます。ベトナ
　ム人，韓国人，中国人，フィリピン人の学習者もいます。小学校，中学校，高校
　を退職した先生がボランティアで教えてくれます。先生たちとは友達になりまし
　た。日本語の勉強だけではありません。困ったとき，問題があったとき，書類の
　記入が必要な時などに助けてもらえます。（1960 年代前半生まれ，1990 年代前半か
　ら日本在住，日本人男性と内縁関係解消，息子 2 人と同居，食品加工工場勤務）

　フィリピン・コミュニティが地域の NPO や行政に働きかけ，自らの課題解決
を図った事例もある。家庭内に日本語母語話者の大人がおらず，経済的にも余裕
がないシングルマザーたちは，コミュニティをオープンな場にして地元の市民団

体に協力を依頼し，無料または低額で子どもたちが学べる場を作った。

　　　フィリピン・コミュニティには３つの大きな問題がありました。その１つが日
　　本語教室です。母親だけでなく，子どもも一緒に（勉強できる場を）と思いまし
　　た。（子どもの）宿題が大変だったからです。それはＤコミュニティから始まり，
　　NPO や NGO が来てくれました。子どもたちの宿題が問題でした。（フィリピン
　　人の）親は宿題を教えられない。でも収入が少ないから，公文とかそういうとこ
　　ろ（塾等）にやれない。そこで「学習支援をやったら？」と私は提案しました。
　　（この支援活動は）現在まで続いています。始まりはＤコミュニティなんです。そ
　　れが日本語を勉強するグループや，国際交流になったんですね。（1960 年代後半
　　生まれ，1990 年代前半から日本在住，日本人夫と離婚し独身，娘２人と同居，通訳業）

▍ おわりに

　以上から，日本での滞在が 20 年を超える結婚移民たちにとって，フィリピ
ン・コミュニティは仲間作りの場となり，相互扶助の場となり，家族以外の日本
社会とつながるための重要な場所だったことがわかる。本調査の対象者には，来
日当初は結婚移民だったものの，後に日本人夫と離別・死別を経験した人たちが
多く含まれる。ライフコースの中で，コミュニティとの関わりが強い時期も弱い
時期もあったが，教会を起点とするフィリピン・コミュニティが，彼女らが日本
で生き抜くための支えとなってきた。

　デジタル社会となった現在は，結婚移民たちが来日した頃とは違い，通訳・翻
訳アプリ等，言葉や文化の壁を低くする技術が普及している。今後は同じ言語と
文化を共有するエスニック・コミュニティの意味づけや求心力が変わる可能性も
あるが，自分と同じルーツの人が周囲にいることの安心感は，人間が原初的に持
つものかもしれない。現在，日本の地方都市・過疎地において，労働や定住をす
る外国人がさらに増えている。エスニック・コミュニティが彼（女）らの人生を
長期に渡り支えるという観点から，外国から来た人びとに日本語習得や地域文化
への溶け込みを促すだけでなく，彼（女）ら自身のコミュニティを維持・強化で
きるよう，周囲の人びとが見守り支援をすることが望ましい。

●注──────────
1 ）厚生労働省・人口動態統計　https://www.mhlw.go.jp/toukei/list/81-1a.html（2022 年 9
　　月 15 日閲覧）。
2 ）法務省・在留外国人統計　https://www.moj.go.jp/isa/policies/statistics/toukei_ichiran_
　　touroku.html（2022 年 9 月 15 日閲覧）。
3 ）本章は，筆者が代表の科研費による共同研究 21K01862 の成果の一部である。聞き取り調
　　査は，立命館大学・辻本登志子准教授，和歌山工業高等専門学校・原めぐみ准教授，大阪大

学・矢元貴美講師との共同で行った。インタビューに協力いただいた皆さん，アドバイザーの斉藤ネリサさん，コーディネイターの進マリアさん・園崎寿子さんにお礼を申し上げる。
4）外務省・各国情報　https://www.mofa.go.jp/mofaj/area/philippines/index.html（2022年9月15日閲覧）。

● 参考・引用文献

川添航［2020］「在留外国人の社会関係形成・維持における宗教施設の役割——茨城県南部におけるフィリピン人を事例に」『地理学評論』93（3）.

高畑幸［2017］「結婚移住女性と都市コミュニティ」，伊藤守・小泉秀樹・三本松政之ほか編『コミュニティ事典』春風社.

野入直美［2019］「島嶼におけるフィリピン女性たちのネットワークとリーダーシップ——徳之島・宮古島・石垣島の比較」『移民研究』15.

マテオ，イバーラ・北村正之訳［2003］『「滞日」互助網——折りたたみ椅子の共同体』フリープレス.

光野百代［2020］「社会参加の当事者としての定住外国人——地方に定住するフィリピン人のボランティアの意味の検討から」『大分県立芸術文化短期大学研究紀要』57.

Lemay, Alec R.［2019］"No Time for Church: School, Family and Filipino-Japanese Children's Acculturation," *Social Science Japan Journal*, 21(1). https://doi.org/10.1093/ssjj/jyx030

Takahata, Sachi［2021］"Filipino Enclaves as Products of Migration Industry: Cases in a Big City's Downtown and a Port City's Coastal Area," In Ishikawa, Yoshitaka (ed.), *Ethnic Enclaves in Contemporary Japan*, Singapore: Springer.

II

Part

各国の移民政策の基本枠組と
地方部での取り組み

第15章

日本の「移民政策」の特徴
―― 「現場任せ」がもたらす地域格差――

徳田　剛

はじめに――「移民政策」を検討することの意味

　第Ⅰ部の各章では，2022年現在の日本の地方部において，現場の各セクターが外国人の受け入れや多文化共生に向けてどのような取り組みをしているかについて見てきた。それぞれのセクターにおいて，厳しい活動条件ながらもさまざまな工夫をこらして対応がなされていることが読み取れるが，これを日本全体の外国人受け入れと定住化プロセスの視点から見た場合，とりわけ地方部の多くの地域においては，明確な指針やルールによって方向づけられた何らかの「しくみ」に基づいて進められているというよりも，「現場任せ」，「現場のがんばり頼み」という基本的な状況があり，その中でいくつかの地域で好例（グッドプラクティス）が見いだされている，という構図に映る。これは，特に日本の「移民政策」の"不在"もしくは"脆弱さ"によるもので，外国人を長年にわたって受け入れてきた都市部や外国人の集住地域に比べると，この政策分野における「経験値」が低い地方部の場合，「手探り感」がより強くならざるをえない。日本においても，外国ルーツの人びとの受け入れ，定住や社会参加についての一連の仕組みとしての「移民政策」が国レベルで整備され，現場の活動の支えとなるべきところであるが，実際はその"不備"を現場が"穴埋め"しながら何とか回している，という現実がある。

　本書の第Ⅱ部では，日本の各現場の実践を難しくしている，外国人受け入れのしくみの問題がどこにあるのか，どうすればよりスムーズな受け入れやサポート活動が可能なのかについて，「地方からの視点」に拠りながら探っていく。本章ではまず，外国人受け入れの基本方針である「移民政策」とはどのようなものかについて確認をする。そして，日本の「移民政策」の特徴や課題点を明らかにし，それが地方部での外国人受け入れのあり方にどのような影響を与えているかを検討する。

　序章で見たように，2010年代に入ると日本の地方部も外国人人口の増加期を迎えることとなり，各地域において受け入れ態勢の整備が進められてきている。

　その背景としては，地方部の有名観光地やリゾート地などの一部地域での「イン
バウンド・ビジネス」に関連する起業や雇用等による人口増加分が反映されてい
る可能性もあるが，多くの地域においては人口減少による労働力不足が各業種で
慢性化しており，それをベトナム人などの技能実習生が"穴埋め"している現状
がある。将来的には，日本全体でも少子高齢化が一層進行して若者や子育て世代
の人口が減少していくことから，最近のトレンドである国内移住の促進を基本と
した人口減少対策は"先細り"となり，積極的に外国からの移住・就労・訪問を
促進するような方策を取る地域が地方部においてもっと増えてくるのではないか。
現在の日本においては，「条件不利地」である地方部へと国外からの人口流入を
誘導するような政策について検討する動きが顕在化しているとはいえないが，外
国人受け入れが地域社会の生き残りのための喫緊の課題となった時にはそのよう
な政策のニーズが高まるかもしれない。以下で見るようにカナダやオーストラリ
アなどの「移民先進国」では，移民の大都市圏への流入の偏重を是正し，それ以
外の地域への移住にインセンティブを付与するような「地方誘導型移民政策」が
すでに導入・運用されている。

　第Ⅱ部では，各国の（特に地方部における）外国人受入れ態勢の整備状況ととも
に，積極的に外国からの移住者を呼び込むような政策についても取り上げる。本
章では，日本国内において外国人を積極的に誘致する「地方発」の取り組みにつ
いて紹介し，日本におけるその政策化の可能性を探る。

1　日本の「移民政策」の特徴

1-1　「外国人政策」としての日本の「移民政策」

　ここではまず，第Ⅱ部で中心的に取り上げる「移民政策」とはどのようなもの
か，そしてその対象たる「移民」の定義（とりわけ「外国人」との違い）を明示した
うえで日本の「移民政策」の特徴を指摘する。本章では，「移民」という語を
「（国境を越えた）移動を経て異郷の地に一定期間以上定住している人」と定義して
おきたい[1]。近藤敦によれば，移民（migrant）には，入国移住者（immigrant）と出
国移住者（emigrant）の2つの意味が含まれるが，近年の状況において「移民政
策」の語は，主に前者をターゲットとした諸施策を指している。そして，「移民
政策」には「出入国管理政策」と移民の社会参加を支援する政策としての「統合
政策」の2つの側面があるとされる［近藤 2009：7][2]。

　入国移住者に適用される一連の法律や政策は日本にも存在するが，それらは
「移民政策」ではなくもっぱら「外国人政策」と呼ばれる。日本の場合，それら
の諸施策の対象となっているのが，外国籍を保有した状態で来日し，そのまま滞
在・定住する人びとであるからである。本来「移民」という語は，移動によって

異郷の地に滞在・定住した経歴がある人びとを示唆するものであり，必ずしもホスト国の国籍を保有しているかが問われるわけではない。したがって，諸外国の「移民政策」においては，帰化などによって当該国の国籍を有する者であっても，「移民を背景に持つ人」（ドイツ）や「外国にルーツを持つ人々」といった呼称とともにその対象に含まれてくるが，日本の場合は日本国籍を持つ人びとについて国・民族等のルーツの違いを問う項目がなく，日本国籍を取得した人びとに対しては，国籍や出身地の文化的背景の違いを判別し，日本での生活上の困りごとや問題に対して何らかの政策的措置を取ることが困難になっているという問題がある。

1-2　日本の「移民政策」の特徴

駒井洋は，「日本の移民政策は，① 入国管理政策のひとり歩き，② 移民受入れ政策のほぼ全面的な欠落，③ 体系的移民包摂政策の不在という顕著な特徴を持つ」と指摘している［駒井 2018：13］。ここで指摘されている 3 点について，順にみていこう。

①と②は，日本の「移民政策」においては「出入国管理政策」，すなわち外国籍を持つ人びとを在留資格の付与によってコントロールするしくみに力点が置かれていて，入国後に人びとが直面するさまざまな課題，例えば言語習得，相談対応，医療・福祉，子どもの教育，社会参加といった事柄に対する「統合政策」が非常に手薄である点を指摘するものである。井口泰によれば，「統合政策」とは一般に「外国人が受入国・社会で権利を保障され，義務を履行するとともに，積極的に受入れ地域の社会に参加することを促進する政策」［井口 2018：121］を指すが，日本においてそれに当たる政策は「多文化共生政策」と呼称される［渡戸 2018］。

「出入国管理政策」と「統合政策」のアンバランスは，「外国人政策」の主管官庁の名称（「入国管理局」，2019 年 4 月より「出入国在留管理庁」に改称）にも表れている。これら 2 つの政策の根拠となる法制も，一方は「出入国管理および難民認定法」（入管法と略称される）によって根拠づけられているのに対して，日本の「統合政策＝多文化共生政策」全体に関する根拠法は存在せず，「外国人の技能実習の適正な実施及び技能実習生の保護に関する法律」（「技能実習法」）や「日本語教育の推進に関する法律」等，個別課題についての法律がいくつか存在するのを例外として，実質的には「多文化共生推進プラン」等において列挙されるような"政策上の努力目標"が存在するにとどまっている。駒井の指摘する③は，日本の「移民政策」における「統合政策」への法的根拠づけの弱さや，「移民政策」全体を統御する「移民基本法」のような法律が存在せず，各政策がそうした上位法によって根拠づけされていない現状を指すものと考えられよう。

このような日本の「移民政策」のアンバランスは，この政策分野の展開の経緯

に由来するものと考えられる。先行して制度整備が進められた「出入国管理政策」は，第二次世界大戦後のサンフランシスコ平和条約締結時に（旧）植民地出身者の位置づけが「帝国臣民」から「外国籍者」へと変更されるとともに立ち上がった。明石純一が指摘するように，「戦後日本の入国管理の主眼は，久しく，オールドカマーの圧倒的多数を形成する在日コリアンの『在留管理』に置かれていた」[明石 2018：41]が，1989 年の入管法改正に伴う日系南米人の増加への対応として「その主たる力点をオールドカマーの『在留管理』からニューカマーの『入国管理』へと移すもの」となり，さらには 2009 年の入管法改正によって外国人を「地域住民」へと位置付ける措置変更によってその性質が一層色濃くなった[同：43]。つまり，1980 年代までは在日コリアン住民の在留管理に重きが置かれた形で構築されてきた「出入国管理政策」に，1990 年以降の日系南米人の増加，2010 年代以降のアジア系住民等の全国的な増加に伴って，ニューカマーの来住に対する「統合政策」が同じ「外国人政策」として接ぎ木される形で現在に至っているのである。

　このような経緯は，各自治体の外国人構成（とりわけ国籍）の違いによって「外国人政策」の主なターゲットとなる地域とその時期が違ってくることへと帰結する。戦後の立ち上げ期から 1980 年代ごろまでは在日コリアンの集住地域を含む自治体が政策の主な対象地域であったのが，1980 年以降は日系南米人の集住地域を含む地域に重点が移行することとなった。外国人住民の「非集住地域」を多く含む全国の自治体が外国人受け入れに関する諸施策の実質的なターゲットに含まれてくるのは，比較的最近になってからである。こうして，どの時期にどこの国・地域からの移住者に関する国の「外国人政策」への対応を迫られたかが，地方自治体の「移民政策」の展開の時期や経緯を大きく異なるものとし，地域間の政策上の差異を大きくする要因となったのである。[3)]

2　日本の地方自治体の「移民政策」の特徴

2-1　自治体の「移民政策」の地域差の大きさ

　ここからは，都道府県や市町村（地方自治体）のレベルでの「移民政策」の動向を見つつ，地方部の自治体の政策状況を概観する。「移民政策」の 2 つのサブカテゴリーのうち，「出入国管理政策」が基本的には国（法務省，出入国管理庁）の所掌事項である一方で，外国人住民の適応や社会参加を助ける「統合政策」に関連する諸課題については，受け入れ先の各自治体の取り組みに委ねられる部分が多く，それぞれの自治体における外国人住民の構成の違いによって，その展開は大きく異なってくる。

　戦後すぐに政策化された在日コリアン住民に対する諸施策を担ってきた，在日

コリアン住民の集住地域に位置する自治体はそれだけの長い取り組みの歴史を持つ。だが，それらの自治体においては，1990 年代以降のニューカマーの増加への対応を従来のオールドカマーに関する諸施策と同じ政策分野として運用しなければならない，という政策実行上の難しさを抱えている。その一方で，中部・東海・北関東などの日系南米人の集住地域を含む自治体ではもとより在日コリアン住民の大きな集住が見られず，「旧植民地出身者の在留管理」を旨とする「外国人政策」が主要な政策課題とはなっていなかった地域が多い。そこに 1990 年の改正入管法施行によって日系南米人を中心とした大量の外国籍者の流入が生じ，急遽その対応に迫られることになった，といった経緯を共有している。2001 年に発足した「外国人集住都市会議」による取り組みや提案はそうした事態への対応の中で出てきたものであるし，後述する 2006 年に国が発出した「多文化共生推進プラン」の策定指示も，その主要なターゲットはここに挙げられた自治体群であった。そういった意味で，在日コリアンが多く暮らす地域の自治体と，日系南米人の集住地域を擁する自治体とでは，「外国人政策」が取り組まれた時期とその主要施策などが大きく異なっていたのである。

　さらには，本書で取り上げる地方部の自治体の多くは在日コリアン住民，日系南米人のいずれの大規模な集住も経験しておらず，大都市圏のような外国人の人口規模の大きさを有していたわけでもなかった。外国人住民の「非集住地域」が多くを占めるこれらの自治体では，その外国人人口数およびその比率の低さから「外国人政策」に関する諸課題の優先順位は長らく低いままだったのであり，変化が生じたのは（本書序章で見たように）2010 年代半ばからの地方部の外国人人口の急増期に至ってからのことであった。

2-2　地方部における自治体の「移民政策」の推進過程

　それでは，外国人の「非集住地域」を多く含む地方部の自治体の「移民政策」に関連する政策環境とその変遷プロセスはどのようなものだったのだろうか。その推進に影響を与えたと考えられるいくつかの政策方針の変化について，これまで見てきた「外国人政策」と，もうひとつの関連する政策分野である「地域国際化政策」の展開を併せて見ていく必要がある。

（1）「多文化共生政策」の「地域国際化政策」への編入（2006 年）[4]

　全国の自治体に向けて，定住外国人向けの態勢整備や政策化を国が指示をした動きとしては，2006 年の「多文化共生推進プラン」の策定を含む，多文化共生の地域づくりに関する指針が挙げられる。この時期に発せられた「多文化共生政策」に関する指針は，先述のように一方で「移民政策」のうちの「統合政策」に該当するものとして，実質的な内容としては「外国人政策」の一部を構成するものと位置付けられる。しかしながら，「出入国管理政策」に関する法律しか持た

ない当時の「外国人政策」の構成の中で，「統合政策」に関する諸課題はそれを大きく超え出るものであったため，（いわば「苦肉の策」として）国際化を通じた地域発展をその趣旨とした「地域国際化政策」という別の文脈の政策分野に据え付けることで，それらの課題をもっぱら自治体の所掌事項とする根拠にしたものと考えられる。「外国人政策」を別の政策分野に「接ぎ木」する形で全国の自治体に通知された「多文化共生政策」は，国が「出入国管理政策」と並ぶ主要政策課題として「統合政策」を正面から掲げること（そのためには「移民政策」の必要性，正当性を政策上および法的に担保する必要が生じる）を回避するための「弥縫策」とも言える。[5]

　このように内容的には「外国人政策」であるが，その流布に際しては「地域国際化政策」の一環として位置付けられた「多文化共生政策」の錯綜した経緯を理解するために，「多文化共生推進プラン」の策定推進を都道府県や政令指定都市の担当課に指示をした，総務省の通知文（**資料 15-1**）をここで参照したい。

資料 15-1　「多文化共生推進プラン」の通知文

総行国第 7 9 号
平成 18 年 3 月 27 日

各都道府県・指定都市外国人住民施策担当部局長　殿

総務省自治行政局国際室長

地域における多文化共生推進プランについて

　外国人登録者数は平成 16 年末現在で約 200 万人と，この 10 年間で約 1.5 倍となり，今後のグローバル化の進展及び人口減少傾向を勘案すると，外国人住民の更なる増加が予想されることから，外国人住民施策は，既に一部の地方公共団体のみならず，全国的な課題となりつつあります。このような中，国籍や民族などの異なる人々が，互いの文化的差異を認め合い，対等な関係を築こうとしながら，地域社会の構成員として共に生きていくような，多文化共生の地域づくりを推し進める必要性が増しています。

　地方公共団体においては，1980 年代後半から「国際交流」と「国際協力」を柱として地域の国際化を推進し，旧自治省においても「地方公共団体における国際交流の在り方に関する指針」（昭和 62 年 3 月自治画第 37 号），「国際交流のまちづくりのための指針」（昭和 63 年 7 月 1 日付け自治画第 97 号）及び「地域国際交流推進大綱の策定に関する指針」（平成元年 2 月 14 日付自治画第 17 号）を策定し，地方公共団体における外国人の活動しやすいまちづくりを促したところですが，今後は「地域における多文化共生」を第 3 の柱として，地域の国際化を一層推し進めていくことが求められています。

　このような認識のもと，各都道府県及び市区町村における多文化共生施策の推進に関する指針・計画の策定に資するため，別紙のとおり「地域における多文化共生推進プラン」を策定しましたので通知致します。貴団体におかれては，地域の実情と特性を踏まえ，「地域における多文化共生推進プラン」及び平成 18 年 3 月 7 日に公表された「多文化共生の推進に関する研究会報告書」http://www.soumu.go.jp/s-news/2006/060307_2 .html）等を参考としつつ，多文化共生の推進に係る指針・計画を策定し，地域における多文化共生の推進を計画的かつ総合的に実施するようお願いします。

　また，各都道府県におかれては，管内市区町村へ通知の上，この旨周知願います。
　なお，「地域国際交流推進大綱及び自治体国際協力推進大綱における民間団体の位置づ
けについて」（平成 12 年 4 月 24 日付け自治国第 44 号）において，地域国際化における
NPO，NGO，その他の民間団体の果たす役割の重要性について指摘したところですが，
地域における多文化共生の推進にあたっても同様であり，指針・計画の策定及び施策の推
進においては，これら民間団体との連携・協働に努めて下さい。

出所：総務省ウェブサイト（https://www.soumu.go.jp/main_content/000770082.
　　　pdf）より引用。

　まず確認しておきたいのは，通知文の冒頭で言及されている外国人数の増加傾
向についてはあくまで全国の外国人人口総数の動向を受けたものであり，そこに
伏在する地域差への留意を欠いている点である。本書序章で確認したように，こ
の 2000 年代の外国人人口の増加傾向は日系南米人の集住地域を多く含む第 2 群
の自治体の増加分が大きく反映されており，第 3 群を構成する地方部の多くの自
治体では，中国人研修生・実習生の増加傾向は見られるものの外国人人口の急増
はまだ生じておらず，ここで言われているような「全国的な課題」とまでは言え
ない。
　この「多文化共生政策」の推進が提起された 2000 年代半ばは，渡戸一郎によ
れば，日系南米人の急増を受けて，それに関係する自治体が「外国人集住都市会
議」を 2001 年に設立し，同会議を通じての現場の諸課題の周知や外国人定住に
向けた支援策（＝「統合政策」）の提案などを積極的に行っていた時期である。これ
に呼応する形で，国（総務省）が諮問会議を招集し，2006 年の「多文化共生推進
プラン」のモデル提示と全国の自治体への策定指示へと至っている。この経緯か
らして，2000 年代の一連の動きは（リーマンショック後の南米日系人の失業対策や帰国
支援などの動きも合わせて）外国人の急増を経験していない全国の「非集住地域」
を含む自治体にとっては，すぐさま対応を要する喫緊の課題としては受け止めら
れていなかった可能性が高い。
　以上の考察から，2006 年に「地域国際化政策」の「第 3 の柱」として提唱さ
れた「多文化共生の地域づくり」の提唱は，もっぱら外国人の集住地域で見られ
た諸課題への対応という文脈で発出されたものであり，そうした地域政策が地方
部各地においても対応を要するリアルで切実な課題となってくるのはもう少し先
のタイミングでのことである。その間，これらの自治体および地域社会で実施さ
れてきた「地域国際化政策」は「国際交流」（第 1 の柱）あるいは「国際貢献」
（第 2 の柱）の継続であり，それらはいずれも国内の外国人を対象としない「自治
体外交」に関する諸施策だったのである。

（2）外国人の「住民化」（2012 年）

　こうした地方部の自治体が（業務変更の発生とともに）在留外国人を「住民」と

して意識しなければならなくなる動きが生じたのは，2009 年に改正された入管法が施行された 2012 年のことである。外国人登録制度が廃止され，中長期滞在外国人等の情報の登録・管理業務を自治体の住民基本台帳に関する業務と統合することとなり，在留外国人の住民登録等の業務が市町村の正式な業務として位置付けられるようになった。それまでは，外国人登録は「法定受託事務」として市町村に委ねられていたが［明石 2018：42］，改正された入管法および住民基本台帳法が 2012 年に施行されることによって，以下に渡戸一郎が指摘するような「外国人の住民化」［渡戸 2018：137］が進められることになったのである。[6)]

　「2012 年施行の改正住民基本台帳法によって，外国人は法律上初めて「住民」として位置づけられるようになる。この法改正は，外国人登録法（同事務は国の機関委託事務だった）を廃止して出入国管理及び難民認定法（入管法）に統合することに伴い，行政サービスの基礎的制度として日本人と同じ住民基本台帳を活用するものである。この制度改革によって外国人住民に関する住民票が作成され，外国人と日本人で構成する複数国籍世帯の記載も可能になった。」［渡戸 2018：133-134］

　このように，外国人人口が少なかった地方部の多くの自治体にとって「外国人問題」が「所管業務」（すなわち行政組織にとっての「自分事」）として対応すべき課題となったのは，制度上は 2012 年の「外国人の住民化」以降のことであった。そこに，2010 年代に入ってから顕著となってくる地方在住外国人の増加傾向が重なることによって，急増する外国人住民の受け入れ態勢の整備や各種サポート業務の実施の必要性が，日本の地方部においてもにわかに高まったのである。

（3）地方に来住する外国人人口の増加（2013 年以降）

　地方在住外国人の増加傾向については，本書の序章および拙稿［徳田 2019］においてすでに示している。それによれば，外国人人口が 2 万 5000 人未満の各県（第 3 群）の在留外国人数を合計した数値は，2012 年以降において全国総数が大きく増えている中でも構成比＝約 11％前後を維持していることから，全国的な外国人人口の増加傾向と軌を一にしてこれまで外国人人口が少なかった地域の外国人数も増加したと判断できる。

　そのことを示す数値として，都道府県ごとの外国人人口の増加率をここで参照する。表 15-1 と表 15-2 は，2010 年代において全国総数で最も人口数が少なかった 2012 年 12 月と最も人口数が多かった 2019 年 12 月時点の在留外国人数を比較して，この間の人口増加数および増加率が高い順に都道府県を並べたものである。人口増加数に着目すると，この 7 年間で約 20 万人の増加を見た東京都を筆頭に，元より外国人住民数が多い三大都市圏や日系南米人の集住地域を擁する各県によって上位が占められているのに対し，人口増加率の高さで見ると，九

表 15-1　2010 年代の都道府県別・人口
　　　　増加数

	2012.12	2019.12	人口増加数
東京	393,585	593,458	199,873
愛知	195,970	281,153	85,183
埼玉	117,845	196,043	78,198
神奈川	162,142	235,233	73,091
千葉	105,523	167,512	61,989
大阪	203,288	255,894	52,606
福岡	53,356	83,468	30,112
静岡	77,353	100,148	22,795
茨城	50,562	71,125	20,563
群馬	41,181	61,689	20,508
北海道	22,027	42,485	20,458
兵庫	97,164	115,681	18,517
広島	38,545	56,898	18,353
岐阜	45,878	60,206	14,328
三重	42,879	56,590	13,711

出所：在留外国人統計をもとに筆者作成。

表 15-2　2010 年代の都道府県別・人口
　　　　増加率

	2012.12	2019.12	人口増加率
沖縄	9,404	21,220	225.6%
熊本	9,110	17,942	196.9%
鹿児島	6,317	12,215	193.4%
北海道	22,027	42,485	192.9%
宮崎	4,125	7,850	190.3%
香川	8,277	14,266	172.4%
島根	5,486	9,342	170.3%
佐賀	4,360	7,367	169.0%
宮城	14,214	23,986	168.7%
福島	9,259	15,559	168.0%
埼玉	117,845	196,043	166.4%
青森	3,930	6,386	162.5%
千葉	105,523	167,512	158.7%
福岡	53,356	83,468	156.4%
石川	10,839	16,881	155.7%

出所：在留外国人統計をもとに筆者作成。

州・四国・東北などの，外国人数がこれまでさほど多くなかった県が上位に入ってきている。

　こうした背景を考慮に入れるとするならば，外国人の受け入れ態勢の整備，とりわけ先に見た「移民政策」のうちの「統合政策」については 2010 年代に入る前までは十分に取り組まれてこなかった地方部の多くの地域では，そうした地域に短期間にこれだけの増加分を問題なく受け入れることは決して容易ではなかったであろうと推測される[7]。

　こうして，2010 年代より前には優先順位の高い課題とはされてこなかった外国人住民の受け入れ態勢の整備や，外国人住民と地域社会のホスト住民との多文化共生の推進策について，全国の自治体が本格的に着手していかざるをえなくなっていった経緯を見て取ることができる。だが，本書序章で言及したように，地方部には地域国際化協会が設置されていなかったり，行政と連携して現場対応を引き受けることができる住民グループ・市民団体等もなかったりするような市町村が多く，都道府県の所轄部署や同じく都道府県の地域国際化協会などがサポートしなければ対応が十分に行えないのが実情である[8]。こうした現状に鑑みれば，元々外国人住民数が少なかった諸地域で急激な外国人人口の増加が生じたことの影響は大きい。

3　「移民政策」の「地方化」の進展

3-1　地方在住外国人の急増に対する対応

　前節の考察によって，地方在住外国人の増加とそれによる地方自治体（都道府県や市町村）のレベルでの「移民政策」の必要性の高まりを確認できた。ここで，本書第Ⅱ部における重要な説明概念として，「移民政策」の「地方化」という表現を導入したい。この語は，地方部に来住する外国人人口の増加を受けて，地方部の事情を考慮に入れた形での受け入れ態勢の整備や諸施策の実施，さらには人口減少に悩まされる地方部へとより積極的に海外からの来住者を誘致するような政策（以下，「地方誘導型移民政策」と呼ぶ）の導入が進められるような，国および地方自治体の政策動向を指す。

　国レベルの「外国人政策」においては，入国管理に関する態勢整備と高度人材や「特定技能」などの在留資格の外国人受け入れの推進などの施策は進められているが，地方部における受け入れ態勢の整備について抜本的な梃子入れを施そうとするような政策動向は今のところ表面化してはおらず，日本語教育推進法の施行に伴って日本語教室の「空白地帯」への対応が進められるなどの案件を除くと，各自治体における外国人住民数の動向に応じて個別に対応が進められているのが実情である。主な対策としては，外国人受入れや多文化共生関連事業を担う部署の新設や予算化，「多文化共生推進プラン」の策定，地域国際化協会（国際交流協会など）の設置，行政・協会と地元の市民団体等との連携強化などが挙げられる[徳田 2023]。これらの動きは，来住した外国籍者の住民登録に始まって，（新規来住者から中長期滞在者や永住者，日本国籍取得者までを対象とする）各種相談対応や居住地域への適応および社会参加を促すものであることから，地方部における「移民政策」の立ち上げ（日本全体で見れば，大都市圏や集住地域で先行していた「移民政策」の「地方化」）を促すものとして位置付けることができるだろう。

3-2　「地方誘導型移民政策」への潜在的ニーズ

　以上のような外国人受け入れ政策の進展は，（とりわけ日本の地方部の多くでは）自治体内に在住する外国人住民数の増加を受けての，いわば「後追い」の政策展開とも言える。だがその一方で，もうひとつの政策展開のパターンとして，地域社会，企業や各地の生産現場における将来的な「人材不足」を見越して，「先手を打つ」形で海外からの労働者や移住者を積極的に誘致するための諸施策の立案・導入を進める動きを挙げることができる。

　コロナ禍における技能実習生の「不在」によって露見したように，地方部の多くの就労現場において「人材不足」はすでに常態化かつ深刻化している。こうし

た地方部における少子化や人口減少に対する「特効薬」に欠く中で，海外からの人材招致は地方部の生き残りに向けた，残された数少ない「選択肢」であることに間違いはない。だが，海外からの移住者・就労者にとっては，日本に限らずどの国についても地方部は「条件不利地」である。したがって，日本国内の「都市部」の移住先や，海外の都市部・地方部との競合の中で「あえて日本の地方に来てもらうにはどうしたらよいか」という課題について早期に検討する動きがあっても何ら不思議ではない。

　本書の第3章において安芸高田市における政策展開が紹介されたが，それ以外にも日本の地方部にあって外国人にとって魅力的な受け入れプログラムを整備して積極的に誘致していこうと奮闘している地域や自治体がある。北海道東川町では，将来的に不足が予想される介護労働者の確保のため，奨学金制度を設けて町内の専門学校での学費，滞在費，生活費（総額で約500万円）を補助するほか，町立の日本語学校を設立して日本語能力向上のためのサポート体制の充実も図っている（東川町外国人介護福祉人材育成支援協議会ウェブサイトを参照。http://kaigo-fukushi.org/gov.html）。また，岡山県美作市では将来的な人手不足を見越してベトナムからの技能実習生の受け入れ強化を目指してさまざまな施策を展開している。市の嘱託職員としてベトナム人スタッフを雇用して相談を受けられる体制を作っているほか，技能実習生向けの市内バスツアーを設けて地元への理解を深めたり，ふるさとまつりにベトナムの料理のブースを出して地元住民との交流機会を設けたりするなどして，実習生にとって魅力ある地域づくりに努めている［二階堂 2019：45-47］。

　例えば，こうした取り組みや施策を国による「特区制度」などを通じて公認し，補助金や権限移譲などのインセンティブを与えるような方策は，地域の人材ニーズに合った形で意欲的な地域が主体的に移民誘致を行えるような政策環境を生み出すことになるだろう。むろん，そのためには移民受け入れに関する諸施策における「地方分権化」などの改革が不可欠となるため，日本の現状においてすぐさま大々的に実行されるような状況にはないが，諸外国にはそのような方向性も含む先進事例が存在する。本書の第Ⅱ部では，外国での地方部を意識した「移民政策」の基本的なしくみを確認したうえで，地方部への外国人の振り分けや誘致のための政策の事例についても紹介する。将来的に「人口減少対策」の一環として「外国人／移民政策」の「地方化」を進めなければならないような時節には，これらの考察から政策立案上の示唆が少なからず得られるであろう。

3-3　「地方誘導型移民政策」の先行事例——オーストラリア，カナダ，スコットランド

　欧米各国や日本・韓国・中国などの国々においてすでに兆候が見られている人

口減少はこれからますます進行し，とりわけ各国の地方部においては，子育て世帯や労働力となりうる世代の人口の不足が顕著となることが予想される。こうした動向の中で，都市部と比べると「条件不利地」としての特色が色濃い地方部の自治体や地域社会では，その持続可能性の担保，あるいは消滅危機を回避するための「一手」として，国内外からの人口流入への期待，あるいはその積極的誘致に舵を切るところも少なくない。2020 年代の日本の地方部では，U・I・J ターンやいわゆる「関係人口」の創出・誘致などの「国内移住者・訪問者等の誘致策」を競って導入している状況であり，海外からの人口流入を積極的に進めようとする自治体や地域はさほど多くない。だが，「移民先進国」であるオーストラリアやカナダでは，人口政策における移民政策のプライオリティの大きさも手伝ってか，人口減少対策としての移民政策がいち早く導入されている。

　オーストラリアでは，シドニー・メルボルン・ブリスベンの三大都市に集中しがちな移民の流入に対し，地方における移民の受け入れ優遇政策が導入されている。古谷徳郎によれば，早くには 1990 年代から地方における移民受け入れ優遇政策が導入されており，近年では 2015 年に始まった指定地域移住契約スキームや，2019 年 11 月に新しい査証措置が導入されるなどの動きがある［古谷 2020］。カナダの場合は，農業や医療・福祉などのエッセンシャルワークの従事者もターゲットに含まれているのに対し，オーストラリアは若くて教育レベルの高い高技能移民を三大都市以外の地方に誘導することが目指されている。

　本書で重点的に取り上げるのは，カナダの事例である。詳細は第 19 章での論説に譲るが，カナダでもモントリオール・トロント・バンクーバーの三大都市に集中しがちな海外からの移住者の流入に対し，その他の各州や地域へと移民を誘導するような諸施策が採られている。カナダでは「州指定プログラム」という制度が導入されており，各州の労働力需要や産業特性に沿って異なる条件での移民労働者の受け入れがなされている［石川 2018：95-98］。また，最近では介護や看護，農業分野などの人手不足になりやすい業種に特化した移民誘致プログラムのほか，「大西洋岸地域」や「地方・北部地域」など人口減少が著しい地方部などへ移民を誘導する具体的なプログラムが運用されている（カナダの移民・難民・市民権局ウェブサイトを参照。https://www.canada.ca/en/immigration-refugees-citizenship/services/immigrate-canada.html）。

　また，今後の地方誘導型移民政策の導入に向けた調査・準備を進めている国・地域もある。2021 年にスコットランド政府の専門アドバイザリーグループによって編まれたレポート『スコットランドの遠隔・地方移住に向けたパイロットスキームをデザインする：分析と政策オプション』では，地方部における人口減少の進行と社会・経済的な影響を分析したうえで，これらの地域に積極的に海外からの移民を誘導し受け入れるための政策オプションについて，カナダでの取り

組みなどを参考にしつつ，提言がなされている［Expert Advisory Group on Migration and Population 2021］[10]。

　このように，各国の地方部の人口減少による衰退を食い止めるために海外から地方部への人口流入を意識した「移民政策」を立ち上げる動きは，ひとつのトレンドとなりつつあるのである。

4　第Ⅱ部の検討課題

　本書の第Ⅱ部では，外国人受入れと多文化共生の地域社会のしくみについて日本以外の各国ではどのような枠組みで進められているのか，とりわけ国と地方（自治体）の役割や権限の違いや，地方部での外国人受入れの基本的なしくみ（本章では「ローカルガバナンス構造」と呼んでいる）の特徴がどのようなものであるかについて，本書の第Ⅱ部では韓国，台湾，ドイツ，カナダの各国の事例を参照しつつ，明らかにする。

　第Ⅱ部でのもうひとつの課題は，地方における外国人受入れの態勢整備とともに，将来的な人口減少への対策としての外国人・移民の積極的誘致策を導入・実行の可能性に関する考察である。地方部への海外からの移住者の誘導政策としては，本書の第19章と第20章で取り上げるカナダの制度が先進事例ということになるが，農業従事者やケアワーカーなどの，地方部ではどこでもニーズが見込まれる業種については全国共通の枠組みを設けることで対応が可能である。その一方で，招聘主としての州や基礎自治体（地域コミュニティ）ごとに異なるニーズが見込まれるものについては，州ごとあるいはコミュニティごとにどのような人材に来てほしいかについて提案してもらい，そこに国が承認と予算面などのサポートを与えていくような，現在の日本のしくみでいえば「特区制度」に近いようなものが構想され，積極的に外国からの移住者を受け入れる政策が運用されている。

　日本では，国の政策として「移民政策」そのものを"否定"しているので，ここで取り上げているような，地方部に積極的に「移民」を受入れていこうというような政策も現状として望むべくもない。構想の可能性があるのは，やはり各地域や自治体で取り組まれている政策等に「お墨付き」を与え，権限や資源を付与するような「特区制度」的な政策になってくるだろう。その際のポイントは，地方部の人口減少対策として積極的に移民受け入れを図るような政策をどこまで"傾斜的に"承認・採択することができるかということになろう。この点について，地理学者の石川義孝は，「地方創生」という在留資格を設けて地域活性化に貢献しうる人材を一定の間在留する資格を与え，マッチングがうまくいった場合には定住や永住の道が開かれるような政策を提言している［石川 2018］。

　いずれにせよ，将来的にそのような大胆な移民受入れ施策を取っていかなけれ

ばならなくなった時に，この課題に対してどのような政策の制定・実行をしていくべきなのか，国と地方，そして各地で外国人や移民を受け入れる各セクターの役割関係はどのような形が望ましいのか，といったことについて，他国の状況を鑑みつつ構想していく必要があるだろう。

　こうした狙いの下に，本書の第Ⅱ部では各章で取り上げられる国々について，国および地方自治体の移民政策の基本的な内容と特徴を明らかにし，とりわけ地方部での外国人や移民の受入れについてどのようなしくみのもとに行われているのかを示す。地方部における人口減少対策や労働者確保の手段としての「地方誘導型移民政策」の運用のあり方については，カナダの事例を中心に例示する。

付　記

　本章の論述には，徳田［2022；2023］の一部が改編のうえ収録されている。

●注

1 ）ここでの「一定期間」とは，3 か月以上の日本国内での在留を想定している。なお，「移民」および「移民政策」をはじめとして，本章で使用されるキー概念の定義および表記方法は筆者（徳田）の執筆担当の章において統一的に採用される。本書の他の章での定義や表記方法については，各稿内の規定に従うものとする。

2 ）「移民政策」の下位カテゴリーとしての「入国管理政策」と「統合政策」の内容について，移民政策学会が創立 10 周年を記念して刊行した論集［移民政策学会設立 10 周年記念論集刊行委員会編 2018］の構成およびその内容を参考にすると，2 つの政策の所掌事項は以下のように整理できる。「出入国管理政策」は「入国審査，退去強制，在留管理の政策」（同書第 4 章の主題）に関するものとされ，具体的な政策課題として「入管収容」，「外国人受入れ政策（EPA による看護師・介護士，家事労働者の受け入れ，技能実習生・日系人・外国人高度人材・留学生の受け入れ等）」，「難民政策」が挙げられている。他方で，「社会統合政策／多文化共生政策」に関する政策課題としては，「永住と国籍取得」，「中国帰国者，インドシナ難民に対する初期指導」，「自治体の外国人住民施策」，「日本語習得支援」，「子どもの教育」，「外国人学校」，「差別禁止法制」などが挙げられている。

3 ）ここで筆者が，「（移民政策の内容や進度に関する）自治体間の"地域差"として説明している問題について，丹野清人は「経路依存性」という語をもって，次のように説明している。「地域の産業構造に規定される経済的社会的状況によって，求める外国人労働者に違いが出ている。また，外国人を地域で受け入れるには，地域社会のなかに多言語能力に長けた者であったり，外国人の社会問題に関わった経験と専門知識を持つ者（持つ組織）であったりを必要とし，こうした人的資源は一朝一夕には育たない。それぞれの地域で何ができるかは，これまでどのように外国人の受入れに尽力してきたかという経路依存性によって決まる。確かに，…外国人労働者の受入れの問題は日本中で考えなくてはならない問題になった…。だが，では具体的にどんな受入れを各地域・自治体は行うべきかとなると，それぞれの地域に合った外国人の受入れを考えるしかないとなって，共通解は霧消してしまうのである。」［丹野 2020：55］

4 ）「多文化共生」という概念の来歴や意味変容については拙稿［徳田 2018］で詳述している。同概念は，元は在日コリアン住民の集住地域で使用され始め，日本社会における在日コリアン住民の地位向上や人権上の問題状況の改善，ホスト社会の住民との対等な関係へと志向し

た批判的な「運動概念」の特色が色濃いものであったが，2000 年代に入って，ニューカマー外国人の受け入れとその集住地域での問題状況の解決とその統治へと志向した「政策概念」へと変質しながら，先の「多文化共生政策」の提唱に至っている。

5）そのロジックは，実質的に単純労働の従事者を招来する経路として機能している技能実習制度が，あくまで「国際貢献」に関する政策として展開された流れとも類似している。

6）渡戸一郎によると，2012 年の改正法の施行により「外国人は法律上はじめて『住民』として位置付けるようになる」としながらも，同時に次のような問題が生じたという。一つに，住民登録されるのは，在留資格を有し在留期間が 90 日を超える中長期滞在者や特別永住者などの「適法な外国人」に限定され，在留資格のない非正規滞在者が制度的に排除され不可視化される点が問題視されている［渡戸 2018：133-134］。

7）以上の分析はあくまで都道府県単位の数値によるものであり，各都道府県下において特定の市町村や小地域に集中的に外国人が来住し，増加率がこれよりはるかに高くなっているようなところが含まれてくる。例えば，筆者が以前に取り上げた島根県の場合であれば，県内の外国人住民の増加分の多くは，大手製造業の工場がある出雲市内の特定地域への日系ブラジル人の集住によるものである［徳田 2019］。

8）京都府内における京都府国際センターの概要とその役割，とりわけ地域国際化協会が不在の府内市町村へのサポートについては，本書第 4 章を参照。また，愛媛県国際交流協会の取り組みとして，県内自治体の担当部署・市町村の地域国際化協会・外国人に関連する諸組織等による「ネットワーク会議」の開催や，協会スタッフが県内各自治体等の現場を巡回し，各地の担当者との関係強化やニーズ把握を行う「キャラバン隊」などが実施されている［大森 2019］。

9）田中輝美によれば，「関係人口」とは「特定の地域に継続的に関心を持ち，関わるよそ者」と定義されており，「定住人口でも交流人口・観光客でもなく，そして，企業でもボランティアでもない，新たな地域外の主体の概念」とされる［田中 2021：77］。

10）この後，スコットランド政府は 2022 年 9 月に「地方ビザパイロットプログラムに関する提言（Rural visa pilot propozal: September 2022）」を発表し，先の報告書の分析内容に基づいて制度設計された，スコットランド（ひいては英国全体）の地方部に海外からの移民を積極的に誘致する政策について，英国政府に対して提言を行っている（https://www.gov.scot/publications/scottish-rural-visa-pilot-proposal-september-2022/　2023 年 7 月 8 日閲覧）。

だが，次のニュース記事によれば，英国政府はこの政策の採用を「拒否」しており，政策の実現が困難な状況にあるという（https://www.grampianonline.co.uk/news/msp-calls-for-westminster-to-launch-rural-visa-pilot-scheme-306522/　2023 年 7 月 8 日閲覧）。この記事には，英国の EU 離脱（Brexit）と Covid-19 の影響により，スコットランドの地方部での人材確保が極度に難しくなっており，同政策の早期実現を願う，現場関係者の「声」が紹介されている。

この事例からは，地方での人材ニーズや移民誘致の必要性が国全体の移民政策との兼ね合いで政策化されにくい英国およびスコットランドの事情が見て取れるが，政府が移民政策（の刷新）に消極的な日本の政策環境とよく似ており，今後の動向が注目される。

● 参考・引用文献

井口泰［2018］「日本の統合政策――外国人政策の改革の展望と課題」，移民政策学会設立 10周年記念論集刊行委員会編『移民政策のフロンティア――日本の歩みと課題を問い直す』明石書店.

石川義孝［2018］『流入外国人と日本――人口減少への処方箋』海青社.

移民政策学会設立 10 周年記念論集刊行委員会編［2018］『移民政策のフロンティア――日本の歩みと課題を問い直す』明石書店.

大森典子［2019］「外国人住民の散住地域における地域国際化協会の役割と課題――愛媛県国際交流協会の取り組みから」，徳田剛・二階堂裕子・魁生由美子編『地方発 外国人住民との地域づくり――多文化共生の現場から』晃洋書房.

駒井洋［2018］「多文化共生政策の展開と課題」，移民政策学会設立 10 周年記念論集観光委員会編『移民政策のフロンティア――日本の歩みと課題を問い直す』明石書店.

近藤敦［2009］「なぜ移民政策なのか――移民の概念，入管政策と多文化共生政策の課題，移民政策学会の意義」移民政策学会編『移民政策研究』創刊号.

丹野清人［2020］「地方から始まる外国人の新しい受け入れ」『移民政策研究』12.

徳田剛［2018］「地域政策理念としての『多文化共生』と宗教セクターの役割」，高橋典史・白波瀬達也・星野壮編『現代日本の宗教と多文化共生――移民と地域社会の関係性を探る』明石書店.

―――［2019］「地方都市における外国人住民の集住化への対応――島根県出雲市の事例から」，徳田剛・二階堂裕子・魁生由美子編『地方発 外国人住民との地域づくり――多文化共生の現場から』晃洋書房.

―――［2022］「日本の『移民政策』の課題――『技能実習制度』を中心に」『大谷学報』101（2）.

―――［2023］「日本の地方部における外国人受け入れの現状と課題」『都市問題』114（2023 年 2 月号）.

二階堂裕子［2019］「中山間地域における外国人技能実習生の受け入れ政策――岡山県美作市の事例から」，徳田剛・二階堂裕子・魁生由美子編『地方発 外国人住民との地域づくり――多文化共生の現場から』晃洋書房.

古谷徳郎［2020］「地方における移民の受入れ優遇政策――移民国家オーストラリアの例」『国際人流』2020 年 8 月号，公益財団法人入管協会編.

渡戸一郎［2018］「自治体と外国人住民」，移民政策学会設立 10 周年記念論集刊行委員会編『移民政策のフロンティア――日本の歩みと課題を問い直す』明石書店.

Expert Advisory Group on Migration and Population [2021] *Designing a Pilot Remote and Rural Migration Scheme for Scotland: Analysis and Policy Option*, pub. by Scottish Government.

第16章

韓国における統合政策のしくみと取り組み
——日本との比較——

加藤　真

▶ は じ め に——韓国における統合政策の特徴と本章の着眼点

　韓国は日本と同様に外国人の「後発受入れ国」と分類されるが（小井戸［2017］，OECD［2018］など），受入れ後の統合政策（本章執筆時点で，韓国では主に法務部が扱う社会統合政策と，女性家族部が扱う多文化家族政策がこれに該当する）は，日本と比較すると国としての取り組みが進んでいる。例えば，統合政策の国際比較指標である Migrant Integration Policy Index（移民統合政策指数）の最新の結果によれば，日本は調査対象国56か国中35番目である一方，韓国は全体の18番目で，アジア地域では最も高く，「包括的な統合政策のやや好ましい国」という評価がなされている［Migration Policy Group 2020］。

　韓国における統合政策の特徴は，2000年代後半以降，基本法となる，在韓外国人処遇基本法（2007年制定・施行，法務部所管），多文化家族支援法（2008年制定・施行，女性家族部所管）を中心に基盤を整備し，全国どこでも均質的なサービスや共通のプログラムが提供される点である。これは，長らく自治体が多文化共生政策を主導し，地域によって取組の濃淡がある日本とは大きく異なる。一方，本書の「地方発」というテーマに照らすと，地方部における統合政策という点ではやや特徴に欠けるといえ，「地域の特性やニーズに応じた柔軟なサービスの提供が課題」［春木 2020：45］と指摘される。2020年以降，日本の総務省にあたる行政安全部が「地方自治体外国人住民支援優秀事例コンテスト」を毎年主催し，各地域の特徴に応じた取り組み事例の普及・展開の動きがみられ始めた段階にある。[1]

　このような状況を踏まえ，本章では，韓国の事例から日本への示唆を得るため，本書のもうひとつのテーマである「しくみづくり」に焦点を当て，日本のしくみや取り組み状況との比較を織り交ぜながら検討を行う。具体的には，関連用語の定義や在留状況を確認した上で，①基本法に基づく計画策定，実態把握，統計整備，②全国に220か所以上ある多文化家族支援センターの設置運営，③韓国語学習や生活ルール等を学ぶ生活オリエンテーションを行う社会統合プログラムの3点を取り上げる。

▼ 1　関連する用語の定義と在留の概況

1-1　用語の定義，全国における在留状況

　表16-1では関連する用語の定義を整理している。特に，「多文化家族」は，多文化家族支援法第2条によると，韓国人と外国人カップル，または，韓国国籍への帰化者と外国人のカップル，または，韓国国籍への帰化者同士からなる家庭を指しており，外国人同士のカップルの家庭は含まれないことが留意点である。多文化家族政策は，あくまで韓国にルーツを持つ人が含まれる家族政策の一環とされる。一方で，例えば教育部が所管する「多文化学生」については，外国人同士のカップルの子どもも含まれるように，その対象は微妙に異なっている。

　上記の定義を踏まえ，韓国における最新の在留状況を確認すると，韓国の長期在留外国人数は2022年末時点で169.9万人，総人口に占める割合は3.28％であ

表16-1　外国人，多文化家族関係の用語定義

用語	所管	定義
在留外国人	法務部	90日以下の在留が認められた短期在留外国人と，90日超の在留が認められた長期在留外国人の計
登録外国人	法務部	90日超の在留が認められた外国人登録をした外国人（在留資格F-4，H-2などの外国国籍同胞は含まない）
長期在留外国人	法務部	登録外国人と，居所申告をした外国国籍同胞
結婚移民者	法務部	居住，永住，結婚移民，いずれかの在留資格所持者
結婚移民者	行政安全部	韓国国籍を持たない者のうち，在留資格を問わず，大韓民国の国民と婚姻しているか，婚姻関係にある者
結婚移民者	女性家族部	韓国国民と婚姻しているか，婚姻関係にある在韓外国人と，韓国国籍に帰化した結婚移民者
多文化家族	女性家族部	韓国人と外国人カップル，または，韓国国籍への帰化者と外国人のカップル，または，韓国国籍への帰化者同士からなる家庭（外国人同士のカップルの家庭は含まれない）
外国移住民の子ども	行政安全部	帰化した親や，韓国人と外国人の両親の間に生まれた18歳未満の子ども（両親とも外国人の子どもは含まれない）
多文化学生	教育部	小中高等学校に在学している国際結婚家庭の韓国出生の子ども，中途入国の子ども，外国人家庭の子ども
多文化家族児童青少年	女性家族部	多文化家族の構成員である24歳以下の子ども
移住背景青少年	女性家族部	多文化家族青少年と，国内に移住して社会文化適応と言語学習に支援が必要な青少年

注：「多文化家族」は「多文化家族支援法」第2条をもとに筆者追記。
出所：チャンジュヨン・ホジョンウォン［2020］をもとに筆者作成。

り，日本よりも1％弱高い。国籍別では，韓国系中国人（59.8万人）が最も多く，次いで，ベトナム（20.2万人），中国（18.3万人），ウズベキスタン（7.5万人），カンボジア（4.8万人）となっている。在留資格別では，在外同胞（50.2万人，韓国系外国人），非専門就業（26.8万人，一般雇用許可制で就労する労働者），永住（17.6万人），結婚移民（13.6万人），訪問就業（13.4万人）の順になっている（以上，法務部［2022］）。

1-2　地域別の多文化家族の在留状況，多文化学生の状況

　登録外国人及び多文化家族の地域別の在留状況，多文化家族の構成員の内訳をまとめたものが**表16-2**である。登録外国人，多文化家族ともにソウル・仁川・京畿道を合わせた首都圏に全体の50％以上が集中する傾向は韓国全体と変わらない。

　多文化家族の世帯員構成をみると，韓国人配偶者，結婚移民者本人，韓国国籍への帰化者がそれぞれ15％程度で，子どもが24.1％，その同居人が28.5％と

表16-2　登録外国人・多文化家族市道別割合

地域	登録外国人（2021年）		多文化家族（2020年）		（参考）韓国全体（2021年）	
	人数	構成比	人数	構成比	人数	構成比
ソウル特別市※	226,569	20.7%	187,239	17.1%	9,472,127	18.3%
釜山広域市	39,420	3.6%	47,132	4.3%	3,324,335	6.4%
大邱広域市	27,230	2.5%	33,373	3.1%	2,387,911	4.6%
仁川広域市※	66,364	6.1%	73,298	6.7%	2,957,044	5.7%
光州広域市	20,934	1.9%	23,857	2.2%	1,475,262	2.9%
大田広域市	17,292	1.6%	22,850	2.1%	1,479,740	2.9%
蔚山広域市	16,827	1.5%	21,384	2.0%	1,120,753	2.2%
世宗特別自治市	4,884	0.4%	5,318	0.5%	366,227	0.7%
京畿道※	360,412	32.9%	317,206	29.0%	13,652,529	26.4%
江原道	17,384	1.6%	29,444	2.7%	1,521,890	2.9%
忠清北道	36,045	3.3%	37,645	3.4%	1,624,764	3.1%
忠清南道	62,578	5.7%	58,086	5.3%	2,175,960	4.2%
全羅北道	30,331	2.8%	43,832	4.0%	1,787,053	3.5%
全羅南道	32,656	3.0%	49,750	4.6%	1,778,124	3.4%
慶尚北道	51,100	4.7%	55,871	5.1%	2,635,314	5.1%
慶尚南道	63,148	5.8%	69,317	6.3%	3,305,931	6.4%
済州特別自治道	20,717	1.9%	17,626	1.6%	673,107	1.3%
※首都圏	653,345	59.7%	577,743	52.8%	26,081,700	50.4%
全国	1,093,891		1,093,228		51,738,071	

出所：登録外国人：法務部「出入国者及び在留外国人統計」，多文化家族：行政安全部「地方自治体外国人住民現況」，韓国全体：統計庁「人口総調査」をもとに筆者作成，各用語の定義は表16-1を参照。

図 16-1　多文化家族世帯員構成 (2020 年)

出所：表 16-2 と同じ。

表 16-3　多文化学生の就学率

	小学校	中学校	高校	高等教育機関
多文化学生	95.3%	95.7%	94.5%	40.5%
全国値	98.4%	97.9%	96.1%	71.5%

出所：女性家族部 [2022a] をもとに筆者作成，定義は表 16-1 を参照。

なっている（**図 16-1**）。

　続いて，子どもの状況をみる。日本では「外国ルーツの子どもの数」を直接的かつ定期的に把握可能な統計はないが[2]，韓国では教育部「教育統計」で「多文化学生」として毎年把握している（定義は**表 16-1** 参照）。2021 年 4 月 1 日時点の多文化学生は 16.8 万人（割合は小学生 7：中学生 2：高校生 1）で，全学生の 3.2％を占めており，多文化学生数，全学生に占める割合ともに増加傾向にある（2015 年の 8.3 万人・1.4％から倍増）。

　多文化学生の就学率も 3 年に 1 度の実態調査から算出可能である。最新の 2021 年の調査によると（**表 16-3**），小学校から高校までは多文化学生と全国値でほとんど差がないが，高等教育機関の就学率が，全国では 71.5％のところ多文化学生は 40.5％にとどまっており，課題とされている［女性家族部 2022a］。

2　日本にはみられない統合政策のしくみや取り組み

2-1　基本法に基づく政策立案，計画策定，調査の実施

　韓国では，在韓外国人処遇基本法，多文化家族支援法の定めにより，5 年おきに「外国人政策基本計画」（在韓外国人処遇基本法第 5 条に依拠），「多文化家族政策基本計画」（多文化家族支援法第 3 条 2 に依拠）を策定している（現在，両計画とも第 4 次計画（2023-2027）の期間）。さらに基本計画に基づき毎年，中央省庁版・地方自治体版の年度別施行計画を策定し，成果目標等も設定している。2022 年の地方自治体版の施行計画は 3000 ページを超えており，全国共通で実施する取り組みが細かく定められている。計画策定にあたっては，国務総理が議長，関係省庁大臣級や有識者が委員として「外国人政策委員会」（法務部が幹事），「多文化家族政

策委員会」（女性家族部が幹事）を組成し，重要事項の議論・決定を行う。両委員会で議題が重複する場合は，両委員会を一か所で同時開催することで，省力化を図っている。また，**表 16-4** の通り，法律に基づき外国人本人やその家族，国民一般への実態調査を定期的に行い，計画立案のエビデンスとして活用している。

　日本の状況をみると，国全体では出入国在留管理庁が，2022 年 6 月に初めて 5 年間の計画（「外国人との共生社会の実現に向けたロードマップ」）を策定したが，関係省庁の大臣級が法律に基づき定期的に集まる会議体はない。各自治体では，総合計画等とは別に，多文化共生単独の指針・計画を策定している都道府県は 19（40.4%），市区町村は 125（7.2%）と限られる（2022 年 4 月 1 日時点，［総務省 2022]）。

表 16-4　計画立案の基礎資料として活用される外国人，多文化家族関係の実態調査

調査名 （根拠法令）	調査主体	調査時期	調査対象	調査内容
移民者在留実態と雇用調査（統計法第 17 条，在韓外国人処遇基本法第 9 条）	統計庁・法務部	毎年実施（2017 年以降）	・長期在留外国人 2 万人 ・直近 5 年以内の帰化者 5000 人	・毎年聴取：在留関係項目，経済活動，就労関係 ・奇数年聴取：住宅と生活環境，所得・消費，子どもの教育 ・偶数年聴取：健康，韓国の生活，韓国語能力 ・3 年ごと聴取 ①：非専門就業・留学生向け設問 ・3 年ごと聴取 ②：訪問就業・在外同胞向け設問 ・3 年ごと聴取 ③：永住者・帰化者向け設問
全国多文化家族実態調査（多文化家族支援法第 4 条）	女性家族部	3 年に 1 度実施（2009 年以降）	約 2.5 万世帯（世帯単位で以下 4 調査に回答） ・多文化家族世帯全体 ・結婚移民者，帰化者本人 ・結婚移民者，帰化者の配偶者 ・多文化子女（9 歳 - 24 歳）	・本人・配偶者向け：世帯基本項目，学歴，職業，入国年，帰化年，月平均世帯所得，家事育児の分担，両親との関係，言語能力，支援施設認知・利用状況，健康状態等 ・多文化子女向け：家庭内外での使用言語，学校生活，学業・進路，健康状態，教育施設利用経験，差別・いじめの経験等
国民多文化受容性調査（多文化家族支援法第 4 条）	女性家族部	3 年に 1 度実施（2012 年以降）	・満 19 歳〜74 歳の韓国籍者 5000 人 ・中学・高校在学中の韓国国籍学生 5000 人	・外国人に対する考え・感情，外国人と接する機会，頻度，必要性 ・多文化に関する教育受講経験，内容等

出所：筆者作成。

また，各種調査に関して，出入国在留管理庁で「在留外国人に対する基礎調査」（2020年度以降実施）や，日本国籍者向けの外国人との共生に関する調査の計画（2023年度実施予定）の動きがあるが，これらは法令に基づく公的統計ではなく，あくまで単年度予算に基づく単発のアンケート調査という点で韓国との違いがある。なお，2023年秋から，厚生労働省では，統計法に基づく公的統計調査として「外国人雇用実態調査」を開始することとなっているが，こちらは雇用されて働く外国人労働者に限られる調査の予定である（厚生労働省 2023）。

2-2　全国に広がる遂行体制の構築

（1）全体像

策定された計画や施策等を遂行する体制として，行政が設置する関係機関を**表16-5**に整理している（法務部，女性家族部以外の機関についても記載している）。関係機関が複数あるため，あらゆる層への手厚い支援体制が敷かれているといえる一方で，韓国国内では機関の乱立・行政サービスの重複，申請機関と支援機関が地理的に離れていることによる使い勝手の悪さが問題視されてきた。これを受け，2017年以降，関係機関を一箇所に集めた，多文化移住民＋（プラス）センターが全国20地域程度で運用されている。多文化移住民＋センターについて，まとまった評価報告書等は管見の限り確認できていないが，全国第1号で設立された安山市のセンター担当者へ筆者が行った調査では，利用者の利便性の向上や，関係機関同士での情報共有・連携強化といった効果が得られていると話していた。

日本でも複数機能を一箇所に集めた類似の機関として，東京・四ッ谷に外国人在留支援センター（FRESC）があるが，多文化移住民＋センターではFRESCでも行われる各種相談対応に加え，（センターによってサービス内容に若干の違いがあるが）在留諸申請，韓国語教育，各種支援プログラム等がワンストップで実施されている点や，地方部も含め全国複数箇所に設置されている点で異なっている。

（2）多文化家族支援センター

支援機関のなかでも中核的な役割を果たしているのが多文化家族支援センター（多文化家族支援法第12条に依拠）であり，2022年度は228か所に設置されている（韓国の地方自治体数は226）。ソウル，仁川，京畿道の首都圏に65か所，地方部に163か所あり，単純計算で首都圏では多文化家族8888人あたり1センター，地方部では3162人あたり1センターと地方部の方が手厚い状況にある（女性家族部[2022c]，行政安全部「地方自治団体外国人住民現況」をもとに試算）。主な支援対象は多文化家族であるが，筆者が行った現地調査では，外国籍同士の家族からの相談等も対応しているとのことであった。直近では機能や空間統合の観点から，女性家族部が一般市民向けに設置する「健康家庭支援センター」との共同運営を進めており，9割が統合型になっていることからも幅広い支援対象者への対応が可能に

表16-5　外国人，多文化家族政策の関係機関

主な対象	政府委員会	所管		執行・運営		実施機関（全国の機関数）	主務
外国人政策全体	外国人政策委員会	法務部	（一委任→）	出入国外国人政策本部	（一固有業務→）	・出入国・外国人庁（6箇所） ・出入国・外国人事務所（13箇所） ・出張所（20箇所）	滞留許可等
外国人政策全体（社会統合プログラム）	外国人政策委員会	法務部	（一委任→）	出入国外国人政策本部	（一委託→）	社会統合プログラム運営機関（378箇所）	移民者・初期適応教育
多文化家族政策	多文化家族政策委員会	女性家族部	（一委任→）	自治体	（一自治体直営／委託→）	多文化家族支援センター（228箇所）	多文化家族定着支援
外国人労働者（主に雇用許可制で就労する労働者）	外国人力政策委員会	雇用労働部	（一委任→）	雇用センター（公共職業安定所）	（一固有業務→）	雇用センター（68箇所）	外国人雇用許可
外国人労働者（主に雇用許可制で就労する労働者）	外国人力政策委員会	雇用労働部	（一委託→）	韓国産業人力公団	（一補助→）	外国人労働者支援センター ・拠点センター（9箇所） ・地域センター（36箇所）	主に雇用許可制で就労する外国人労働者支援
多文化学生・生徒	－	教育部	－	教育庁	（一固有業務→）	多文化教育支援センター	多文化学生適応支援
外国人住民全般他	－	行政安全部	－	自治体	（一自治体直営／委託→）	外国人住民支援センター（58箇所）	外国人住民支援

注：実施機関数は把握可能な最新値を記載。
出所：法務部ほか［2020］をもとに筆者作成。

なっている。運営形態は民間委託が90.3％で，委託先は社会福祉法人，社団法人，学校法人，宗教法人，NPO等である。首都圏はすべて民間委託で，自治体直営の22自治体はすべて地方部である（女性家族部［2020］，資料が得られた最新年の2020年時点の割合）。また安定的な事業遂行のため，委託期間が3年から5年に変更された（2019年10月）。

　センターの運営予算は，職員数に応じ1センター当たり1500万円から1900万円程度（各年度，国費＋地方費）で，国費からソウル市に30％，その他自治体に50％拠出される。また，多文化家族支援センターが行う全国共通の必須事業の他，

センターごとの特性化事業として，いくつかの支援メニューのなかから選択実施されているが，この部分には国費からソウル市に 50％，その他自治体に 70％拠出される［女性家族部 2022a；2022b］。

日本では，2019 年度以降，外国人受入環境整備交付金として一元的相談窓口設置・運営費用が国費から拠出されている。2023 年度は全国 238 自治体向け，計 10.6 億円の交付決定がなされているが，交付金額は外国人住民の少ない自治体は規模が小さく，最小 10 万円程度，外国人集住自治体や都道府県でも最大 1000 万円となっている［出入国在留管理庁 2023］。単純比較は留意が必要だが，国家予算や人口等の規模を考慮しても，多文化家族支援センターの設置数の多さ，予算の大きさは日本と比べると特筆できる点といえる。

このような体制・予算等のインプットの違いは，例えば，当該支援機関の認知度・利用度といったアウトプットに顕著な違いとして現れている。全国多文化家族実態調査に基づくと，2021 年は多文化家族支援センターの認知度が 8 割を超えており，経年でも認知度は高まっている。利用有りの割合も，2021 年は結婚移民者・帰化者で 4.5 割，配偶者や子どもは 2 割程度となっている。また，地域別の状況をみると，全対象者ともに，都市部よりも地方部居住者の方が認知度・利用度ともに高い傾向がみられる（表 16-6）。

対して日本の例をみると，主要な自治体における中核的な支援機関について，横浜市（認知度：19.5％，利用度：3.7％，以下同様），浜松市（32.6％，10.5％），名古屋市（54.8％，24.3％）ともに，多文化家族支援センターに比べると低い割合となっ

表 16-6　多文化家族支援センターの認知，利用状況

結婚移民者，帰化者				配偶者				子ども		
	認知度	利用度			認知度	利用度			認知度	利用度
全体				全体				全体		
2015 年	79.1%	42.3%		2015 年	（調査項目無し）			2015 年	62.2%	20.3%
2018 年	80.3%	47.6%		2018 年	（調査項目無し）			2018 年	69.9%	26.3%
2021 年	87.5%	45.3%		2021 年	86.8%	21.5%		2021 年	82.2%	21.9%
居住地域				居住地域				居住地域		
都市部	85.3%	39.3%		都市部	84.8%	17.7%		都市部	83.0%	15.9%
地方部	94.7%	66.0%		地方部	92.9%	33.2%		地方部	80.5%	36.0%
国内居住期間別				出身国籍				年齢		
5 年未満	88.6%	56.8%		韓国人夫	89.1%	25.3%		9-11 歳	76.4%	26.6%
5-10 年未満	89.7%	55.8%		韓国人妻	78.3%	4.6%		12-14 歳	81.5%	24.1%
10-15 年未満	89.3%	51.1%		外国人夫	74.8%	4.2%		15-17 歳	90.6%	17.3%
15 年以上	84.7%	32.7%		外国人妻	82.5%	11.2%		18-24 歳	92.4%	8.2%

出所：女性家族部［2019；2022a］をもとに筆者作成。

ている（横浜市［2020：23］図表，浜松市［2022］図61，名古屋市［2021］図 2-65 参照）。もちろん多文化家族支援センターにも課題が指摘されている。具体的には，上述した他省庁の類似支援機関との事業の重複に加え，1）多文化家族の定義が狭いことにより外国人同士のカップルの家庭への支援が死角地帯となる可能性や新たな支援対象発掘の必要性，2）多文化家族支援センターのみでの支援には限界があり，地域社会の連携網を構築する必要性，3）多文化理解や結婚移民者の文化的特性に精通した専門家の配置，4）時間的・地理的アクセシビリティの更なる向上（週末・夜間対応や移動事務所の設置等），5）コロナ禍に対応した非対面式プログラムの拡充や，結婚移民女性向け支援の偏重から子ども等向け支援の拡充などが挙げられている（韓国保健社会研究院 2013，イサンファ・ジョンテスク 2015，全南女性家族財団 2021 など）。

2-3　社会統合プログラム

　韓国では，韓国社会の構成員として適応・自立に欠かせない基本的な素養（韓国語と韓国社会理解など）を体系的に学習し，評価を行う社会統合プログラムが法務部所管で 2010 年から行われている（在韓外国人処遇基本法（基本理念，第 10-17 条，20-21 条）及び出入国管理法（第 39-40 条）等に依拠）。受講は任意であるが，在留期限に上限がある低熟練労働者や留学生も含めて，90 日以上在留期間を有する長期在留外国人及び韓国国籍へ帰化後 3 年未満の者なら希望者は誰でも受講できる。

　プログラムは，全 5 段階で，計 415 時間の韓国語の授業と 100 時間の韓国社会理解のための授業で構成される。各段階修了時に評価試験があり，最上位の 5 段階目受講後は，永住用と帰化用別々の最終評価試験が課される。この試験に合格すると永住や帰化申請等で優遇措置が得られる設計になっており，この点は「統合講習」の名称で行うドイツなどの欧州の事例と類似している。3 学期制で，0 段階の基礎課程から始めた場合，全課程修了まで最短でも 1 年 8 か月程度，各段階で評価試験に不合格・再履修となった場合は 5 年近くかかる。

　2021 年時点でプログラム運営機関は全国 378 か所に設置され，コロナ禍以降，参加者数は減ったものの，オンラインでの配信等が整い 2021 年は 4.4 万人が参加した。参加者の居住地域は，地方部居住者の割合が徐々に減ってきており，2021 年は地方部居住者割合 37.5% であった（**図 16-2**）。参加者の在留資格は，詳細の公表はなされていないが，いくつかの先行研究に基づくと，従来は結婚移民者が大半を占めていたが，近年は在留期間に上限がある低熟練労働者や留学生などの非定住層が 20-25% 程度を占めるようになっている（ムンギョンギほか［2016］，イミヘ［2018］，イムドンジン［2019］など）。さらに，プログラムに参加する低熟練労働者 578 名への調査によると，受講レベルは初級（1 段階）が多いという予想に反し，実際は 1 段階：51 名（8.8%），2 段階：150 名（26.0%），3 段階：245 人

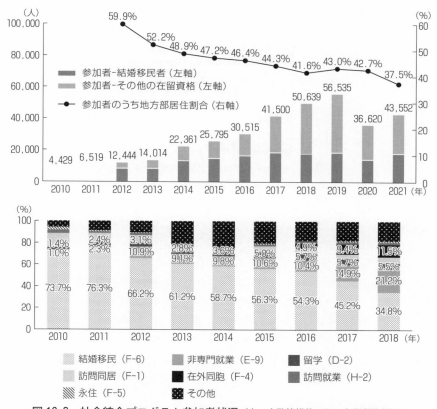

図16-2　社会統合プログラム参加者状況（上：人数等推移，下：在留資格割合）
出所：上：法務部出入国外国人政策本部「出入国者及び在留外国人統計」，下：イムドンジン［2019］をもとに
　　　筆者作成．（原出所）法務部内部資料．

（42.2％），4段階：152名（22.8％）で，中級に多く分布することが分かっている
［イミヘ 2018］。

　参加理由をみると（**図16-3**），全体では，生活に必要な韓国語学習のためとする割合が高い。個別には，結婚移民者は国籍取得や子どもの教育や家庭生活のため，低熟練労働者は在留許可時の特典（韓国語能力証明の免除，手続き時の待ち時間短縮，その他加点付与等）の割合が高い。また留学生について，「就業または職場生活のため」が他の在留資格に比べて最も高い割合になっている。これについて，韓国では留学生のアルバイトは原則禁止されているが，例えば専門学校生及び大学学部1,2年生は，社会統合プログラム3段階以上の履修完了で，授業がある平日は週20時間上限，週末や休暇期間は無制限で就労可能になるなど，社会統合プログラムの履修完了とアルバイト許可を連動させた運用がなされている。なお，プログラムの運営費用は，教材費のみ受講者負担で，それ以外は公費で賄われて

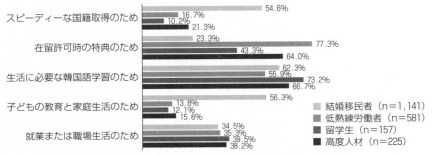

図16-3　社会統合プログラム参加者　参加目的

出所：イミヘ［2018］をもとに筆者作成。

いる。韓国国内では，今後の外国人住民の増加も見据え，費用の有料化や受講の義務化について議論が続けられている（ムンギョンギほか［2016］など）。社会統合プログラムの運営予算は，2012年時点で約48.7億ウォン（約4.9億円）だったが，2015年に約550億ウォン（約5.5億円），2018年に約685億ウォン（約6.9億円），2020年に約1,023億ウォン（約10.2億円）と増額傾向が続いている（ムンギョンギほか［2016］，ユミニほか［2020］）。粗い試算だが，日本で韓国並みの社会統合プログラムを導入にするには，在留外国人の人数（2020年末基準）で日本が韓国の1.8倍のため，約18.4億円程度必要になってくるといえる。

　韓国の社会統合プログラムから得られる示唆は，①プログラム受講を滞在延長や永住・帰化等と連動させ，長い滞在を希望する者に語学学習やその国の理解増進にインセンティブが働く設計にしている点，②受入れ側（国民）も相応の公費負担をしつつ，外国人側にも努力を払ってもらうようなしくみにしている点が挙げられる。

　対して，日本の状況をみると，前述した「外国人との共生社会の実現に向けたロードマップ」で，日本語学習や生活ルール等を学ぶ生活オリエンテーションに関する内容が示されたが，内容をみれば，「日本語学習や生活に必要な基本的な情報を学ぶための動画を作成する」という不十分な内容にとどまる。「ロードマップ」でこの先5年の道筋を示した今こそ，動画作成に留まらない腰を据えた国としての統合プログラムの開発が求められる。

3　今後の展望

　2022年5月に誕生した尹政権は，公約として女性家族部廃止・在外同胞庁新設を掲げており，10月には政府組織改編案が発表された。実際，2023年5月には「在外同胞庁」が新設された。また，前述の通り，関連する省庁・機関が乱立していることが従来から課題として挙げられてきたことを受け，移民政策を高い

レベルで推進する体制を整えるためとして，「出入国・移民管理庁（仮称）」を2023 年上半期中に創設することが 2023 年 1 月に示された。これに関連し，前任の文大統領時代には，韓国移民政策研究院と韓国法制研究院が共同で，複数に分かれる関連法令をまとめた「統合移民管理法」（仮称）制定に向けた研究プロジェクトが 2020 年度に行われていた。これらの動き次第では，近い将来韓国の移民政策，統合政策は大きな転換点を迎える可能性がある。

●注

1）例えば 2021 年は「地域住民と外国人住民がともに暮らす地域社会を実現している自治体」をテーマに優秀事例の公募が行われた。75 事例の応募の中から，優秀事例として 8 事例が選出され，最後は有識者＋一般住民による投票により最終優秀賞が決められた。審査の結果，大邱広域市寿城消防署の事例（外国人からの緊急出動要請時，言語面の壁を解決するため，消防団等に外国人住民の語学力を提供してもらい，24 時間体制の通訳支援チームを運営）が最優秀賞に選ばれた。

2）日本における参考値として，学齢期（6-18 歳）の外国籍の人数は 18.8 万人（法務省「在留外国人統計」，2021 年末），中等教育機関以下の公立学校に在籍する外国籍の児童生徒数は 11.4 万人（文部科学省「学校基本調査」，2021 年度），日本語指導が必要な児童生徒数は 5.8 万人（外国籍・日本国籍の計）（文部科学省 [2022]）。また，両親どちらも外国籍またはどちらかが外国籍の子どもは 2020 年の 1 年間で 3.5 万人出生しており，全体の 4.1%（新生児の約 24 人に 1 人）を占める（厚生労働省「人口動態統計」）。

● 参考・引用文献

イムドンジン [2019]「移民者社会統合プログラムの参加要因と教育成果分析——プログラム参加と非参加者比較を中心に」『行政論叢』57(4)，ソウル大学校韓国行政研究所：283-317.

小井土彰宏編 [2017]『移民受入の国際社会学』名古屋大学出版会.

厚生労働省 [2023]「外国人の雇用労働に係る統計調査の実施について」（外国人雇用対策の在り方に関する検討会（第 10 回）資料 4）.

出入国在留管理庁 [2023]「令和 5 年度外国人受入環境整備交付金の交付先及び交付決定額（令和 5 年 4 月 3 日現在）」.

全南女性家族財団 [2021]「全南地域家族センター（健康家庭・多文化家族支援センター）運営法案」.

総務省 [2022]「多文化共生の推進にかかる指針・計画の策定状況」（2022 年 4 月 1 日時点）.

名古屋市 [2021]「第 3 次名古屋市多文化共生推進プラン策定に向けた調査結果」.

浜松市 [2022]「浜松市における日本人市民及び外国人市民の意識実態調査報告書」.

春木育美 [2020]『韓国社会の現在——超少子化，貧困・孤立化，デジタル化』中央公論新社.

文部科学省 [2022]「日本語指導が必要な児童生徒の受入状況等に関する調査結果の概要（速報）」.

ユミニ・キムドゥォン・パクソンニル [2020]「移民政策，財政支出の構造解析——中央政府の詳細事業予算を中心に」移民政策研究院政策レポートシリーズ.

横浜市 [2020]「令和元年度横浜市外国人意識調査 調査結果報告書」.

イサンファ・ジョンテスク [2015]「多文化家族支援政策改善法案研究」『21 世紀社会福祉研究』12(1)，21 正規社会福祉学会.（韓国語）

イミへ［2018］「2018 年社会統合プログラム韓国語教材開発の基礎研究」．（韓国語）

韓国保健社会研究院［2013］「多文化家族支援基準改善法案研究」．（韓国語）

女性家族部［2019］「2018 年全国多文化家族実態調査報告書」．（韓国語）

───────［2020］「2020 年多文化家族支援センター現況」．（韓国語）

───────［2022a］「2021 年全国多文化家族実態調査報告書」．（韓国語）

───────［2022b］「2022 年家族支援事業案内 1 巻」．（韓国語）

───────［2022c］「2022 年多文化家族支援センター現況」．（韓国語）

チャンジュヨン・ホジョンウォン［2020］「移住民関連統計検討」移民政策研究院統計ブリー
　　フ．（韓国語）

法務部［2022］「2021 年出入国外国人政策統計年報」．（韓国語）

───────［2023］「2022 年 12 月 出入国・外国人統計月報」．（韓国語）

法務部・雇用労働部・教育部・行政安全部・女性家族部・地方自治体［2020］「多文化移住民
　　＋センター運営マニュアル」．

ムンギョンギ・イヒャンス・ファンミンチョル［2016］「社会統合プログラム履修義務化法案
　　研究」．（韓国語）

Migration Policy Group［2020］"Migrant Integration Policy Index 2020"．（英語）

OECD［2018］"Settling In 2018 INDICATORS OF IMMIGRANT INTEGRATION"．（英
　　語）

第 **17** 章

中華民国の「移民政策」と多文化共生

藤岡達磨

▎1 分裂中国の影響

　本章では，中華民国の外国人の受け入れおよび多文化共生への施策について検討する。内政部移民署の資料によれば2021年4月の時点で台湾に居住する外国人住民は約89万人で，総人口の3.8%を占めている（**表17-1**）。これ以外に「定住・永住を目的としない受け入れ」として，二国間協定に基づく外国人労働者および高度人材の受け入れがあり，主に製造業と医療・福祉関係に従事する外国人労働者が約71万人いる（**表17-2**）。このように台湾には多数の外国人住民が暮らし，特にケア領域では外国人労働者抜きにはケア体制が維持できないような不可欠の存在になっている［鄭 2021］と言われる。では，台湾地域における外国人受け入れ体制は，日本と比較した際にどのような特徴を持っているのだろうか。

　第二次世界大戦後から現在にいたる台湾地域における外国人の受け入れ体制の特徴は，中華民国が置かれてきた特殊な国際情勢や，当時の政府の政治的判断を抜きに理解することができない。まず，国共内戦に敗れた国民党政府が中国本土から台湾に移り，台湾を拠点として継戦態勢を維持した。その結果，台湾では1949年から1987年まで戒厳令がしかれ，戦時下の国家体制が維持された。また戒厳令解除以降も，大陸中国と台湾の間で正式な国交が樹立されたわけではなく，二国間の人の移動が制限され続けた。このことによって，台湾における外国人の受け入れは，台湾にとって歴史的，民族的に最も関係が深く，かつ東アジア最大の労働供給力をもつ中国大陸からの移民の受け入れを，できるだけ除外して考える必要性に迫られた。これまでの外国人受け入れの一般的なケースでは，新たに外国人を受け入れる際に，歴史的経緯や人的ネットワークによって，これまでの移民送り出し実績のある地域の移民が増大することが多い。しかし，台湾の場合では中国大陸との漢人たちのネットワークを利用することは推奨されず，それどころか親族であったとしても長期間にわたって面会することすらできず，家族や親戚たちは戒厳令解除まで台湾海峡両岸に引き裂かれた状態が維持された。

　また1971年の米中国交正常化以降は，各国が中華人民共和国との国交を選択

表17-1　台湾に居住する外国人住民数

居留証を持つ外国人住民	男	女	計
新北市	50,784	75,436	126,220
臺北市	27,170	59,246	86,416
桃園市	76,268	63,799	140,067
臺中市	71,356	53,078	124,434
臺南市	38,572	34,602	73,174
高雄市	36,248	42,923	79,171
宜蘭縣	5,768	8,270	14,038
新竹縣	16,485	21,754	38,239
苗栗縣	10,108	15,259	25,367
彰化縣	39,059	23,706	62,765
南投縣	6,595	8,768	15,363
雲林縣	11,656	11,989	23,645
嘉義縣	7,509	8,381	15,890
屏東縣	8,270	10,352	18,622
臺東縣	658	2,148	2,806
花蓮縣	2,149	5,219	7,368
澎湖縣	1,858	1,072	2,930
基隆市	2,425	5,508	7,933
新竹市	7,175	13,385	20,560
嘉義市	870	3,375	4,245
金門縣	382	892	1,274
連江縣	135	146	281
計	421,500	469,308	890,808

出所：内政部移民署　民国110（2021）年4月有効居留證外僑
統計より筆者作成。

することにより，中華民国との国交を維持した国家は減少していった。現在，台湾が外国人労働者を受け入れている国はフィリピン，タイ，マレーシア，インドネシア，ベトナム，モンゴルの6か国であるが，これらの国々と台湾は国交を持っていない。しかし，二国間協定によって外国人労働力を受け入れることは，これらの国が台湾にとって外交交渉が可能な相手あることを内外に示すことに繋がり，台湾の国際的な地位を証明する手段にもなっている［藍 2008］。このように1970年代以降の外交的孤立と中国大陸との政治的断絶を背景に，中華民国政府は東南アジアへと外交的交渉の余地を求めることになった。

表 17-2　外国人労働者人口

		2021 年末	
高度人材労働者		**40,993**	
産業労働者		**443,104**	
	3K 労働者		306,165
社会福祉労働者		**226,888**	
	ケア労働者		225,423
	（うち養護施設で雇用されるケア労働者）		(15,215)
	（うち家庭内ケア労働者）		(210,208)
	家事労働者		1,465
計		**710,985**	

出所：労働部統計資料庫査詢網より筆者作成。

2　国家レベルでの移民政策

　では，このような政治的外交的状況下で，政府はどのような外国人受け入れに対する政策を取ってきたのだろうか。2-1　国際結婚に関する政策と，2-2　外国人労働者に関する政策に分けて概観したい。

2-1　国際結婚——1980 年代からの拡大と 2000 年代以降の抑制

　戦時体制の継続は対内的にも台湾における国際結婚の増加に影響を与えた。横田が指摘するように，特に戒厳令下では防諜の観点から下級兵士の結婚が制限されたため，下級兵士たちは退役するまで結婚することができず，退役するころには結婚適齢期を大幅に過ぎており，台湾先住民やインドネシア在住の華人にその配偶者を求めた［横田 2021：52-3］。またこれ以外にも，1987 年の戒厳令解除以降は，中国大陸の故郷を訪問し，同郷の配偶者と結婚する人びとも急増した。このように，台湾における長期間の戒厳令の継続は，特に外省人たちが国際結婚を選択しやすい状況を作り出していた。例えば**表 17-1** の定住資格を持つ外国人住民人口のデータから，台北市とその郊外である新北市，また新竹，基隆など北部の諸都市で外国人住民が多く居住しており，またそれらの地域では女性の方が男性よりも目立って多く居住していることが分かる。

　内政部による戸籍統計では，各年度の国際結婚の新規登録数が記録されているものの，総数は記載されておらず，台湾における国際結婚家族の現状把握は難しい。しかし傾向としては，1998 年には 2 万 596 件（うち香港マカオを含む大陸籍者 1 万 1940 件）であった外国人女性配偶者との婚姻は，2003 年には 4 万 8633 件まで増加し，同年の新規婚姻件数の 3 割を占めるまでになった。このことは台湾に

おける種々の社会不安を呼び起こし，90 年代末から国際結婚家庭に対するさまざまな事件が否定的に報道された。これを受けて政府は 2003 年に初の大規模調査である「外国籍及び中国籍配偶者の生活状況調査」を実施した。この調査によれば，当時，推計 23 万人の外国人配偶者が台湾で生活しているとされ，また彼女たちの教育水準の低さや，台湾社会での社会的弱者との婚姻が目立っていることが問題視された［内政部 2004］。国際的にも台湾が女性や子供を搾取する目的で取引する国であるという認識が広まり，これを憂慮した台湾政府は 2008 年に「入出国及び移民法」を改正し，報酬として仲介料を取る国際結婚仲介業に罰金刑を課し，これらを非合法化した。この結果，台湾における国際結婚は 2000 年代半ばから抑制されるようになっていった。

　また，これらの 2000 年代の調査や報道を通じて，台湾における階層再生産の歪みが国際結婚の成立に寄与していることが広く認知された。それによって結婚移民者に対して「文化的素養」が低く「社会問題の根源」であるかのような否定的なイメージが形成される一方で，国際結婚配偶者に対する支援の必要性が呼びかけられた。また政府が対中政策のために，東南アジアへの経済的関係の強化を模索した一連の政策（いわゆる「南向政策」など）によって，「東南アジア人材」は，新移民子女の母親の出身社会の言語や文化を用いることで，これら東南アジアへの架け橋として有用な人材として活用されるべきだと考えられるようになってきた。

　このように台湾政府は，国際結婚は家族に対して 2000 年代から支援のための政策を行ってきた。2000 年代においては社会的格差の是正という観点から外国人配偶者およびその家族が台湾社会の中で不利にならないための政策が中心であったが，2010 年代半ばから国際結婚家族の言語や文化などの多元性を保護し促進する政策へと変化していった。

2-2　外国人労働者——国家による外国人人口の「厳格な管理」

　台湾における外国人労働力の受け入れは，1980 年代からの人手不足問題に対する解決策として採用された。台湾は 1970 年代から政府による積極的な公共事業が建設業などに大量の雇用を生み出してきたが，1980 年代に入り台湾が経済成長した結果，産業構造の第三次産業への転換が起こり，これらの分野での人手不足が見られるようになった。この結果，1991 年に政府関連の建設プロジェクトでタイ人労働者を受け容れることになった。建設分野での計画的な外国人労働力の受け入れによって，その他の分野における外国人単純労働者の受け入れに関する議論がなされ，不法就労の防止と台湾内の雇用保障を考慮しつつ，1992 年に「就業服務法」が成立した。鄭安君によれば当初，台湾は移民の受け入れ開始の後発国だったこともあり，国家による外国人労働者の厳格な管理を目指した制

度設計が成されている［鄭 2021：6］。労働者の受け入れは，当初建設業の労働者を中心になされていたものの，1990 年代末から看護・介護・メイドなどの非生産領域における労働者が急増し，現在では外国人労働者のうち 3 割ほどが非生産領域の労働に従事している。なお，2010 年代以降では介護現場で働く台湾人労働者は 6 万人ほどしかおらず，介護労働者のうち 8 割ほどは外国人介護労働者で占められており，彼らなしには制度の維持がままならないほど，大きく外国人労働者に依存した状況になっている。

　これらの外国人労働者たちは基本的に定住を目的としない移民であったが，台湾国内における需要を背景に，当初 3 年であった滞在期間が徐々に延長され，現在では 12 年までの滞在が可能であり，長くなるにつれて台湾人と結婚して台湾に定住するケースも増加してきている。

3　地方自治体レベルで動いている組織・団体

3-1　外国人住民に向けた政策の展開

　台湾における外国人住民は，結婚移民，外国人労働者，留学生などのそれ以外の人びと，と 3 つに大別することができる。このうち外国人労働者では，ブルーカラーの外国人労働者は滞在期限の制限があり，台湾に永住することは，少なくとも制度上は不可能になっている。高度人材などのホワイトカラーの外国人労働者の場合，永住権を得ることは可能ではあるが，永住権の取得や維持の条件は厳しく，実際にこれを取得し台湾に永住する人びとは少数に留まっている。以上のことから，外国人労働者のほとんどは一時的な滞在資格で台湾に居住している。したがって，教育や福祉など台湾での生活を支援しようとする分野の多文化共生政策を念頭に置く場合，その中心となるのは結婚移民者たちを対象としたものとなる。

　結婚移民者は，担当する行政部局の違いによって，大陸籍，香港マカオ籍，外国籍に分類される。このうち，大陸籍および香港マカオ籍の場合，中華民国の法体系においては潜在的に中華民国籍を有している国民として位置づけられており，また彼ら・彼女らは文化的・言語的にも外国籍の場合と比較して類似性が高い場合が多く，多文化共生政策の観点からは外国籍の結婚移民者がその主要な対象となってきた。

　夏暁鵑によれば，1990 年代の台湾において外国人女性を商品化した売買婚に関する広告を目にするのは難しいことではなく，同時に各種メディア上で，国際結婚は「正当ではない結婚」として社会問題化されてきた［夏 2018］。前述した2003 年の「外国籍及び大陸配偶者生活状況調査」の実施，2008 年の「入出国及び移民法」改正による商業目的の仲介婚の全面禁止は，このような社会的不安と

社会問題化を憂慮した政府による対策の一環であるといえよう。しかし，台湾における外国人住民に関する政策は，紆余曲折を経て現在の形に落ち着いた。本節では外国人住民に対する施策が現在の形式に落ち着くまでの経緯，そして外国人住民に対する現在の自治体による支援の概況について確認したい。

　1990年代末，国際結婚家庭は台湾人材の質を下げる可能性を持つ人びととしてラベリングされ問題視された。内政部戸政司の資料によれば，台湾籍母から生まれる子どもの出生数が減少した影響も受けて，2000年代前半には国際結婚で出生した子どもの比率が毎年10％を超え，2010年代に入ってからも5％を超え続けた。つまり，2000年代に入って国際結婚家族とその子女の増加は，もはや無視しえない規模まで拡大を続けていた。[2]

　しかし，台湾社会において最初に率先して外国人住民たちを支援したのは，行政に関わる人びとではなく社会運動家たちだった。彼らは外国人識字教育を行い，外国人住民たち自身の声を台湾社会に届かせることを試みた。その後，2000年代に入って外国人住民支援NPOが各地で組織された。例えば，2003年には「南洋台湾姉妹会」が設立され，ワークショップの実施による移民経験の共有と対話機会の確立，ホスト社会における移民たちの印象を変えるための座談会・講演会・メディア出演などの推進，集会・デモの権利・DV被害者の居留権の保障・強制送還の手続きの透明化などの，移民たちへの平等な権利を法的に保障をするための政策提言が行われるようになった。

　政府による外国人住民に対する支援が本格化するのは，2005年に内政部において10年間30億NTD（当時のレートで108億円）の予算で「外国籍配偶者ケア指導基金」が成立して以降である。この基金では，「外国籍配偶者へのケアサポート」と「文化的多元性の拡大」が目標として掲げられ，①医療，社会扶助および法律に関するサポート，②外国籍配偶者の学習，保育，「多元文化」の促進に関する計画，③家庭サービスセンターの設置，④指導とサービスのための人材育成とコミュニティの活性化，以上の4つのプロジェクトに対して支援のための財源が用意された。これらの計画の実施に際しては，各地方自治体やNGO，学校などの運営主体が計画，申請し，政府から委託を受けて事業を執り行った。

　2007年には，内政部に「入出国及び移民署」が設置された。入出国及び移民署はもともと海外の華僑および中国大陸の住民に関わる業務を担当する警察庁管轄の機関であったが，2015年に移民署に改称し，中国籍住民に関する職責を継続しつつ，人身売買の防止，移民に対するサポートと移民の人権を保障するための行政機構として，外国人住民に関する業務を担当する部署となった。全国の自治体には移民署の窓口が置かれ，出入国管理や外国人住民たちの台湾での生活適応を支援するための業務を行った。また対面での窓口業務だけでなく，「外国人住民ホットライン」を開設し，無料で中国語・英語・日本語・ベトナム語・イン

ドネシア語・タイ語・カンボジア語による外国人住民たちからの問い合わせに対
応している。また，移民署では前述の「外国籍配偶者ケア指導基金」に代表され
る外国人住民対象の基金の運用に関するサポートを行い，2010 年からは『移民』
と題された月刊誌（2022 年現在は隔月刊）を発行し，台湾の市民に対して外国人住
民たちに対する認識を深め，「多元文化」社会に対する理解の増進に関する業務
なども行っている。

　また，移民署だけでなく各地の地方自治体に「新移民家庭サービスセンター」
が設立され，2009 年末までには台湾全土に 33 カ所の家庭サービスセンターが設
立された［藩 2013：12］。これらのセンターではコミュニティへの外国人住民の
受け入れや「多元文化」社会の設立のために，外国人住民たちの婚姻・法律・就
業・社会福祉などに関する問い合わせに，各種言語で応じている[3]。また外国人住
民の問題内容が多くの領域にまたがって複雑に存在している際には，必要となる
機関への紹介や継続的な問題処理へのサポートも行っている[4]。このように 2010
年代になって台湾の多文化共生政策は，外国人配偶者に対する支援だけではなく，
国際結婚家庭を対象としてその支援が計画されるようになってきており，直接移
民として台湾にやってきた外国人住民第一世代だけでなく，特に「新移民子女」
と呼ばれることになった子どもに対する支援も次第に重視されるようになって
いった。

3-2　結婚移民およびその子女に向けた支援

　結婚移民支援をもっとも早い時期に開始したのは，早い段階で大量の移民が居
住していた台北県（現新北市）で，1990 年代頃から開始された。1990 年代後半に
は台北県で生涯教育センター内に「生涯教育ガイダンスチーム」が設けられ，成
人女性に対して「補習教育」として識字教育を行うようになった。2003 年には
「台北県外国籍配偶者教育中期計画」が策定され，成人女性に対する中国語学習
や生活適応のための学習の場を提供することから，台湾における結婚移民支援は
始まった。

　台北県の施策を参考にしつつ，教育部や内政部も結婚移民等の新住民およびそ
の家族に対する支援を行うようになった。例えば，教育部は「弱勢跨国家庭子女
教育処境与改進策略」（2004 年）を策定し，内政部は「外籍及大陸配偶子女教育輔
導計画」（2004 年）を策定した。これらの計画名に「弱勢」「改進」「輔導」などの
言葉が見られることから分かるように，この時期における政府の外国人住民に対
する支援計画は，母語の継承やアイデンティティ問題への注目も多少はありつつ
も，台湾文化への適応や中国語能力の不十分さへの補習，新住民の母国文化や言
語に対する葛藤への対応などが重視されていた。つまり，この時期まではどちら
かというと，外国人住民に対する支援としては多文化共生というよりは，新住民

個人に対する台湾社会への統合と国民国家への包摂を中心に支援が行われていたといえるだろう。

2010年代に入ると移民たちの第二世代が学校において占める割合も増加したことから，外国人住民の子女に対する支援が重点化されていくようになる。この支援の代表的なものとして，例えば2012年から内政部と教育部，地方政府が連携して実施した「全国新住民トーチプロジェクト」（「全国新住民火炬計画」）が挙げられる。この計画では重点学校において新移民子女への母語教育や教材作成，現場の教員への多文化主義に関する研修，シンポジウム開催，ボランティア養成の推進などが組み込まれている。

この「全国新住民トーチプロジェクト」の実施場所である重点学校とは，新住民子女が一定数（100人以上）あるいは一定の割合（10%以上）で就学する学校で，これらの学校では児童の多文化的背景に配慮しながら教育支援を行うことが求められた。例えば，母語教育に関しては2012年度には303校が重点小学校として選ばれた。重点小学校では，新住民子女への母語教育を放課後や朝学習の時間で実施し，この母語教育のために内政部と教育部はベトナム語・インドネシア語・タイ語・ミャンマー語・カンボジア語の5か国語の『新住民母語生活学習教材』を作成した。この母語学習教材開発の経緯としては，従来まで台湾で市販されている東南アジア言語教材の場合，中国語で対訳がついているものが少なく，台湾の学校教育の現場で使いにくかったという事情があった。また，適切なテキストがないことによって，これまで新住民子女に母語を教える際には，主に口語や教師自身が作成したテキストを用いて教育が行われることが多かった。これらの事情によって，台湾における新住民の母語教育の質を一定に保つことが難しく，また教師たちへの負担も小さいものではなかった。したがって，行政機関によって正式なテキストが作成されたことは，台湾における新住民母語教育の一定の質を保証するために有効な方策だったといえよう。

このように「全国新住民トーチプロジェクト」で実施された母語教育では，課外授業とはいえ学習時間が固定され，小学校という実施場所が準備され，正式なテキストも用意されたという点で，黄琬茜が評価するように「台湾をもう一歩，多文化多言語社会へ強く推進する教育政策であった」［黄 2016：180］と言うことができるだろう[5]。この計画が台湾新住民の支援に実際にどれほどの効果があったのかについては諸説あるが，トーチプロジェクトによって，政府が新移民の家族やその子供に，新移民女性の母語と文化を継承させるために力を注いだこと，そして計画の存在自体によって母語教育への社会的関心を喚起したことは確かだろう。

実際，「トーチプロジェクト」の実施後，2014年には2018年から適用される予定の新教育課程要綱（教育部，2014）において，日本の国語に相当する科目（語

文）に新住民語文が導入される流れが生まれた。これ以前では「語文」領域においては，「本国語文」（中国語，本土語）が必修であったのが，2018 年度以降では小学校段階では語文は「国語文」「本土語文」「新住民語文」のうち，「国語文」は必修としても「本土語文」と「新住民語」のうちどちらかを選択できるようになった。本土語文とは，原住民諸語，閩南語，客家語などの 1945 年以前から台湾に居住していた人びとが日常的に使用している言語であり，今回の改定において外国人住民たちの母語言語のうち台湾において人口規模の大きいもの（現在はベトナム語とインドネシア語）は，これら台湾地域の人びとの生活言語と同等の位置づけを与えられることになった。

　これらの導入をめぐっては，新住民語は果たして「母語」なのかそれとも「外国語」なのかという問題や，本土語に関する授業時間の減少やそれにともなう教員数の減少などの問題や反発が生じた［日暮 2016：29-31］。しかし，このような反発は，肯定的にとらえれば，新住民たちをイレギュラーな存在とせず，正規の教育行政の中に組み込もうとしたことから生じたと考えられる。ここには，台湾文化を尊重する流れから「本土語」が注目されたときのように，その背景には当時の政府の政治経済的な利害関係にもとづく判断はありつつも，社会的マイノリティの母語保障という側面があり，「多元文化社会の実現」という台湾政府が目指している理念に向けた取り組みを見て取ることが出来るだろう。[6]

▚ お わ り に——国家からの強い介入による移民支援 ▚

　本章では中華民国の外国人住民の受け入れおよび多文化共生への施策について，国際政治レベル，国家レベル，地方自治体レベルでの変遷を踏まえながら確認してきた。未来の国家像や国民社会像を示さずに地方自治体や地域社会に多文化共生に関する業務を丸投げする日本社会と比較すると，台湾における多文化共生政策の変遷についてその特徴と言えるのは，台湾では国際情勢を反映した国家レベルでの戦略と多文化主義や多文化共生などの現場の取り組みが直接的につながっていることにある。中国大陸との歴史的関係によって導かれた一連の「南向政策」における東南アジア地域との関係重視は，これも中国との関係性の中で形成されてきた台湾本土文化尊重の流れの中で生み出された「四大族群多文化主義」と結びつき，今日の台湾の多文化共生政策の基礎を形作っている。この多文化共生事業の国策との結びつきは，国レベルと地方行政レベルの密接な連携を助け，新たな事業のための経費を準備し，首尾一貫した外国人住民に対する支援を可能にしていると思われる。[7]

　しかし，こうした国家レベルからの多文化共生への積極的な取り組みは，その政治的な意図ゆえにさまざまな弊害も散見される。例えば，横田や日暮が指摘す

るように，台湾社会の経済的発展のための人的資源開発として外国人住民に対する支援が捉えられている面があり，「有用な東南アジア人材」として彼らを歓迎するという趣旨の文言が政府の公式文書などに見受けられる［横田 2018：日暮 2018］。公的機関がこのようなメッセージを社会に向けて発信することそのものの問題も大きいが，この論理を敷衍すると台湾人市民は有用か不用かでその存在の価値が判断されないにもかかわらず，外国人住民だけが自己の存在が台湾社会に貢献できるかどうかを示さねばならないことになる。このような国家的な利害によって人を選別するやり方は，人がそれぞれ生まれもって平等であるという，一般的に考えられている多文化共生や社会的公平という理念からは遠いあり方だと言わざるをえないだろう。

　他方で，政策的な意図がどうであろうと現に二十数年にわたって続けられてきた支援は，外国人住民たちが台湾社会で生活を送る助けになってきただけでなく，彼ら自身が台湾社会に対して自らの意見や考えを発信できるような資源の蓄積も与えてきた。例えば外国人住民を支援する NPO である南洋台湾姉妹会は新移民女性の台湾社会に対する主張をまとめた書籍である『不要叫我外籍新娘』（「私を外国人花嫁と呼ばないで」）を 2005 年に出版した［夏編 2005］。また，2016 年にはカンボジア出身の華僑で新住民である林麗蟬氏が立法院委員（日本でいう国会議員に相当）として初の当選を果たした。このように，新住民たち自身が台湾社会に対して声を届けようとする機運は高まっている。このような社会情勢の変化を受けて，移民署が主催する支援のための基金も，かつての生活サポートや適応支援といった類のものだけでなく，「新住民及其子女築夢計畫」（「新住民および子女の夢実現プロジェクト」）といったように，新住民たち自身による母国文化の発信を支援するものも現れてきている。一度拡充された権利が再び抑圧されることは，滅多に起こらないことから考えてみると，台湾社会に発せられる新住民たちの声や表現によって，台湾の多文化共生政策はより生活者たちの実感に即した方向へと修正されていくことが今後期待できるのではないか。

●注

1）ただし，この外国人住民のカテゴリーには国際結婚による外国籍配偶者のうち中国本土（香港・マカオを含む）の国籍をもつ人口が含まれていない。しかし，本章が主に議論の対象としたい多文化共生の諸政策を必要とする外国人住民の統計としてはこの母集団が適当であると考えられるため，この数字を参照する。

2）なお，前述のように 2000 年代前半には婚姻件数の 3 割が国際結婚であったことから考えると，両親のどちらかが外国にルーツのある子どもの比率が 10％しかないのは，台湾人同士の夫婦と比較して子どもを産みにくい傾向があることがうかがえる。あるいは，世代の再生産以外の要因によって婚姻が為されている可能性があることが推察される。

3）例えば，2022 年現在，新北市の家庭サービスセンターではベトナム語，タイ語，インドネシア語，英語，タガログ語，広東語の 6 つの言語で問い合わせを行うことが出来る。

4）ただし，藩［2013］によれば，それぞれ地方政府の財政状態は異なり，外国人住民及びその家庭に提供できるサービスの内容には，かなり大きな格差が存在する。

5）ただし，黄［2016］が指摘しているように，新たに開発された教材は，レッスン内容の難しさ，各学校の取り扱いの不均衡，新住民の女性に教師を担当させることによる質の問題，異文化に対する配慮の不十分さという点から，あまり積極的に活用されているとは言い難い。

6）一方で，當銘美菜ほか［2019］の研究が指摘するように，「新住民語文」が「国語」や「英語」と同じ土俵に立ったことによって比較・評価の対象となり，結果として学校教育や台湾社会での生活においてより有用な言語である他の言語が選ばれやすいという状況が出現しており，自身のルーツやアイデンティティに関わる教育の権利という人権的な面での母語教育の意味が実質的に確保されていない問題も出現してきている。

7）なお，この背景ゆえに中国籍の住民とその他の外国人住民たちに対する共生政策には差異があり，例えば居留証や永住権の取得などに際して，中国籍住民の方が不利になることが多い。

● 参考・引用文献

夏暁鵑［2018］『「外国人嫁」の台湾 グローバリゼーションに向き合う女性と男性』東方出版.

夏暁鵑編［2005］『不要叫我外籍新娘』左岸文化.

黄琬茜［2016］「台湾の『たいまつプログラム』にみる言語の教育方法――『新住民母語生活学習教材』の分析」『評論・社会科学』117，同志社大学社会学会.

鄭安君［2021］『台湾の外国人介護労働者――雇用主・仲介業者・労働者による選択とその課題』，明石出版.

當銘美菜・日暮トモ子・林恵・佐藤久恵［2019］「台湾の新住民家庭の子どもに対する学校における支援の実際」『目白大学総合科学研究』15.

日暮トモ子［2018］「台湾における新住民子女の教育の現状と課題――外国につながりをもつ子どもの教育保障の在り方に着目して」『目白大学総合科学研究』14.

横田祥子［2021］『家族を生み出す』春風社.

―――――［2016］「東南アジア系台湾人の誕生――五大エスニックグループ時代の台湾人像」，陳來幸・北波道子・岡野翔太編『交錯する台湾認識――見え隠れする「国家」と「人びと」』勉誠出版.

―――――［2018］「『東南アジア人材』という表象を泳ぐ子供たち――台湾・結婚移民の第二世代」『Field+：フィールドプラス：世界を感応する雑誌』20，東京外国語大学アジア・アフリカ言語文化研究所.

潘淑滿［2013］『新移民社會工作實務手冊』巨流圖書公司.

藍佩嘉［2008］『跨國灰姑娘：當東南亞幫傭遇上台灣新富家庭』行人.

中華民国教育部［2014］『十二年国民基本教育課程綱要総綱』中華民国内政部移民署，『新住民及其子女築夢計畫』 https://www.immigration.gov.tw/5385/7445/7451/7457/7493/7502/（2022 年 12 月 31 日閲覧）.

第18章

ドイツの「移民政策」
——歴史的経緯と転換の過程から——

梅村麦生

▶ はじめに

　本章では，イギリスやフランスなどと比してヨーロッパ諸国のなかでは「遅れてきた移民国」[岡本 2019：2] と言われるドイツの移民政策とその地方部での展開について，「東アジアの後発受入国」[小井戸 2017：15] である日本との比較を念頭に，その変遷と現状を見ていくこととする。とりわけドイツは，日本と同様にかつて政府が「非移民国」を自認しながらも，「非公式的な移民国」としての歩みを進め，やがて「公式的な移民国」へと転じていった，とされている [Bade und Oltmer 2010=2021]。その変遷の過程には，ドイツ国内の状況とそれをとりまく国際環境の双方の変化が関わっている。そこでまず，ドイツの移民政策の歴史的背景を踏まえたうえで，その現状と地方部での展開を，近年の各研究をもとに見ていくこととしたい。

▶ 1 「非移民国」としての認識の歴史的背景

　今日さまざまな国で行われている移民の受け入れに関する政策は，それぞれの国における国民と国籍に関する法的な規定や，さらにその背後にある文化的・歴史的に形成されてきた考え方とも，密接な関係にある。そしてドイツは，「歴史を振り返るなら，ヨーロッパの中央部に位置」し，「長らく国境を越える人の移動は例外というよりむしろ常態」であったと言えるが [近藤 2013：20]，近代国家として発展するにあたり，自らの国民と国籍の規定を「民族中心」的で，「差異化主義」的なものとして深めていった [Brubaker 1992=2005]。

1-1 近代国家の成立から第二次世界大戦まで

　国民と国籍の規定においてより「国家中心」的で「同化主義」的であったとされるフランスが絶対王政の時代に中央集権化を進め，フランス革命やナポレオン時代を経て近代的な国民国家を形成していったのに対して，ドイツでは領邦諸国

家の併存が長く続き，ナポレオン戦争の敗北と神聖ローマ帝国の解体，1848 年
3 月革命やフランクフルト国民議会の挫折ののち，普墺戦争，普仏戦争という内
外での戦争が起因ともなり，プロイセンの主導で 1871 年に統一が行われた。そ
のとき多民族国家のオーストリアを除くいわゆる小ドイツ主義によるドイツ統一
の流れも受けて，「ドイツ人」の「国民国家」を目指す近代国家として新生ドイ
ツ帝国が成立した［木村編 2022：3-46］。

　その成立当初も実態としては，東部のポーランド人やスラヴ系諸民族を始めと
して，国内に非ドイツ系の諸民族をかかえる多民族国家であり，他方ではオース
トリアや中東欧にも多数のドイツ人がおり，アメリカ大陸にも 18 世紀末以来多
数の移民を送出していた。工業化が進んだ 19 世紀末には，ロシア帝国領ポーラ
ンドやオーストリア＝ハンガリー帝国領ガリツィアやイタリアなどから新たな
「外国人労働移民」を引き寄せてもいた［Brubaker 1992：12-13＝2005：34-35；Bade
und Oltmer 2010：149-150＝2021：118-120；近藤 2013：42-44］。しかし諸民族のナショ
ナリズムが高まりを見せた時代に，イギリスやフランスのように市民革命を経て
ではなく，いわば「上から」の統一が行われたドイツでは，「民族中心」的な国
民理解が浸透していった。その流れは，第一次世界大戦の勃発と敗戦，それにと
もなう海外植民地の放棄と領土の縮小を経て，より決定的なものとなった［岡本
2019：1-2］。

　そうした国民理解の成立と密接にかかわったとされるのが，1913 年に制定され
た「帝国籍・国籍法」である［Brubaker 1992：114-137＝2005：187-224；岡本 2019：
2-3］。そこでは国籍付与に対して「血統主義」の考えが採られており，国外に居
住するドイツ人とその子孫には国籍の保持や取得を容易にする一方，非ドイツ系
民族の移民やその子孫による国籍取得をより困難なものとした。つまりこの法律
はその後も長らく，「民族的ドイツ人に対しては著しく拡張的」である一方で
「非ドイツ人移民に対しては制限的」である「国民の定義」［Brubaker 1992：13-
14＝2005：36］を支えるものとなった。この法律は第二次世界大戦後のドイツにも
引き継がれ，2000 年に改正されるまで適用されている。

　その民族主義的な国民理解は，戦間期のヴァイマル共和国下で台頭し成立した
ナチズム体制のもとで，歴史に暗い影を落とすことになる。民族共同体と人種主
義のイデオロギーを喧伝したナチズム体制は，非アーリア人種とされた国内のユ
ダヤ人らを迫害し，やがて戦時に占領した領土の人びとを含めて大量殺戮を行っ
た[1]。ドイツ統一以降は別の近代国家として歩みを進めていたオーストリアを併合
したあと，ドイツ系住民の保護を名目にチェコスロヴァキアやリトアニアの各地
域の併合を要求し，続くポーランド侵攻から第二次世界大戦が始まっている。戦
時経済へ傾斜するなかで，開戦前の近隣諸国からの労働者の徴募に加えて，開戦
後は占領地からも大量に動員が行われた[2]。その裏では第二次世界大戦の開戦直前

までに，迫害の対象となった多数のユダヤ人を含む約 50 万人が国外へ逃れている [Bade und Oltmer 2010：155-157=2021：129-133；近藤 2013：52-58]。

1-2　第二次世界大戦以降から東西ドイツ統一まで

　第二次世界大戦敗戦後のドイツは，戦前の旧ドイツ東部領土，ポーランド，チェコスロヴァキアなどから，1000 万を超える大量のドイツ人難民・被追放民（旧ドイツ帝国領内の「帝国ドイツ人」とその外部の「民族ドイツ人」を含む）を受け入れた。とりわけソ連占領地区ではドイツ人難民・被追放民が全住民の 2 割を超え，戦後の荒廃にもかかわらず，西ドイツでは 1950 年時点で戦前の 1939 年より 2 割も人口が増加し，全住民の 6 分の 1 を難民・被追放民が占めるようになった [Brubaker 1992：168-169=2005：270-271；Bade und Oltmer 2010：158-159=2021：136-138；近藤 2013：89-95]。当初は農村部や小都市で受け入れられ，人口過剰となった戦後ドイツで困難を抱えることになるが，1950 年代初めからの「経済の奇蹟」と呼ばれた好景気のなかで，彼・彼女ら自身がその担い手ともなり，経済的・社会的状況が改善されていった。

　東西ドイツの独立からまもない 1950 年代半ばから 1960 年代にかけては，経済成長と労働市場の拡大にしたがって，他国との協定による外国人労働者の募集が始まる。それ以前に東ドイツから西ドイツへの移住も大きな流れとなっていたが，1961 年の「ベルリンの壁」建設を機にその流入が途絶え，外国人労働者の需要がいっそう高まることとなった。当初はイタリア，スペイン，ギリシャから，やがてユーゴスラヴィア，そしてトルコから労働者を多く呼び入れている。オイルショックの始まった 1973 年に経済危機を迎えて新規募集が停止された時点で，外国人労働者は約 260 万人にのぼり，1950 年代末から 1973 年にかけて合計約 1400 万人の外国人労働者が西ドイツで働いている。そのうち約 1100 万人がやがて帰国したが，約 300 万人は西ドイツに家族を呼び寄せている [Brubaker 1992：171-172=2005：274-276；Bade und Oltmer 2010：159-161=2021：138-143；近藤 2013：130-137；岡本 2019：15-18]。

　そうした時期に，主に工業部門で働く非熟練・低熟練の外国人労働者を指す言葉として「ガストアルバイター」が一般にも定着する。オイルショック以前から景気後退時にはその数が大きく減少するなど，一時的な滞在者として理解されていた。しかし 1973 年の新規募集停止の結果，新規入国や再入国が困難になったことで，むしろ定住化が進むことになる。新規の外国人労働者は減少し，外国人の失業率が全人口の平均を上回るようになった一方で，既住者の家族呼び寄せやドイツ国内での子どもの出生が増加した。つまり 1973 年から 1989 年にかけて外国人労働者が約 260 万人から約 180 万人へと減少した一方で，外国人居住者は 400 万人弱から 500 万人弱へと増加している [Brubaker 1992：171-172=2005：274-

276；Bade und Oltmer 2010：160-161=2021：140-141；近藤 2013：138-143][3]。

　そうして1961年には西ドイツで70万人弱（人口比1.2%）だった外国人人口が，1971年には350万人弱（同5.6%），1981年には450万人強（同7.5%）と増えていったなかで，行政と政治においては「移民国（移民受け入れ国，Einwanderungsland）ではない」との規定が維持されていた［Bade und Oltmer 2010：161=2021：141-143；近藤 2013：147-151；岡本 2019：26-31］。1978年に新設された連邦政府外国人担当官の初代ハインツ・キューン（前ノルトライン・ヴェストファーレン州首相，SPD所属）が1979年に提出したいわゆるキューン覚書では，「移民国ではない」ことを前提とした「一時的な統合政策」が批判され，長期的な視点に基づく統合政策の必要性が訴えられていた。しかし論壇を中心に多くの賛同を得たものの，当時のドイツ社会民主党（SPD）と自由民主党（FDP）の連立政権では受け入れられず，1980年に制定された外国人政策の基本方針では，ドイツの「外国人政策」の目標は「定住」ではないとされ，帰国促進策を拡張すべきとの見解が盛り込まれた。1982年に成立したドイツキリスト教民主・社会同盟（CDU/CSU）とFDPの連立政権はヘルムート・コール首相（CDU所属）のもと，1983年に外国人労働者の帰国促進法を制定している。その帰国促進法を含む一連の政策は象徴的政策として世論に作用し，経済不況や失業者の増加にあってスケープゴートとして外国人労働者や庇護申請者が標的となり「外国人嫌悪の政治」が始まったとも言われる。しかしキューン覚書は実態としてすでに移民受け入れ国に転じていることを前提として書かれたものであり，「移民国ではない」との規定は建前としても通用しなくなっていった［Thränhardt [1992] 1996=1994；Bade und Oltmer 2010：161=2021：141-143；近藤 2013：150-151；森井 2016：94-95；岡本 2019：28-33］。

1-3　第二次世界大戦以降の難民問題

　ナチズム体制下でのユダヤ人迫害や大量の難民・被追放民を生み出した負の歴史と向き合うなかで，移民の問題と半ば「切り分け」て扱われてきたのが難民の問題である［森井 2016：91］。1949年の建国時に制定されたドイツ連邦共和国基本法（東西ドイツ統一後も同国の憲法に相当）の第16条では，第1項で国籍を剥奪できないこと，そして第2項で外国への引き渡しができないことに加えて，「政治的に迫害されている者は，庇護権を有する」ということが規定された。この庇護権の条項を踏まえて，1953年には難民の認定および配分に関する命令（通称，庇護令）が布告され，その庇護令にしたがって連邦難民認定庁が設立された。同年には翌年発効のジュネーブ難民条約にも加盟している［昔農 2014：39-43；森山 2016：91-92；岡本 2019：18］。

　同条項による庇護権は，政治的に迫害されていることを主張すれば原則として庇護審査を受けられることを保障するものであり，庇護を求める個人の権利を当

事国の国家主権を超えて認める，当時きわめて画期的なものであった。庇護申請者には審査期間中の滞在と最低限の衣食住が保障され，就業も当初は認められていた。1950 年代から 70 年代にかけてソ連指導下の東欧の社会主義諸国で政治動乱がたびたび生じた冷戦期には，そうした東欧諸国出身の難民を主に受け入れることとなった。

　その後，ハンガリー動乱やプラハの春の時期を除き，数千人台で推移してきた庇護申請者は，1973 年に「ガストアルバイター」の新規募集が停止されたことでドイツへの入国を希望する外国人が庇護申請を行うようになり，さらに東欧諸国の社会主義体制の転換や旧ユーゴスラヴィアなど世界各地で内戦が生じたことなどによって，1976 年に 1 万人，1980 年に 10 万人，そして「鉄のカーテン」解放後の 1992 年には 40 万人を超えた [Bade und Oltmer 2010：163-165=2021：147-148；昔農 2014：39-57；森山 2016：92-94；岡本 2019：18-20]。庇護申請者の急増によって庇護権の認定率は下がる一方で，難民の受け入れにかかる州政府や地方自治体の負担が大きくなっていった。そのなかで，それまで政治的な被迫害者でなくても保護の対象として認められていた「経済難民」が問題化されるようになり，「偽装難民」や「庇護権の濫用」という議論まで出てくるようになった。アジア・アフリカ諸国からの申請者の割合が高まったことも，そのような変化の背景として指摘されている。難民収容所への襲撃事件も続発するに至っている。

　その変化とともに，1980 年以降になると，1982 年の庇護手続法などの制定によって，庇護申請者数の抑制と審査の迅速化が目指され，難民の就労制限や社会給付の減額と現物支給への変更が行われた。のみならず政権与党 CDU/CSU は，庇護申請者数のさらなる抑制のため基本法第 16 条による庇護権規定の改正を主張するようになる。野党 SPD は，ナチ時代の経験を踏まえて成立したその規定の改正に当初は反対していたが，やがて連邦議会や州議会選挙で CDU/CSU が難民問題を争点として支持され，基本法の改正には連邦議会の総議員 3 分の 2 の賛成が必要であることから，SPD にも改正への賛同が求める圧力がかけられていった。そうした状況で SPD も改正に対して賛成に転じ，「庇護権妥協」と呼ばれる与野党合意によって 1993 年に基本法第 16 条と関連諸法が改正されるに至る [Bade und Oltmer 2010：163-165=2021：147-148；昔農 2014：46-52；森山 2016：92-94；岡本 2019：18-20]。特に庇護権は基本法第 16a 条として独立した条項となり，「政治的に迫害されている者は，庇護権を有する」という原則は維持されたものの，第 2 項で「安全な第三国」や「迫害のない出身国」からの入国を認めないなど，庇護申請の条件が厳格化されることになった。翌年には庇護申請者数が 3 分の 1 になり，その後も減少が続き 2007 年には 2 万人を切っている。ふたたび増加に転じて難民問題がクローズアップされるのは，2010 年の「アラブの春」とシリア危機以降のことである。

　加えて冷戦末期には，主に東側諸国から上記の難民に加えて「民族ドイツ人」
として「アウスジードラー（Aussiedler, 帰還者）」の大きな流入が生じるようになっ
た。彼・彼女らは数世代から数世紀前にドイツから移住した人びとの子孫である
が，1953 年に成立した連邦被追放民難民法を法的根拠とする受け入れが続いて
おり，ドイツ語やドイツの生活習慣が身についていなくても，ドイツ国籍が付与
され社会保障の権利が認められた［Bade und Oltmer 2010：165-166=2021：149-152；
近藤 2013：187-217；昔農 2014：47-49；岡本 2019：20-22］。特に 1950 年から 2016 年
までのあいだに 450 万人以上のアウスジードラーが西ドイツおよび統一ドイツへ
と流入し，その約 7 割を 1980 年代後半以降に来た人びとが占めている[4]。やがて
他のドイツ人との言語・文化の相違が際立つようになり，手厚い補償から「特権
的移民」［近藤 2013：216］とも呼ばれたアウスジードラーは，「鉄のカーテン」解
放後の流入急増から，上述の 1993 年「庇護権妥協」関連諸法によって統合政策
の制限を受けるようになり，新規入国も減じていった［Bade und Oltmer 2010：
166=2021：151-152］。いずれにせよ，統一前の東ドイツから西ドイツへの「ユーバ
ージードラー（Übersiedler, 越境者）」と合わせて，こうした「帝国ドイツ人」およ
び「民族ドイツ人」ら「在外同胞」の受け入れが，「非移民国家」の認識と「民
族中心」的な国民理解の維持に寄与したとも言われている［Brubaker 1992：170-
171=2005：273-274；近藤 2013：102-128；昔農 2014：47-49］。

2　「移民国」への認識の転換

　「移民国（移民受け入れ国）」ではないとの自己規定に反して，社会状況から見れ
ば 1980 年代初めにはすでに「事実上」の，あるいは「非公式の移民国」であっ
たと言えるドイツ連邦共和国は，東西統一後にさまざまな制度改正を経て，法
的・政治的にも「公式の移民国」へと転じていった。この変化の過程は，「外国
人政策」から「移民政策」への転換とも言われている［Bade und Oltmer 2010：
168-169=2021：155-157；佐藤 2011：173-174；Filsinger 2018：318；岡本 2019：37-63］。

2-1　「外国人政策」の主題化

　「移民政策」への転換が始まる前，特に 1973 年のオイルショック後の西ドイツ
では，「ガストアルバイター」の新規募集停止や受け入れ制限が行われ，移民労
働者の受け入れと永住化への道を制限し移民の数の最小化を目指すという，いわ
ば「ゼロの移民政策」の方針がとられていた［久保山 2017：167］。これは当時の
不況ないし低成長期のヨーロッパ諸国の多くで採られた政策であり，EC（ヨー
ロッパ共同体）での労働者の自由な移動は例外扱いとなっていた。しかし当初か
ら労働市場政策と不可分の関係にあった「外国人政策」にあって［岡本 2019：26］，

帰国促進法を制定したのと同じコール政権のもと，外国人法が与野党双方からの反対と修正を経て 1990 年に改正され，それまで形式的には「一時的滞在者」としか見なされてこなかった外国人に対して，「長期滞在外国人」という永続的滞在が可能になる法的地位が認められるようになった［岡本 2019：30-31］。

　ただし，この外国人法改正は，新規入国者の短期滞在の資格区分を明確にし，定住化や家族の呼び寄せを回避させるものでもあった。しかし 1998 年に成立した SPD と緑の党の連立政権のゲアハルト・シュレーダー首相（SPD 所属）のもと，2000 年には国籍法と外国人法が改正され，外国籍の両親からドイツで出生した子どもにドイツ国籍が付与される可能性が開かれ，帰化請求権の年数要件も緩和された。このとき一定の条件を満たす外国籍の両親の子どもは成人後に国籍を選択するまで二重国籍が認められることになり，政権側の提起した成人後も二重国籍を認める案は野党 CDU/CSU の強い反対などにより撤回を余儀なくされたが，血統主義的であった国籍規定に限定的にせよ出生地主義の考えが導入される大きな転換となった。さらに同年，非 EU（ヨーロッパ連合）加盟国出身者の情報技術者に家族同伴や永住権への切り替えも可能な滞在資格を優先的に与える「グリーン・カード」政策が開始された。これらはいずれも，申請要件の問題やアメリカなど他国との競合により，連邦政府の予想した取得人数を大きく下回ることになった。しかしそれでも，「ゼロの移民政策」からの転換に向けて，象徴的な意味をもつことになった［森井 2016：95-96；久保山 2017：174-175；岡本 2019：44-48］。

2-2　「外国人政策」から「移民政策」への転換

　そして「外国人政策」から「移民政策」への転換は，そのシュレーダー政権下で移民政策の総合的指針を定めた通称「移民法（移住法）[5]」の制定によって画期を迎えている。まず同政権の連邦内相オットー・シリー（SPD 所属）によって，2000 年に超党派での議論を目指してリタ・ジュースムート（前連邦議会議長，元連邦家族相，CDU 所属）を委員長とし，学識者と労使および宗教団体，国際機関等の代表者らをメンバーとする「独立移民（移住）委員会」が設置された。同委員会によって翌 2001 年に刊行されたドイツへの移民と統合に関する報告書「移民（移住）を設計する──統合を促進する」は「ドイツは移民（移住者）を必要としている」という一文に始まり，同じ前文で「ドイツは事実上移民国（移民受け入れ国）である」と認めている［Unabhängige Kommission „Zuwanderung" 2001：1］。シュレーダー政権はそのジュスムート委員会による報告を踏まえて，移民法の原案を同年に提出する。同政権は法案提出にあたって連立与党緑の党や野党 CDU/CSUおよび労使など各界の意向を盛り込むことで早期の成立を目指したが，与野党の内外で激しい論争を呼び，連邦議会に続く連邦参議会での可決は連邦憲法裁判所によって無効の判決が下された。移民法も争点となった直後の連邦議会選挙では

同政権が辛うじて維持されたものの，続く複数の州議会選挙の結果により連邦参議会では少数派に転じ，同法案の成立がさらに遠のくことになった。しかしそれでもドイツ社会の変化，労使双方および人権団体・福祉団体からの要請の高まりを受けて，SPD（シュレーダー）とCDU（アンゲラ・メルケル）とCSU（エトムント・シュトイバー）の三党党首会談による合意を経て，新たに修正された移民法が2004年に制定され，2005年に施行された。同法案では，これまで複雑だった滞在要件を無期限かつ就労可能な「定住許可」と期限付きの「滞在許可」の2つにまとめ，移民の統合を初めて法的な義務とするものであった。そこで新規移住者には統合講座（ドイツ語講座と歴史・文化講座）の受講が義務づけられた。また同法の立法過程において，ポイント制による新規移住者への定住許可の付与はCDU/CSUの反対により見送られ，その間に発生した2001年アメリカ同時多発テロ，2004年スペイン・マドリード鉄道爆破テロなどの影響を受けて，国際安全保障の観点にかかるテロ関係者・支援者への国外退去処分の規定も盛り込まれている［近藤 2005；Bade und Oltmer 2010：168-169=2021：155-156；昔農 2014：134-146；森井 2016：96-97；岡本 2019：48-54］。そして，この移民法施行直後の2005年に発足したCDU/CSUとSPDの大連立によるアンゲラ・メルケル首相の新政権のもと，連邦政府外国人・統合担当官（旧外国人担当官）は連邦政府移民・難民・統合担当官と改称されて国務大臣の扱いとなり，2006年には移民・難民の統合政策について各界や当事者団体の代表らが議論を行う「統合サミット」の第一回が開催されている。翌2007年に開催された第二回「統合サミット」では，統合講座の改善などを主題とする全国統合計画が提起され，その後の統合政策の推進に基盤を与えている［岡本 2019：54-60］。また統合政策の一環として，トルコ出身者を初めとしてムスリム人口がすでに約400万人にのぼると言われるなかで，2006年からは連邦，州，自治体の代表者とイスラム系諸団体の代表者・信徒らによるドイツ・イスラム会議が開催されている。

　その一方で，移民法成立に至る過程を経済政策や労働政策の観点から見ると，1990年代末に他のヨーロッパ諸国に続いてドイツでも生じた福祉国家の「保守主義モデル」から「自由主義モデル」［近藤 2009：1-5；近藤 2013：226］への転換，あるいは「国民福祉国家」から「国民競争国家」［久保山 2017：171-172］への移行を背景として，国際競争力を高めるために質の高い労働力である「望ましい移民」のいち早い受け入れを目指すという，「選別的移民政策」への転換が指摘されている［久保山 2017：167-169］。高度・技能人材の受け入れ促進を目指すポイント制度の導入は見送られたものの，2007年に成立した労働移民制御法によって，起業家や企業役員，研究者や第三国の大卒者に対する滞在許可や定住許可，あるいはそうした高度・技能人材らの家族や，難民認定が下りなかった等で「滞在認容（猶予）」の状態にある者に対する滞在許可の認定にかかる要件が緩和され，さ

らに 2009 年に EU で成立した「ブルーカード指令」を受けて 2012 年に制定され
た「EU ブルーカード法」によって，EU 域外の第三国出身の大卒者らの滞在許
可とその後の定住許可の付与促進も行われている。さらに 2004 年以降の EU の
中東欧への拡大や，ギリシャに端を発する 2010 年の欧州通貨危機を経て，その
間も労働市場が好調であったドイツは EU 圏内の東欧や南欧からより多くの労働
者を受け入れている［森井 2016：97-99；久保山 2017：178-185；岡本 2019：40-41］。
今後の少子高齢化の進行と将来の労働力人口不足を見込んで，EU 域外からの非
技能労働者の受け入れや，ポイント制を含む新たな移民法の制定も，議論の俎上
にのぼっている［久保山 2017：187-192］。

2-3　現代の難民問題

　ドイツへの難民の流入は，東側諸国の体制転換からユーゴスラヴィア紛争にか
けて大きな波があった後，大幅に減少していた。その状況が一変するのは，2010
年に始まるアラブ諸国の反政府運動「アラブの春」と 2011 年以降のシリア内戦
の長期化によってヨーロッパ諸国への大規模な難民流入が生じた，2015 年の欧
州難民危機である。

　2000 年代後半から移民政策と統合政策を推進したメルケル首相は，難民危機
に際して「私たちはそもそもすでに移民国（移民受け入れ国）である」［Frankfurter
Allgemeine Zeitung 2015］と語り，難民の受け入れを「私たちはやってのける」と
宣言した。メルケル政権は，EU 圏内での難民認定審査を最初に入国した国で行
うことを定めたダブリン規則の例外として，庇護申請者として登録される前の段
階でハンガリーに滞留していた難民を大量に受け入れ，すでに 2011 年の約 5 万
人から 2014 年に約 20 万人へと増加していた庇護申請者は，2015 年にはさらに
約 45 万人へと倍増している。保守派の CDU 党首でもあるメルケル首相が「移
民国」であることを認めたのみならず，ドイツ社会で市民たちによって広く示さ
れた難民受け入れの態度は「歓迎する文化」とも呼ばれている［森井 2016：99-
101；昔農 2017：196-198；前田 2021］。

　しかしその一方で，中東からの難民の大規模な流入は，ふたたびドイツ社会で
難民が問題化される機縁となった。2014 年にドレスデンで結成された「西洋の
イスラム化に反対する愛国的ヨーロッパ人」（Pegida）らによる移民排斥デモや，
反難民・反 EU を掲げた「ドイツのための選択肢」（AfD）が 2016 年の州議会選
挙で伸長し，2017 年には連邦議会に進出するなど，政治上の争点ともなった
［Weiß 2017=2019］。反難民運動は難民収容施設の襲撃などとも結びつき，反対に
2015 年末には容疑者に庇護申請者らを含むケルン集団暴行事件，2016 年にはベ
ルリンのクリスマスマーケットで国外退去の猶予期間中のチュニジア人容疑者に
よるテロ事件が起こっている。メルケル政権もまた，2015 年の難民受け入れを

当初から人道的理由による例外と強調し，無制限の受け入れを認めていたわけではないが，そうした情勢に直面して難民政策の見直しを余儀なくされ，メルケルが 2018 年に CDU 党首を退任する一因にもなったと言われている［前田 2021：162-166］。

なお，2022 年 2 月 24 日に始まったロシアによるウクライナ侵攻を受けて，ドイツはウクライナから隣国ポーランドに次ぐ数の避難民を受け入れている［UNHCR 2023］。2022 年の 1 年間でドイツはウクライナから約 96 万 2000 人の難民・移民（これ以外にも年内に帰国した人が約 13 万 9000 人おり，同年のウクライナからの入国者は約 110 万人となっている）を受け入れており，これはすでに 2014 年から 2016 年のあいだにシリア，アフガニスタン，イラクの 3 か国から受け入れた難民・移民の数（約 83 万 4000 人）をも上回るものとなっている［Statistisches Bundesamt 2023］。

3　地方での統合政策

2015 年の欧州難民危機直後を典型として，そのときどきの国内状況，国際情勢の変化にともなうバックラッシュの波がありながらも，21 世紀にドイツは「移民国」へと認識の転換を遂げてきた。そうした転換の背景をなす「国民」理解の変化を示すように，それまでは「ドイツ人」（ドイツ国籍保持者）と「外国人」（ドイツ国籍非保持者）の区分でしか行われていなかった人口統計に対して，2005年からは国籍にかかわらず「移民の背景を持つ者」と「移民の背景を持たない者」の区分によるマイクロセンサス（小規模国勢調査）が始められている［佐藤 2011：173-174；岡本 2019：63-67］。2019 年の調査結果によれば，全人口約 8320 万人のうち「移民の背景を持つ者」[6]が約 2120 万人と 4 分の 1 以上を占めている。そのうちドイツ国籍保持者約 1110 万人に対して非保持者が約 1020 万人，またドイツ国籍の有無を問わず移民第一世代が約 1370 万人，ドイツ生まれが約 760 万人となっている［Statistisches Bundesamt 2021：29-44］。

このように，実態としても認識としても移民国（移民受け入れ国）へと向かっていったドイツにあって，移民の社会統合に関わる役割が注目されていったのが地方自治体である［Bommes 2011；久保山 2009；2017：187-188；Filsinger 2018；岡本 2019：8-9, 234-237］。もとより「移民国ではない」との認識のうえ「ゼロの移民政策」の姿勢をとっていた連邦政府のもと，移民の社会統合に関する支援の多くは各種の福祉団体，非政府組織（NGO），教会などに委ねられていた。しかし 1980年代にすでに事実上の移民受け入れ国へと変化しつつあったなかで，まず新規募集停止のあった労働移民とその家族（その後はアウスジードラーや難民も）の住宅や教育，失業に由来する社会福祉の問題などを初めとして「外国人問題の自治体化」が生じていった［Filsinger ほか 1982：145-146］。当初は連邦政府と州政府のあいだ

で依然として一貫した移民政策が欠けていたなかで，地方自治体（おおむね日本の市町村に相当する）は福祉団体やNGO，教会など地域のさまざまなアクターとの連携の担い手としても重要性を増していく。そして連邦政府が移民政策へと舵を切った後，2007年の全国統合計画では十大テーマのうちのひとつが「地域での統合を支援する」ことに定められているように，地域の実情に即した「現場での統合の推進役」［Bommes 2010：40-41］としての役割が認められ，地方自治体レベルでの統合政策の推進が求められるに及んでいる。ただし，移民政策に関する権限や財源が他の政策と同様に主に連邦政府と州政府の管轄にある以上，地方自治体がそうした「現場での統合の推進役」を果たしうるためには，連邦政府や州政府がそれにふさわしい枠組みと資源を提供することが不可欠であるとも指摘されている［Bommes 2010：41］。2015年の欧州難民危機に際しても，また2022年2月24日のロシアによるウクライナ侵攻に際しても，難民受け入れの最前線で受け皿となって対応したのが地方自治体である一方で，そのたびに費用や人員を始めとするさまざまな面での限界が訴えられている［前田 2021：163-164；Frankfurter Allgemeine Zeitung 2023］。

▶ おわりに

　前節で見たように，ドイツはすでに全人口の4分の1を「移民の背景をもつ者」が占め，そのうち同国の国籍を持つ者と持たない者でおよそ半数ずつを占める国となっている。そして多国家間での自由な域内移動を可能にしてきたEC，EUというヨーロッパの地域統合の枠組みの経済的中心にあたり，それが東方へと拡大し地理的にも中心に位置するようになったことから，日本と同列に論じることのできない相違点も少なくない。

　しかし近代国家の成立以来，民族中心的・差異化主義的な国民理解が定着したと言われ「非移民国」の認識を保っていたドイツは，経済成長と労働力不足，難民庇護の政策もあずかって大規模な移民・難民を受け入れ，不況や失業などにともなう社会福祉の問題とあいまって，そのつどドイツ固有の「主導文化」をめぐる論争や，多文化主義の尊重が住民間の分断を温存したという「並行社会」の問題[7]，さらに「外国人嫌悪の政治」や右派ポピュリズムによる反移民運動などを引き起こしながらも，公式にも移民政策をもつ「移民国」へと転換していった。その過程はまさに，そこに見られる紆余曲折をも含めて今日の日本について考えるうえで示唆に富む。とりわけ国レベルでの統合政策の指針の必要性と，人を受け入れる「現場での統合の推進役」としての地方自治体の役割，そして何より「歓迎の文化」に象徴される市民社会の支持や，特に移民や移民の背景をもつ者の側のみならず，移民の背景をもたない者，ホスト社会の側にこそ欠けていた統合へ

の努力が求められているという点を含めて［岡本 2019：231-232］，ドイツにおいてもいまだ道半ばの状態にあり，今後の日本にとってはいっそう大きな課題である。

● 注 ───────────────────────────────

1）ナチズム体制による犠牲者は，ユダヤ人だけでドイツ，オーストリアとポーランドの 270 万人とソ連の 220 万人を始めとして，600 万人を超えている［Bade und Oltmer 2010：156-157=2021：132-133；木村編 2022：142-145］。むろん強制収容所での他の犠牲者として，シンティ，ロマら，またドイツ人であっても心身障害者や同性愛者らがいる。

2）そのうち戦後まで生き延びて占領下のドイツにとどまった者たちは「故郷なき外国人」として，海外移住の可能性を除きドイツ人難民・被追放民に比べてより低い地位しか認められてこなかった［Bade und Oltmer 2010：157-158=2021：133-135］。

3）なお，東ドイツでも西ドイツと同様に，国家間協定によって主にベトナムとモザンピークから「外国人就労者」を受け入れており，1989 年時点ではそれぞれ約 6 万人と約 1 万 5000 人が東ドイツの企業で働いていた。ただしローテーション制度により期間終了後の帰国が義務づけられており，国家の厳重な管理下で社会的にも隔離されていた［Bade und Oltmer 2010：161-163=2021：143-146；近藤 2013：158-186］。

4）同じ時期，反ユダヤ主義のあったソ連に対し，ユダヤ難民の受け入れを当時の東ドイツが表明し，1990 年の旧東ドイツ領での最初の受け入れから 2005 年末に至るまで，20 万人以上のユダヤ人がソ連・CIS 諸国から移住している。他にも少なくとも 1990 年から 1993 年のあいだには，約 25 万のロマ難民がルーマニア，ユーゴスラヴィア，ブルガリアからやって来ている［Bade und Oltmer 2010：166-168=2021：152-155］。

5）この通称「移民法」（Einwanderungsgesetz）の正式名称はドイツ語で »Gesetz zur Steuerung und Begrenzung der Zuwanderung und zur Regulierung des Aufenthalts und der Integration von Unionsbürgern und Ausländern«（移住の制御及び限定並びにヨーロッパ連合市民及び外国人の滞在及び統合の規制のための法律）であり，その略称 »Zuwanderungsgesetz« は「移住法」とも訳される［Bundesministerium der Justiz 編 2004］。日本語で「移住」と「移民」と訳し分けられている Zuwanderung と Einwanderung の両語は，ドイツの政治学者・移民研究者のディートリヒ・トレンハルトが「この違いを別の言語に翻訳することは困難」［Thränhardt 1996：200］とも記したように，相通ずるものとして用いられる一方で，前者は短長期の別を問わない入移民・移住一般を，後者はより長期の入移民・移住を含意している。本章で「移民国（移民受け入れ国）」と訳している Einwanderungsland も，そうした長期滞在・永住する入移民を受け入れている国のことを指し，政治上では左派やリベラル勢力が用い始めた語であった。したがって，この移民法の正式名称に Einwanderung（移民）ではなく Zuwanderung（移住）が用いられたことには，特に保守派の政治家らに前者の語が避けられる傾向にあった経緯が反映されている。以上について，詳しくは Thränhardt［[1992] 1996：198-201=1994：239-242］，森井［2016：103，注 1］，久保山［2017：176-177, 193, 注 9］，岡本［2019：48-49］，東風谷［2021］などの解説を参照のこと。

6）「移民の背景をもつ者」には，① 外国籍者，② 帰化者，③ アウスジードラー，④ 養子縁組によるドイツ国籍取得者，⑤ 上記①〜④の子どもが含まれる［Statistisches Bundesamt 2021：30］。

7）ドイツの「主導文化」と「並行社会」に関する議論については，石川［2012：157-159］，岡本［2019：10］などを参照のこと。

● 参考・引用文献

石川真作［2012］「「移民国家」ドイツの社会空間——「並行社会」と「統合」の狭間で」石川
　　真作・渋谷努・山本須美子編『周縁から照射する EU 社会——移民・マイノリティとシ
　　ティズンシップの人類学』世界思想社.

岡本奈穂子［2019］『ドイツの移民・統合政策——連邦と自治体の取り組みから』成文堂.

木村靖二編［2022］『ドイツ史』下，山川出版社.

久保山亮［2009］「ドイツの移民政策における自治体と中間的組織——1990 年代後半からの政
　　策転換と“統合”から締め出される『事実上の定住者』」『国立民俗博物館調査報告』83.

―――［2017］「ドイツ I　移民政策のパラダイム・シフト——国民福祉国家から国民競争
　　国家へ」小井土彰宏編『移民受入の国際社会学——選別メカニズムの比較分析』名古屋
　　大学出版会.

東風谷太一［2021］「用語解説」クラウス・J・バーデ編，増谷英樹・穐山洋子・東風谷太一監
　　訳『移民のヨーロッパ史——ドイツ・オーストリア・スイス』東京外国語大学出版会.

近藤潤三［2005］「ドイツにおける移民法の成立過程」『社会科学論集』愛知教育大学地域社会
　　システム講座，42-43.

―――［2013］『ドイツ移民問題の現代史——移民国への道程』木鐸社.

近藤正基［2009］『現代ドイツ福祉国家の政治経済学』ミネルヴァ書房.

佐藤成基［2011］「『統合の国』ドイツの統合論争——変化するドイツ社会の自己理解」『社会
　　志林』57(4).

昔農英明［2014］『「移民国家ドイツ」の難民庇護政策』慶應義塾大学出版会.

―――［2017］「難民受入をめぐる移民政策の変容——排除と包摂のはざまで」小井土彰宏
　　編『移民受入の国際社会学——選別メカニズムの比較分析』名古屋大学出版会.

前田直子［2021］「ドイツはなぜ難民を受け入れたのか——ドイツ難民・移民政策の現状」ク
　　ラウス・J・バーデ編，増谷英樹・穐山洋子・東風谷太一監訳『移民のヨーロッパ史——
　　ドイツ・オーストリア・スイス』東京外国語大学出版会.

森井裕一［2016］「ドイツ——人の移動と社会変容」，岡部みどり編『人の国際移動と EU——
　　地域統合は「国境」をどのように変えるのか？』法律文化社.

Bade, K. J. und Oltmer, J.［2010 (2007)］, »Deutschland«, Bade, K. J., Emmer, P. C.,
　　Lucassen, L., und Oltmer, J. (Hrsg.), *Enzyklopädie: Migration in Europa. Vom 17.
　　Jahrhundert bis zur Gegenwart*, 3. Aufl., München: Wilhelm Fink. (増谷英樹・前田直子
　　訳「ドイツにおける移民の歴史」，増谷英樹・穐山洋子・東風谷太一監訳『移民のヨー
　　ロッパ史——ドイツ・オーストリア・スイス』東京外国語大学出版会，2021 年［初版
　　2007 の訳］).

Bommes, M.［2010］ »Kommunen: Moderatoren im Prozess der sozialen Integration?«, *Aus
　　Politik und Zeitgeshichte: Beilage zur Wochenzeitung - Das Parlament*, 46-47/2010.

―――［2011 (2008)］ »Integration findet vor Ort statt‹ - Über die Neugestaltung
　　kommunaler Integrationspolitik«, *IMIS-BEITRÄGE*, 38.

Brubaker, R.［1992］ *Citizenship and Nationhood in France and Germany*, Cambridge,
　　Masachussets: Harvard University Press. (佐藤成基・佐々木てる監訳『フランスとドイ
　　ツの国籍とネーション——国籍形成の比較歴史社会学』明石書店，2005 年).

Bundesministerium der Justiz (Hg.)［2004］ »Gesetz zur Steuerung und Begrenzung der
　　Zuwanderung und zur Regelung des Aufenthalts und der Integration von Unionsbürgern
　　und Ausländern (Zuwanderungsgesetz)«, *Bundesgesetzblatt*, Jg. 2004, 1(41).

Filsinger, D.［2018］ »Entwicklung, Konzepte und Strategien der kommunalen
　　Integrationspolitik«, Frank Gesemann und Roland Roth (Hg.), *Handbuch Lokale*

Integration Politik, Wiesbaden: Springer VS.

Filsinger, D., Hamburger, F., und Neubert, D. [1982] »Kommunale Ausländerarbeit: Sozialarbeit unter staatlichen und administrativen Zwängen«, *Neue Praxis*, 12(2).

Frankfurter Allgemeine Zeitung [2015] »Merkel: „Deutschland ist ein Einwanderungsland"«, *Aktuelle Nachrichten Online – FAZ.Net*, 01. 06. 2015.　https://www.faz.net/aktuell/politik/ausland/angela-merkel-sieht-deutschland-als-einwanderungsland-13623846.html（2023 年 2 月 11 日閲覧）.

──── [2023] »Kommunen stehen finanziell „mit dem Rücken zur Wand"«, *Aktuelle Nachrichten Online - FAZ.Net*. 04.06.2023.　https://www.faz.net/aktuell/wirtschaft/mehr-wirtschaft/schulden-und-integration-warum-kommunen-am-limit-sind-18982763.html（2023 年 8 月 15 日閲覧）.

Statistisches Bundesamt [2021] »Auszug aus dem Datenreport 2021 - Kapitel 1: Bevölkerung und Demografie«, *Destatis*.　https://www.destatis.de/DE/Service/Statistik-Campus/Datenreport/Downloads/datenreport-2021-kap-1.pdf?__blob=publicationFile（2023 年 2 月 13 日閲覧）.

──── [2023] »Press: 1.1 million arrivals of people from Ukraine in 2022«, *Destatis*. https://www.destatis.de/EN/Press/2023/02/PE23_N010_12411.html（2023 年 8 月 15 日閲覧）.

Thränhardt, D. [1996 (1992)] "Germany – An Undeclared Immigration Country," D. Thränhardt (ed.), *Europe – A New Immigration Continent: Policies and Politics in Comparative Perspective*, 2nd ed., Münster: Lit.（高坂芙美子訳「ドイツ──宣言なき移民国」, ディートリヒ・トレンハルト編, 宮島喬・丸山智恵子・高坂芙美子・分田順子・新原道信・定松文訳『新しい移民大陸ヨーロッパ──比較のなかの西欧諸国・外国人労働者と移民政策』明石書店, 1994 年）.

Unabhängige Kommission „Zuwanderung" [2001] *Zuwanderung gestalten – Integration fördern*, Bericht der Unabhängigen Kommission „Zuwanderung", Berlin.

UNHCR (The Office of the United Nations High Commissioner for Refugess) [2023] "Ukraine Refugee Situation", *Operational Data Portal*.　https://data2.unhcr.org/en/situations/ukraine（2023 年 8 月 17 日閲覧）.

Weiß, V. [2017] *Die autoritäre Revolte: Die Neue Rechte und der Untergang des Abendlandes*, Stuttgart: Klett-Cotta.（長谷川晴生訳『ドイツの新右翼』新泉社, 2019 年）.

第19章

移民を地方へ
——カナダの「移民政策」の動向——

古地 順一郎

はじめに

　皆さんが暮らす市区町村が，地域のニーズに合わせて移民を選び，地域社会に根付いてもらえるような施策を実施する——つまり，市区町村が独自の「移民政策」を展開するという状況がカナダにおいて現実になりつつある。

　2019年のカナダ連邦議会総選挙後，ジャスティン・トルドー首相は，移民・難民・市民権大臣に対して「市町村推薦移民受入プログラム（Municipal Nominee Program, MNP）」と称する経済移民受入プログラムの導入を検討するよう指示した [Canada 2019]。MNP が導入されると，自治体や商工会議所，労働組合が身元引受人となる市町村レベルでの受入が始まり，その数はカナダ全土で年間5000人以上が予定されている [Canada 2019]。導入の時期は明らかではないが，利害関係者への意見聴取は終わっている。報告書 [Canada 2020b] によれば，移民政策において市町村レベルのアクターがより重要な役割を果たすことや，全国各地での移民受入機会が増大することに対する期待が表明されている。

　このような施策が考案される背景には，地方を中心にカナダ各地で労働力不足が深刻化していることがある。日本と同様，カナダでも少子化や若年層の流出による人口減少の危機に直面している地方は少なくない [Valade 2017]。年間数十万人の移民を受け入れ，国民の約4人に1人が移民という国ではあるが，その多くは大都市に流入する傾向が見られる。そのため，地方における人口減少や労働力不足といった課題に対処するためには，いかに新規移民を地方に誘導し定着させていくか，いわゆる移民の「地方化（regionalization）」が鍵となる。

　本章の目的は，カナダ連邦政府がどのような施策を用いて移民を地方へ誘導しようとしてきたのかを，政府文書や先行研究を手がかりとして明らかにすることである。本章の構成は以下の通りである。第1節では，移民受入の現状と，地方への移民の流入を含めた近年の傾向をデータで確認する。第2節では，移民政策ガバナンスの枠組みを示し，地方誘導施策を支える舞台装置を明らかにする。第3節では，地方誘導施策の内容をみていく。最後に，カナダの取り組みが日本に

与える示唆を示して本章を締めくくる。

1　移民受入の現状と進む地方化

　カナダが位置する北米大陸は先住民たちが長く生活を営んできたが，大航海時代以降，欧州からの移民がやってくるようになった。16 世紀にフランスによる入植が始まり，その後，覇権争いに勝利したイギリスが植民を進め，現在に至るカナダの基礎が作られていった。1867 年のカナダ連邦結成後も移民の受入を通じた国づくりが進められてきた。第二次世界大戦後，人種やエスニシティの面で近い欧州から移民を多く受け入れてきたが，学歴，年齢，職歴などを点数化して移民を選別する「ポイント制」が 1967 年に導入されると，アジアやアフリカなどからの移民の割合が増え，世界各地からの移民受入が進むことになった。

　1970 年代に入り出生率が 1.8 になると，将来的な人口減少や労働力不足に対応する中心的なツールとして移民政策が明確に位置付けられた [Hawkins 1977]。連邦議会への報告書でも年間最低 10 万人の新規移民を受け入れることが勧告され，より戦略的かつ体系的な移民受入が求められるようになった。

　1990 年代に入ると受入数が拡大する（**図 19-1**）。総人口の 1 ％弱にあたる約 20 万人前後の移民を毎年受け入れるようになった。受入数は増加を続け，2018 年には 30 万人の大台を超えた。COVID-19 の世界的まん延（以下，パンデミック）直前の 2019 年には 34 万人の移民を受け入れた。パンデミックの大きな影響を受けた 2020 年でも 18 万人を受け入れ，2021 年には過去最高の 40 万 5000 人の受入となり，2025 年には約 50 万人の受入を予定している [Canada 2022]。カナダ

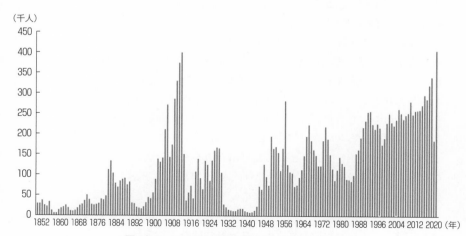

図 19-1　カナダの移民受入数（1852-2021）
出所：Statistics Canada [2016]（1852 年 -2014 年），IRCC [2022]（2015 年 -2021 年）。

の人口増加は移民に大きく依存しており，2021 年には人口増加分の 84.7％が移民によるものとなっている［Statistics Canada 2022］。

　カナダにおいて「移民」とは，国外で生まれ，カナダに永住する権利を付与された人びとを指し，帰化した人も含まれる［Statistics Canada 2021］。本章でもこの定義を用いる。

　カナダが受け入れる移民には 3 つの区分がある。ひとつめは「経済移民」で，労働市場の需要に応え，経済成長に寄与することが期待されている。年間受入数の約 6 割を占め，2021 年には 25 万 3145 人（62.3％）を受け入れている［IRCC 2022］。2 つめは「家族・親族移民」で，永住者や国民が身元引受人となって呼び寄せられた家族・親族たちである。人道的配慮による区分であるが，近年では，経済，社会，文化の発展に貢献する移民としてもみなされ，2021 年には 8 万 1425 人（20.1％）がこの区分で移民している［IRCC 2022］。3 つめは「難民・被保護者」で，難民条約に基づく難民や出身国で迫害を受ける恐れがあるなどの理由で人道的視点から保護された人びとである。2021 年には 6 万 210 人（14.8％）の受入となっている［IRCC 2022］。

　これだけ多くの移民を受け入れても，全国に均等に移民が流入するわけではない。移民の多くは「MTV」と呼ばれるモントリオール，トロント，バンクーバーの 3 大都市圏とこれらの大都市を抱えるケベック州，オンタリオ州，ブリティッシュコロンビア州に集中してきた。しかし，この傾向も変化しつつある［IRCC 2017；2022］。2000 年には新規移民の 89％がこれら 3 州に流入していたが，2021 年には 79％に下がっている。経済移民に限っても同じ傾向である。3 州への流入は 2000 年には 90％だったが，2021 年には 77％に低下している。さらに，MTV に関していえば，2000 年には全新規移民の 75％の受け皿になっていたが，2021 年には 58％まで減少している。

　このような変化は，3 州以外への移民流入データをみるとより鮮明になる（図19-2）。第 4 の流入先であるアルバータ州では，オイルサンド開発による好景気もあり，2010 年代半ばには年間 5 万人に迫る移民が流入し，2000 年に比べて約4 倍の規模となっている。同州と平原州地域を構成するサスカチュワン州とマニトバ州においても，年間移民受入数は，過去 20 年間で 4 〜 5 倍に増加している。より人口規模が小さい東部沿岸地域 4 州（16 万人〜100 万人）でも同じ傾向である。モントリオールやトロントといった経済の中心地から遠いこともあり，移民が多く流入する地域ではなかった。しかし，2021 年には 4 州合わせて 1 万 9130 人を受け入れ，2000 年（2975 人）と比べて 6.4 倍の伸びを見せている。

　データが示すように，地方への流入が進んでいる。次節以降では，移民の地方化を可能にした移民政策のガバナンスと具体的な施策を見ていこう。

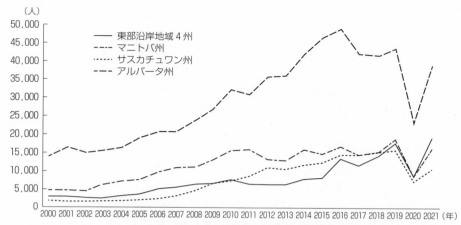

図 19-2　主要 3 州を除く地域への移民流入数 (2000-2021)

出所：IRCC［2017；2022］。

2　移民政策のガバナンス

　連邦国家のカナダでは，移民に関する権限は 1867 年憲法第 95 条によって連邦政府と州政府の共有権限とされている。州政府は，連邦法に矛盾しない範囲において独自の移民政策を実施することができる。しかし，この権限をいち早く活用したのは，住民の大半が仏語話者でナショナリズムも強いケベック州のみであった。仏語系社会の維持・発展を目的として 1960 年代から移民政策を展開した同州は，連邦政府との交渉および協定の締結を通じて権限を拡充してきた。現在の移民政策を支えている 1991 年の協定では，経済移民の選別はケベック州の専権事項とされている。安全保障・公衆衛生上の脅威という理由がない限り，同州が選んだ経済移民を連邦政府は拒否できない。家族・親族移民，難民・被保護者については，連邦政府が認定する権利を保有している。また，移民の定住・統合政策については，仏語系社会という独自性を踏まえて州政府の専権事項とされ，連邦政府も費用の一部を負担している。

　連邦政府と協定を結ぶ権限は全州が有しており 1976 年移民法で明文化された。同法では，地域の人口ニーズを含む移民政策のあり方について，連邦政府と州政府の協議が義務化された。さらに，移民政策の立案・実施における連携を促進するため，必要に応じて両者が協定を締結できることも初めて明記された。1976 年移民法は，州を移民政策における主要なアクターとして明確に位置付けたという点で画期的な法律とされ，当時，オンタリオ州，ブリティッシュコロンビア州，マニトバ州を除くすべての州が連邦政府と協定を締結した［Hawkins 1988：377-

378]。しかし，ケベック州以外の州が結んだ協定は，移民の選別までは含んでおらず，独自の移民政策を展開するまでではなかった [Kelley and Trebilcock 1998：392；Seidle 2010：3]。また，連邦政府でも中央集権的な移民政策の運用が維持された。実際，1990年代，オンタリオ州が自州での受入数が多すぎると異議申し立てを行ったが，連邦政府は聞く耳を持たなかった [Kelley and Trebilcock 1998：393-394]。とはいえ，「連州協定」を通じて州政府が憲法に規定された権限を行使するという仕組みを整えたという点で，1976年移民法は，現在の地方誘導政策を可能にする土台を作ったといえる。

　ケベック州以外の州が，独自の移民選別を模索し始めたのは1990年代のことである。当時，平原州地域や東部沿岸地域の州は人口減少や労働力不足への危機感を募らせていた。移民流入数が少ないことや，高度熟練労働者を重視する連邦政府の移民政策が州内労働市場の需要と必ずしも一致しないことに対する不満が表明されるとともに，地域のニーズを反映できる新たな制度の創設を求める声が上がった [Seidle 2013：4-5]。

　このような声を受けた連邦政府は，州政府が一定数の移民を選別できる仕組みとして「州推薦移民受入プログラム（Provincial Nominee Program, PNP）」を創設した。先陣を切ってマニトバ州が1998年にPNPを導入した。その後，他州も次々と協定を締結し，PNPが全土に拡大した。2022年現在，独自の協定を結んでいるケベック州を除く全州とユーコン準州がPNPを導入している。

　PNPの誕生は，移民政策ガバナンスに2つの大きな変化をもたらした。ひとつめの変化は，ケベック州のみならず，すべての州が移民の選別に関して明確な発言権を得たことである。州政府が名実ともに移民政策の利害関係者となり，無視できない存在となった。これと関連する2つめの変化は，移民政策の分権化である。上述のように，移民政策における州の権限はカナダ連邦成立当時から認められていたが，州政府の無関心もあり，連邦政府による中央集権的な運用がなされてきた。しかし，ケベック州の動きや1976年移民法がきっかけとなり，1990年代には「移民の連邦化」[Paquet 2016] とも評されるような分権的な運用が行われるようになった。もはや，カナダの移民政策を全国一律で語ることはできなくなり，州政府の動きも分析の射程に入れることが必要になった。次節では，PNPを含めた移民の地方誘導政策についてより詳細に見ていきたい。

3　移民の地方化施策

　PNPを皮切りに，連邦政府は州政府の要望に応える形で，移民の地方化を進める施策を次々と展開した。その際に活用されたのが試行プログラムである。2012年の法改正によって，大臣が経済移民に関わる試行プログラムを立ち上げる

ことが認められた。試行プログラムは，年間 2750 件の申請を上限とし，最長 5年間の運用が認められている。この制度の導入によって，より実験的かつ柔軟な移民政策の展開が可能になった。本節では PNP に加えて，東部沿岸地域 4 州を対象とした「東部沿岸地域移民受入プログラム（Atlantic Immigration Pilot / Atlantic Immigration Program, AIP）」，農村部およびカナダ北部地域を対象とした「農村地域・北部地域移民受入試行プログラム（Rural and Northern Immigration Pilot, RNIP）」の概要を見ていくことにする。

　PNP は，州政府が地域経済の発展のために必要な人材を確保する仕組みである。各州のニーズに応じて独自の基準に基づくプログラムが複数展開されている。PNP という名称のひとつのプログラムが存在するわけではなく，各州が連邦政府との協定に基づいて実施するさまざまなプログラムを PNP と総称している。州政府が推薦した候補者は，公衆衛生および安全保障の観点から連邦政府の審査を受ける。問題がなければ永住権が付与され，推薦を受けた州に移民することとなる。ここですべての州の PNP を見ることは紙幅の関係でできないため，ノバスコシア州の事例を見ておきたい。

　ノバスコシア州は，東部沿岸地域にある人口約 100 万人の州である。同地域の中心都市でもあるハリファクス（人口約 40 万人）が州都であるが，地域経済の周辺化が進んだことで，若者の流出や高齢化に伴う人口減少の懸念を長年抱えてきた。しかし，近年は PNP を始めとした積極的な移民政策を展開し，人口増加や熟練労働者の受入に成功している。2022 年 9 月現在，9 つのプログラムが用意されている［Nova Scotia Immigration n.d.］。その中には，医療関係者，起業家，高度熟練労働者のみならず，トラック運転手，重機オペレーター，飲食業における調理・接客スタッフ，建設現場作業員など，人手不足が深刻な職種に従事できる人材を受け入れるものもある。また，外国人労働者として滞在している高度熟練労働者や留学生など，州内の一時滞在者に対して永住権への道を開くプログラムも用意されている。2019 年には 3515 人が PNP を通じて移民したが，その割合は州の全移民受入数（7518 人）の 46.3％に上っており，同州の移民政策において重要な位置を占めている。

　次に，AIP は東部沿岸地域 4 州の経済成長を支援する施策である。2017 年に試行プログラム（Atlantic Immigration Pilot）として創設され，2021 年に正規プログラム（Atlantic Immigration Program）に格上げされた。連邦政府と 4 州が協働して 2016 年に作成した「東部沿岸地域成長戦略」の一施策として始まったこのプログラムは，地域の労働市場のニーズに迅速に応えるとともに，移民を地域に定着させることも目的としていた。

　これらの目的を達成するため，AIP では 3 つの考え方が採用されている［IRCC 2020：14］。ひとつめは，移民・定住プロセスにおいて雇用主が積極的な役割を果

たす雇用主主導（employer-driven）モデルである。地元のカナダ人に適当な人材がおらず，移民を雇用したい場合，職場がある州から「指定雇用主」の認証を受ける必要がある。また，雇用主は定住支援にも主体的に参画することが求められ，職場環境の整備と定住支援サービスへのアクセスを保証する。さらに，求人情報については州政府の承認が必要になるが，その承認にあたっては，雇用主がカナダの移民政策や制度，異文化理解能力に関する研修を修了していることが条件となっている。2つめは，定住支援を移民雇用の必須要件としたことである。雇用主には，定住支援サービス提供機関（settlement service provider organizations, SPO）と連携して移民とその家族のニーズを把握しつつ定住支援計画を策定することが義務づけられた。その上でSPOとともに定住支援サービスを担保し，定着に向けた取り組みを行っている。3つめは，移民とその家族の定着を通じて地域経済の成長を実現するという共通の目的に向けて，連邦政府，州政府，SPO，雇用主がベクトルを合わせて連携・協働するという文化の創出である。

　AIPでは，地域の雇用ニーズに合わせた柔軟な受入を実現するため，高度熟練労働者のみならず，食肉処理加工従事者，大型トラック運転手，飲食店の接客係などの中度熟練労働者や，東部沿岸地域の高等教育機関修了者も移民として受け入れられるように設計されている。2017年以降，AIPを通じた東部沿岸地域4州での受入数は1万4500人以上で目標の2倍以上の数値を達成している［ACOA 2022］。さらに，東部沿岸地域4州における定着率については，永住権取得後2年間のデータで見ると，AIPによる受入では90％に上り，PNPの82％よりも高い数値となっている［IRCC 2020：30-34］。

　最後に，RNIPはAIPの成功を受けて2019年に創設された試行プログラムで，移民の流入が少なく人口減少や労働力不足が深刻化している農村地域や北部地域に移民を誘導することを目的としている。2022年9月現在，5つの州から11の地域が参加している。RNIPでは地域主導（community-driven）モデルが採用されており，地域が必要とする人材を地域自身が選別し，受け入れる方式となっている。年間2750人（申請者本人）まで枠が設定されている。申請者本人には家族帯同が認められており，手続は同時に行われる。参加地域への移民を希望する申請者は，連邦政府が設定する要件（職歴・学歴・言語能力など）と地域が求める要件の双方を満たす必要がある。例えば，参加地域のひとつであるマニトバ州のブランドン（人口5万1313人，2021年国勢調査）[1]の場合，申請者本人や帯同家族の言語能力，地域とのつながり（ブランドンにある高等教育機関での修学や企業での勤務経験など）といった要素で加点する仕組みとなっている。

　ブランドンRNIPの大まかな流れは以下の通りである。移民を希望する申請者は，まず候補者プロフィールをオンラインで作成する。その後，ブランドンRNIPのウェブサイトに掲載されている求人情報を頼りに就職活動を行う。就職

が決まったら，地域推薦申請書類をブランドン経済開発局（Economic Development Brandon，ブランドン市役所の一部局）に提出し書類審査を受ける。上述の加点システムで高得点を獲得した申請者は面接審査に進み，「ブランドン RNIP 推薦委員会」での審議を経て地域推薦が決まる。地域推薦決定後に，連邦政府に対して永住権申請を行う。永住権の審査が行われている間，申請者への短期労働ビザの発給も可能で，永住権取得前から移住して働き始めることができる。地域推薦の申請から 7 か月ほどでブランドンでの生活が始まる。

　AIP と同様，ブランドン RNIP においても雇用主が定住支援に関して一定の役割を果たすことが求められている。地域の SPO と移民をつなげることはもちろんであるが，職場にメンターを設置して，雇用後 12 か月間サポート（最低月 1 回 1 時間）することが求められている。さらに，住宅探しや銀行口座の開設支援など，メンターの設置に加えてもうひとつの支援作業を行うことも求められている。

　ブランドンの事例にも見られるように，RNIP は，地域の多様な主体が協働しながら移民の選別から定着までの過程に取り組むモデルとなっている。2020 年から 2022 年 6 月末までに 1740 人が RNIP を通じて移民しているが，2022 年については上半期だけで 1165 人となっており，RNIP による受入が急速に進んでいる［IRCC 2022］。同年 8 月に連邦政府は RNIP の拡大を発表し，試行期間を 2024 年まで延長した。さらに，一部参加地域の範囲も拡大し，より多くの雇用者が RNIP を通じて人材を確保できるようにしており，連邦政府が RNIP に手応えを感じていることも窺える。

おわりに

　本章ではカナダにおける移民の地方化の現状，それを支えるガバナンスと主な施策を見てきた。カナダの事例が日本に与える示唆は何か。日本では移民を地方に誘導しようとする政策が国レベルではないが，今後そのような政策を立案するのであれば，特定の地域を対象とした試行プログラムから始めることが妥当かもしれない。プログラムの設計にあたっては，雇用を移民するにあたっての前提としながらも，雇用主を含めた地域の多様な主体を巻き込んで移民の定着を支援する地域主導型モデルの確立を目指すのが望ましいであろう。実際，日本でも各地で地域社会の一員として外国人住民を位置付け，地域の力に変えていこうとする動きがある。そのような地域にとっては，国の制度や役割が違うとはいえ，外国人住民の長期にわたる定着が実現するためには地域で何をすべきかを考える上で大きな参考になるであろう。例えば，地域レベルでの仕組みやそれを支える考え方，アクターの役割分担を批判的に考察することで，取り入れられるところを取り入れることができるであろう。

　今後，本章の冒頭で述べたような「市町村推薦移民受入プログラム」が始まると，移民受入をめぐる施策や実践の多様性はさらに豊かになり，政策の相互学習の機会を増大させる。日本の地方と同じような課題を抱えているカナダの地方が，移民というツールを用いてどのように地域の持続性を担保しようとするのか，カナダの移民政策からはしばらく目が離せそうにない。

付　記

本研究は JSPS 科研費 JP18K18243，JP22K12512 の助成を受けたものである。

● 注

1）ブランドンの事例に関する説明については，ブランドン RNIP に関する以下のサイトを参照している。http://economicdevelopmentbrandon.com/brandonrnip

● 参考・引用文献

Atlantic Canada Opportunities Agency（ACOA）［2022］"Atlantic Growth Strategy: Six Years of Results." https://www.canada.ca/content/dam/acoa-apeca/ags-sca/assets/AGS_Infographic_July2022_EN.pdf（2022 年 9 月 7 日閲覧）.

Canada［2019］"Minister of Immigration, Refugees and Citizenship Mandate Letter," Office of the Prime Minister, December 13. https://pm.gc.ca/en/mandate-letters/2019/12/13/archived-minister-immigration-refugees-and-citizenship-mandate-letter（2022 年 8 月 22 日閲覧）.

─────［2020a］"IRCC Consultation on Immigration Levels and Municipal Nominee Program（MNP）. Meeting with the Minister. Discussion Guide," Immigration, Refugees and Citizenship Canada. https://www.canada.ca/en/immigration-refugees-citizenship/corporate/transparency/consultations/2020-consultations-immigration-levels-and-municipal-nominee-program.html#annex_d（2022 年 8 月 22 日閲覧）.

─────［2020b］"2020 Consultation on Immigration Levels and the Municipal Nominee Program – Final Report," Immigration, Refugees and Citizenship Canada. https://www.canada.ca/en/immigration-refugees-citizenship/corporate/transparency/consultations/2020-consultations-immigration-levels-and-municipal-nominee-program.html（2022 年 8 月 22 日閲覧）.

─────［2022］2022 Annual Report to Parliament on Immigration, Immigration, Refugees and Citizenship Canada. https://www.canada.ca/content/dam/ircc/documents/pdf/english/corporate/publications-manuals/annual-report-2022-en.pdf（2023 年 3 月 17 日閲覧）.

Hawkins, F.［1977］"Canadian Immigration: A New Law and a New Approach to Management," *International Migration Review*, 11（1）.

─────［1988］Canada and Immigration: Public Policy and Public Concern, 2nd edition, Kingston and Montreal: McGill-Queen's University Press.

Immigration, Refugees and Citizenship Canada（IRCC）［2017］"Specialized Research Datasets: Permanent Residents – Ad Hoc IRCC（Specialized Datasets)." https://open.canada.ca/data/en/dataset/970ff3c4-50fd-4eeb-b402-f82f9ee22990（2022 年 9 月 7 日閲覧）.

———— [2020] "Evaluation of the Atlantic Immigration Pilot." https://www.canada.ca/content/dam/ircc/documents/pdf/english/corporate/reports-statistics/evaluations/E2-2019_AIP_Accessible_Eng.pdf（2022 年 9 月 7 日閲覧）.

———— [2022] "Permanent Residents – Monthly IRCC Updates." https://open.canada.ca/data/en/dataset/f7e5498e-0ad8-4417-85c9-9b8aff9b9eda（2022 年 9 月 7 日閲覧）.

Kelly, N. and Trebilcock, M. [1998] *The Making of the Mosaic: A History of Canadian Immigration Policy*, Toronto: University of Toronto Press.

Nova Scotia Immigration [n.d.] "Immigrate Here" https://novascotiaimmigration.com/move-here/（2022 年 9 月 26 日閲覧）.

Paquet, M. [2016] *La fédéralisation de l'immigration au Canada*, Montréal : Presses de l'Université de Montréal.

Seidle, F. Leslie [2010] "The Canada-Ontario Immigration Agreement: Assessment and Options for Renewal" Mowat Centre for Policy Innovation Paper. https://tspace.library.utoronto.ca/bitstream/1807/96198/1/Seidle_2010_Canada-Ontario%20Immigration%20Agreement.pdf（2022 年 9 月 5 日閲覧）.

———— [2013] "Canada's Provincial Nominee Immigration Programs : Securing Greater Policy Alignment" *IRPP Study*, 43.

Statistics Canada [2016] "150 years of immigration in Canada." https://www150.statcan.gc.ca/n1/pub/11-630-x/11-630-x2016006-eng.htm（2022 年 9 月 7 日閲覧）.

———— [2021] "Immigrant" https://www23.statcan.gc.ca/imdb/p3Var.pl?Function=UnitI&Id=285191（2022 年 9 月 5 日閲覧）.

———— [2022] "Populatin Projections for Canada, Provinces and Territories, 2021 to 2068, 2022" https://www150.statcan.gc.ca/n1/en/daily-quotidien/220822/dq220822b-eng.pdf?st=Ra6-gRhh（2022 年 9 月 5 日閲覧）.

Valade, M. Y. [2017] "Trapped in the Big City? Re-thinking Regionalization of Immigration," *Ryerson Journal of Policy Studies*, 1. https://www.torontomu.ca/content/dam/policystudies/journal/2017/Valade-Trapped-in-the-Big-City-5.pdf（2022 年 9 月 7 日閲覧）.

第20章

カナダの小都市圏におけるニューカマーのための直接的・間接的支援サービスへのサポート

Ray Silvius and Don Boddy（徳田剛・古地順一郎 訳[1]）

はじめに

　筆者らは，本章がカナダの"小都市圏（small center）"――タウン（町村）や小都市――における移民の誘致と定着（retention）に関心を持っている日本の読者にとって役に立つものであることを願っている。本章のねらいは，連邦政府がニューカマー向け定住支援サービス（settlement services[1]）[2]をカナダ・マニトバ州の小都市圏でどのように組織しているかを明らかにするとともに，これらのコミュニティの"現場"において，ニューカマーの定住，統合（integration），包摂（inclusion）を支援することが何を意味するのかについて論じることにある。私たちの考察には，定住支援サービスを担当するカナダ連邦の省――移民・難民・市民権省（"Immigration, Refugees, and Citizenship Canada", 以下 IRCC）――が，どのように「間接的，直接的な支援サービス」という考え方を編み出したのかということや，小都市圏の定住支援サービス提供機関（"Settlement Services Provider Organizations", 以下 SPO）が IRCC の考え方に対応して支援サービスの提供を組織するやり方についても含まれる。私たちが示したいことは，IRCC の定住・統合支援モデルがしっかりした論理に基づいている一方で，小都市圏で定住支援サービスを組織したり，提供したりするにあたっては実務上の諸課題がまだ残っているということである。

　カナダの小都市圏で「歓待コミュニティ（welcoming communities）」（この用語については下記に詳述）のビジョンを実現するためには，これらの実務上の諸課題に取り組む必要がある。私たちが本章で論じたいことは，ニューカマーの定住支援サービスの提供がマニトバ州の小都市圏に特有の課題に直面しており，マニトバ州の小都市圏がニューカマーの誘致・定着に成功するためには，各政府（連邦，州，ならびに各地方の自治体）のみならず，コミュニティ自体も，私たちが「定住，統合，包摂の連続体（continuum）」と呼ぶものに沿ってニューカマーの定住，統合，包摂を支援する準備を整えなければならないということである。本章では，ニューカマーの定住を目的とするカナダの「歓待コミュニティ」の方針に関して，研究があまりなされていないサービス提供の側面に焦点を当てる。確実で持続性

のあるニューカマーへのサービス提供は，小さなコミュニティがニューカマーを誘致し定着させる取り組みにとってきわめて重要な要素である。本章を通じて，サービスの提供と歓待コミュニティの関係性について詳しく述べるとともに，ニューカマーの定住と統合に対してカナダが明言した抽象的な公約をさらに前進させていくにあたって，実務面から見て定住支援サービスへのアクセスがいかに重要な方法のひとつであるかについて示す。

1　歓待コミュニティとカナダの小都市圏

　カナダにおける多くの小都市圏は，人口の縮小または停滞という人口学的な課題や労働市場のニーズに対して，カナダの移民受け入れのシステムを通じて対応しようとしてきた。移民の誘致を積極的に行っている，あるいはすでに移住の目的地となっているようなコミュニティでは，移民の定着を確実にするための多大な努力が必要とされている [Carter, Morrish, and Amoyaw 2008]。そのような努力には社会のさまざまな層による支援が含まれており，それによってコミュニティが移民にとって好ましくかつ歓迎的なものとなるのである。こうしたことは，一般的に「歓待コミュニティ」の創出と呼んでよいだろう。より具体的には，歓待コミュニティであることには，広域自治体や基礎自治体における異なるアクターが，さまざまな組織ならびにニューカマーや既存の地域住民を巻き込み，定住と統合を促進させるための包括的な空間を作り出していく取り組みをいかに発展させるかということが含意されている [Guo and Guo 2016]。

　カナダでは，歓待コミュニティという概念は，カナダの各コミュニティにニューカマーを受け入れ統合したいという願望を示すために，政府やコミュニティ・セクターで使われてきた。2009 年には，カナダ移民・難民・市民権省（＝IRCC，当時はカナダ市民権・移民省 [CIC]）が「歓待コミュニティの取り組み」に資金提供をしている。

　歓待コミュニティを後押しするこの政策は，カナダの小都市圏や地方部（rural areas）において人口学的な諸課題に対処し，コミュニティの経済発展を促進させることを意図した，多様な移民の誘致・定着戦略の一環である。これらは，典型的には次の 2 つの段階で構成されている。第 1 段階は，一般的には移住先とみなされてこなかった地域にニューカマーを誘致するために，地域に特化し，その場所に根差した取り組みやプロモーションを展開することである。第 2 段階は，移民とその家族を定着させるためにコミュニティ密着型の取り組みを実施することである（Brown [2017]，Derwing and Krahn [2008]，George, Selimos and Ku [2017]，Walton-Roberts [2011]，Wiginton [2014] を参照）。歓待コミュニティの取り組みは，ニューカマーを受け入れてきた歴史が比較的浅く，他のニューカマーの移住先ほ

どサービス提供セクターが包括的ではないような地域において，ニューカマーの社会的・経済的ニーズが確実に満たされるように組織された取り組みである [Depner and Teixeira 2012]。[2]

　歓待コミュニティの取り組みの核心は，定住・統合支援サービスにある。定住・統合支援サービスがどのように組織されているかについては，政府からの資金提供を受けている「定住支援サービス提供機関（SPO）」を例にとって後述する。[3] ここではまず，「地域移民パートナーシップ（Local Immigration Partnership；LIP）」および「統括団体（umbrella groups）」という２種類の事業体を紹介する。いずれも政府からの資金提供を受けており，個別の SPO の権限を越えたより大局的な観点から支援・「動員」・連携といった役割を担うとともに，より広範な歓待コミュニティの取り組みの中心的な存在である。これら２種類の事業体は，歓待コミュニティを創出するための政策やプログラミングにおいて，コミュニティ内のさまざまなステークホルダーを連携させる役割を果たしている [Agrawal and Rutgers 2014]。LIP と統括団体は，非政府系の支援サービス提供機関，利害関係のある諸機関，政府による支援を受けている支援サービス提供機関，自治体，郡，市町村，州政府の間での，複雑かつ重層的な連携・能力開発・情報共有を促進させている（Gibson, Bucklaschuk, and Annis [2017]，Silvius and Annis [2007]，Ma [2017] を参照）。

　地域移民パートナーシップ（LIP）はカナダ政府による資金提供を受けており，移民の受け入れ・定住・統合・包摂に関するコミュニティのニーズに対応するため，地域密着型のパートナーシップを促進させることを目指している。LIP は直接的なサービスを提供していない。LIP が提供するのは，知識や能力開発といった間接的なサービスや，複数の組織・地域団体・個人の間で協力関係を構築するための枠組である。LIP は，情報共有やステークホルダーが連携した活動の "扇の要（the focal point）" の役割を果たす。ステークホルダーの中には，ニューカマーの定住・統合・定着を専門として関与するアクターもいれば，そうではないアクターもいる（例えば，警察，医療機関，教育機関，商工会議所）。後者のようなアクターについても，LIP が支援するネットワークに参加することで，より「ニューカマーにとってフレンドリーであるような」形でサービスを提供する方法を学ぶことができ，それによってニューカマーを歓迎するようなコミュニティを構築することに貢献するのである。すなわち，LIP は，さまざまな組織や個人が，ニューカマーの定住・統合・包摂に貢献できるように動員することを意図した「場所に根差した（place-based）」取り組みである。これらの取り組みは，ニューカマー以外の人びとにもサービスを提供しつつ，そのサービスが当該コミュニティにおけるニューカマーの福祉（well-being）にとって必要不可欠な組織に学習や参画の機会をもたらしているのである。

　マニトバ州には現在，小都市圏の地域移民パートナーシップ（LIP）が５つあり，それぞれスタインバック，ポルタージュ・ラ・プレーリー，ペンビーナ・バレー，ドーフィン，ブランドンにある。これらはすべて過去５年の間に設立されたものである。これらはコミュニティによる広範な関与に依拠しているが，現在の課題は，ニューカマーにサービスを提供するセクターに直接的に関与していないコミュニティのステークホルダーが，ニューカマーセクターについて確実に知識を獲得し続けられるようにすることである。LIP には，個別の組織にはできないようなやり方でニューカマー SPO やコミュニティ全般を複雑な取り組みに動員できる可能性がある。例えば，ポルタージュ・ラ・プレーリーの LIP は市内で２度目となる反レイシズム週間を組織する上で不可欠な役割を果たした。そのようなやり方で LIP は，個別の組織やコミュニティの専門家が独力ではできないような，「より広い視野が必要な事業」を実施する。また，反レイシズムの取り組みのようなより広範な活動において，ニューカマーのニーズや歓待コミュニティの優先事項を明確に示すこともできる。

　同様に州レベルの統括団体（umbrella groups）も，ガイダンスや知識の共有といった，定住支援サービス提供機関（SPO）より「上」のレベルでのつながりを提供する。統括団体の正式な任務は SPO の活動を支援することであるが，ニューカマーにサービスを提供するセクターに公式には入っていないステークホルダーも巻き込んでいる。例えば「マニトバ州ニューカマー向けサービス提供者協会（MANSO）」は，マニトバ州のニューカマー定住支援サービス提供機関の統括団体として活動している非営利組織である。９名の職員によって構成されている MANSO は，「マニトバ州 移民・難民定住セクター協会（MIRSSA, 2007 年に設立）」と「マニトバ州 外国語（additional language）としての英語の会（MEALO, 2012 年に設立）」という２つの組織が合併して生まれたものである。ウェブサイトに明記されているとおり，「MANSO はマニトバ州の定住・統合支援セクターの声を代表し…コミュニケーション，ネットワークの構築，専門能力開発活動を通じて我々のメンバーを支援している」。「リーダーシップ，支援，定住・統合組織の統一された声となることでニューカマーの統合を促進させること」がそのミッションである。MANSO は「マニトバ州はニューカマーの皆様を歓迎し，支援し，ともに歩みます」というビジョンに沿って運営が行われている（https://mansomanitoba. ca/about-manso/ を参照）。

　MANSO の最大の役割は「聞くことと繋げること」である。MANSO はクライアントへの直接的なサービス提供から一歩引くことで，定住支援セクター全体を検討することができる。MANSO は SPO を代表してニーズや意見を伝えることもできる。また，直接的なサービス提供者では実施が困難であるような，出資者への確かなフィードバックを提供し，政府の決定による影響を受けるかもしれ

ないような直接的なサービスを提供していないことから，定住支援サービスに関する事柄についても公平な見解を示すことができる。直接的なサービス提供者は全国または地方レベルでのさまざまな会議（conversations）をフォローするための時間，資源，または義務がないことが多いのに対し，MANSOはこれらの諸会議に参加し，その結果をSPOへと伝えることができる。さらに，個別の直接的なサービス提供者よりも広い範囲でのパートナーシップや議論に参加できる。

　MANSOは，個々のSPOの能力または義務を超える形で定住支援セクターに影響する制度的な問題を解決するために動くことができる。例えば，小都市圏や地方部のニューカマーは，郵便局ボックスを使う人びとには永住者カードを送らないという政府の方針による影響を受けていた[4]。これは，小都市圏で生活するニューカマーを助けるためにMANSOが支援した現実的な問題であった。

　MANSOは小都市圏の定住支援サービス提供機関（SPO）を支援し，小都市圏における定住・統合・包摂に関する事柄のための協力関係を強化する目的で，「小都市圏支援マネージャー（Manager of Small Centre Support）」という専門職員を抱えている（本章の共著者であるBoddyもこの職に就いている）。この職は，マニトバ州の地方部における定住支援，言語支援および地域移民パートナーシップ（LIP）の組織に関する個別の能力促進や協働する能力の促進のために設けられている。さらに，この職は，定住支援や統合支援に関する業務について議論が行われる際には，そのような議論が大都市の観点を反映する傾向が強いことを踏まえながら，小都市圏での業務を宣伝するとともに擁護することも意図している。加えて，この役割は，マニトバ州の主要な大都市であるウィニペグでしか提供されないことが多い州政府の支援サービスへのアクセスに関する議論においても重要な役割を果たしている。最後に，小都市圏のスタッフらが業務内容を共有し，ネットワークや関係性を構築し，共に学ぶために集められるマニトバ州での協力関係や年次集会もこの職が推進している。この職は，地方部（rural areas）に特化した人的資源の配置によって小都市圏におけるニューカマーの定住・統合・包摂を強化できることを示す一例となっている。

　地域移民パートナーシップ（LIP）と統括団体（umbrella groups）は，両方とも小都市圏や地方部におけるニューカマーのための定住・統合支援サービスをサポートするために具体的かつ重要な機能を担っている。これらは，主に間接的サービスを通じてこのような支援を行っている。LIPと統括団体は「クライアントへの対応」を現場で行っているわけではない。LIPや統括的な組織（umbrella organizations）はさまざまな形で定住や統合を支援しているものの，これらの役割は「ソフトで」「無形な」ものであり，連携やつながりを促し，支援し，リーダーシップを発揮する役割である。人口密度の低さと大都市圏からの距離は，カナダの小都市圏や地方部で多様なサービスを提供することを難しくしている。大都市圏と比べ

ると比較的少ないニューカマーの数と，永住者を対象とするサービスのみを支援する出資モデルは，小都市圏や地方部におけるニューカマーのための定住・統合支援サービスを提供するという問題をより難しいものとしている。しかしながら，そのようなサービスをニューカマーに提供することは，カナダの地方部の社会での，ニューカマーの完全な社会的・市民的・経済的参加を実現するためには必要なことである。さらに，そのようなサービスの提供は，民族的・人種的多様性，人種差別や人種に基づいた排除の体験，民族文化的および宗教的な組織や機関，満足できる雇用やキャリア構築の機会を見出すことの少なさなど，カナダの地方部や小都市圏でニューカマーが経験する潜在的な課題に対処するためにも必要なのである。

マニトバ州の小都市圏におけるサービス提供の成功は，カナダにおける永住への道のりに向けてより多くのポイントを与えることにより地方部のコミュニティに移住することのインセンティブをニューカマーに与える，マニトバ州の州推薦プログラム（PNP）に必要不可欠なものである。さらに，季節的農業労働者プログラム（SAWP）で来ている季節労働者を含む一時滞在型外国人労働者（TFW）は，マニトバ州の多くの小都市圏に多数存在しているし，農業食品産業において極めて重要な労働者であるが，連邦政府が出資しているニューカマーに対応しているSPOのサービスの多くにアクセスできていない。一時的な居住者と見なされるTFWは，IRCCが出資する定住支援サービスを受ける資格を持たない。しかしながら，TFWの中にはマニトバ州のPNPを通じて永住への道のりが開かれている者もいる。したがって，永住者になろうとしている者が，IRCCが資金提供している，永住者になるために与えられるサービスにアクセスできないでいるのである。マニトバ州またはカナダに一時的に滞在する者も，そうしたサービスを必要としている。州政府は，多くの組織に資金援助することで，TFW，留学生，帰化市民，さらには観光客でさえもアクセスできるような定住支援サービスを提供しているが，IRCCの資金で提供されているサービスは多くの人びとに利用が認められないままとなっている。[5]総じて，マニトバ州の小都市圏に州推薦者やTFWが多く滞在するようになってきたことで，より強固なサービス提供モデルの必要性が高まっている。そのモデルは，定住・統合・包摂という一連のつながり全体を含み，ニューカマーがカナダ生まれの市民と同等の生活の質を達成することを目的とするべきである。

2　直接的および間接的な定住・統合支援サービス

本節では，カナダ連邦政府による定住と統合に対する理解について述べる。カナダ移民・難民・市民権省（IRCC）を通じて，カナダ政府はその定住支援プログ

ラムを経由してニューカマーが定住・統合するためのサービスに資金提供している。SPO は主に IRCC から資金提供を受けており，サービスを受ける資格を有するニューカマーに対し定住や統合に関するサービスを提供する実務を担っている。前述のとおり，一時滞在の住民や，永住する意思や能力を有している可能性のある一時滞在の住民と見なされる者に対する，IRCC のサービス提供に関する課題についてはすでに触れている。以下に，マニトバ州におけるいくつかのSPO について述べる。

定住支援プログラムの「想定される成果」を記述するにあたって，カナダ連邦政府は（ニューカマーの）定住と統合について以下のとおり定義している。[6]

> 「定住とは，政府によるニューカマーへの支援とサービスの提供が行われ，ニューカマーと受け入れ社会との間に相互適応が生じる短い期間のことを指す。統合とは，移民の側がカナダでの生活に適応することを約束し，カナダの側が新しい民族や文化を歓迎し適応することを約束するような，双方向のプロセスのことである。」

IRCC は，定住支援プログラムの想定される成果を 3 つの層に分けている。

① IRCC が資金提供する定住支援サービスで，直接的かつ短期プログラムに関して，直ちに得られる成果。
②「最終的に意図される社会的・経済的成果」として説明され，IRCC の資金提供によるサービスとそうでないサービスの両方がもたらす中期的な成果。
③「カナダにおけるニューカマーの全体的な統合に関連する」最終的な成果。さらに，「（IRCC の）定住支援プログラムはより長期的な統合に向けてニューカマーの定住を支援することを意図しているものの，このレベルでのニューカマーに関する成果は，カナダ社会の社会的・経済的動向を含むさまざまな要因によるものである」。

2 点目と 3 点目は，コミュニティ内でのさまざまな支援を含む，IRCC による資金提供を受けていないサービス提供者や組織が，ニューカマーの「中期的」，「最終的」な成果をもたらす要素として想定されていることを示唆している。したがって，IRCC は中長期的なニューカマーの統合を支援しているものの，統合という成果を達成するという責任を部分的に SPO の外側のさまざまな組織に手放している。言い換えると，中長期的なニューカマーの統合は IRCC，ニューカマー自身，カナダ社会全体が共有する共同責任となるのである。後者には，カナダ生まれの国民が享受している，多岐にわたるサービス・支援・機会が含まれる。

これらをまとめると，期待される成果についての IRCC による特徴づけを「定住と統合の連続体（the continuum of settlement and integration）」と呼ぶことができ

るが，それはニューカマーの移住直後のニーズが満たされた時点でカナダ社会への定住・統合が突如として終わるわけではないことを示唆している。しかし，以下に示すとおり，「中期的」および「最終的な」成果——ニューカマーのカナダ社会への中長期的な統合の成功であり，そこには望ましい生活の質とカナダ生まれの市民と同等の社会的・市民的包摂の達成を含む——を小都市圏や地方部で成し遂げるには，コミュニティが持っている諸資源をフル活用することが欠かせない。ここで，わたしたちは，次のステップとして，カナダ各地のコミュニティに定住したニューカマーが享受するより深いレベルでの快適さ，受け入れ，公平性を示唆する包摂（inclusion）のプロセスを付け加えたい。したがって，筆者らはこれを「定住—統合—包摂の連続体（the continuum of settlement‐integration‐inclusion）」と呼ぶ。

　そのような動員は，直接的サービスと間接的サービスが提供される両方の環境で生じる。IRCC は，SPO やその他の組織を通じて直接的サービスと間接的サービスの両方に資金提供しており，これらのサービスの概念的な範囲全体については，以下の論理モデルで示される（図20-1）。この論理モデルでは「支援サービス」について記述している。本章の目的に応じて，私たちはここで直接的サービスと間接的サービスという考え方を用い，定住支援プログラムの記述においてIRCC が策定した分類に基づき，論理モデルで示されている支援サービスの大半を直接的サービスと見なす。

　IRCC の定住支援プログラムの一環としてサポートされている直接的なサービスには以下のものが挙げられる[7]。

　　a)　ニューカマーによるサービスへのアクセスを可能にする支援サービス（それらには，保育，翻訳・通訳サービス，危機管理カウンセリング，交通支援，障害者向けサービスが含まれる。このカテゴリーは「障壁を下げるサービス」によって構成されるものとして考案されている）

　　b)　ニーズと資産の評価・紹介（個々人に合わせた定住計画の立案と定住支援サービス（IRCC が出資しているもの及びその他）への紹介）

　　c)　情報と初期指導

　　d)　言語訓練（言語レベルの評価，紹介，フォーマルおよびインフォーマルな言語訓練を含む）

　　e)　雇用関連（「雇用の架け橋となる取り組み，雇用関連の指導とネットワークの構築，雇用と資格評価に関するカウンセリング，技能開発・訓練」を含む）

　　f)　コミュニティへの接続（「クライアントをコミュニティ全体，公的機関，コミュニティ組織につなげる」ことを目的としたサービス）

　IRCC の定住支援プログラムに含まれている間接的サービスは，「ニューカマ

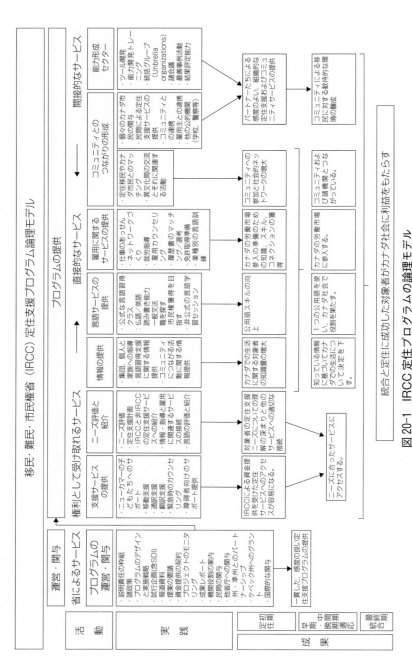

図 20-1　IRCC 定住プログラムの論理モデル

出所：以下のリンク先掲載の概念図を訳者が日本語訳し作成。https://www.canada.ca/en/immigration-refugees-citizenship/corporate/partners-service-providers/funding/resources/settlement-logic-model.html（2022 年 6 月 21 日閲覧）。

ーにもたらされる成果を最適化するため，IRCC から資金提供を受けている定住
コミュニティの能力を高めること」を想定している。さらに，「これらのサービ
スは，ニューカマーとつながり，包摂的な (inclusive) 実践を確立させ，カナダ
へのニューカマーたちによる貢献度を高めるために定住支援に関わっているパー
トナー（雇用主，コミュニティ組織，他のレベルの政府機関や公的機関）を支援する」。

　対象となる取り組みのうち，「定住・統合の連続体」の全体に関与しているこ
とからここで特筆すべきものが 2 つある。

- 「ニューカマーに関する成果を比較可能にするための，サービス提供者に対す
  る研修の内容，基準，カリキュラムの開発・管理・普及」
- 「地域での計画立案と連携に向けたコミュニティへの関与とパートナーシップ
  の構築」

これらには，フランス語系移民ネットワーク（RIF）や LIP の発展も含まれる。

3　マニトバ州の小都市圏における 連邦政府からの資金提供を受けた SPO

　ニューカマーの定住・統合支援サービスに対しては，州政府および自治体によ
る資金提供と比べると，連邦政府が圧倒的に多くの資金提供を行っている。本節
では，連邦政府の機関（IRCC）から資金提供を受けているマニトバ州の定住支援
SPO に注目する。**表 20-1** は，マニトバ州内で州都ウィニペグの外に立地する，
IRCC の資金提供を受けた SPO の一覧である。SPO の設立，廃止，または統合
といった過程はステークホルダーやコミュニティによって決められるが，その要
因（parameters）は SPO への出資を通じて IRCC により設定されることが多い。
例えば，IRCC は 2019 年にサービス提供者によるプロポーザル（支援計画案）を
募集しており，各 SPO はそれを通じて 5 年間にわたる資金提供に応募する。当
時，マニトバ州の地方部には，一人のスタッフが運営するようなニューカマー向
けの SPO のオフィスが 7 か所あった。より長期的な組織の持続可能性を強化し
促進するために，このような慣行を廃止することを IRCC は明確に奨励している。
それに伴い，一人で運営されているオフィスの大半は提携し，ある程度まで組織
構造を合併したり共有することで共同の補助金協定を結ぶようになった。このよ
うな形態のうち最も一般的なものが「ハブ・アンド・スポーク」モデル[4]によるサ
ービス提供であり，地方部における比較的大きな市町村が中心的な「ハブ（中心
拠点）」となり，より遠隔地にある小集落が「スポーク（拠点）」となる。

　マニトバ州の小都市圏 SPO の大きさはさまざまであり，スタッフの数は 1 名
から 85 名まで，年間予算も 10 万ドルから 200 万ドルまでと多岐にわたる。これ

表 20-1　マニトバ州の小都市圏 SPO

名称	オフィスが設置されているコミュニティ	職員の数	提供しているコア・プログラムとサービス
イーストマン移民サービス	●スタインバッハ ●アーバーグ	15	●定住支援サービス ●雇用支援サービス ●学校における定住支援ワーカー（SWIS） ●LIP- イーストマン地域移民パートナーシップ・イングリッシュ・フォー・ワーク ●ボランティア
ニーパワ地域移民定住サービス	●ニーパワ	12	●定住支援サービス ●学校における定住支援ワーカー（SWIS） ●雇用支援サービス ●ボランティア・プログラム ●EAL プログラム
北西地域移民サービス	●ザ・パス ●スワン・バレー	5	●定住支援 ●SWIS ●雇用支援 ●言語習得支援
ポルタージュ学習・リテラシー	●ポルタージュ・ラ・プレーリー	10	●定住支援 ●SWIS ●言語習得支援 ●雇用支援サービス ●ボランティア
リージョナル・コネクションズ	（オフィスは 4 ヵ所） ●アルトナ ●ドーフィン ●モーデン ●ウィンクラー ●モリス（巡回） ●カーマン（巡回） ●チャーチル（遠隔）	85	●定住支援サービス ●雇用支援サービス ●言語習得支援 ●SWIS ●未就学児の保護者のための家庭指導（HIPPY） ●再定住支援プログラム（RAP） ●ボランティア ●保育（ChildCare） ●精神保健（MentalHealth） ●ケース・マネジメント ●LIP- ペムビナ・バレー LIP（PVLIP） ●LIP－ドーフィン地域歓待コミュニティ連合（DAWCC）
トンプソン・ニューカマー定住サービス	●トンプソン	1	●定住支援サービス ●ボランティア
ウェストマン移民サービス	●ブランドン ●カートライト ●ラッセル ●バードン	60+	●定住支援 ●雇用支援サービス ●通訳支援 ●再定住支援プログラム（RAP） ●保育 ●家族・若者支援 ●ケース・マネジメント ●言語習得支援

		● SWIS
		●言語レベルの評価
		●ボランティア
		●住宅支援
		●ワークショップ

注：この情報は以下のリンク先より集められている：https://eastmanimmigrantservices.com/, http://www.neepawasettlement.com/index.html, https://nwregionalimmigrantservices.com/, https://pllc.ca/, https://regionalconnections.ca/, http://www.thompsonsettlement.ca/, https://westmanimmigrantservices.ca/
出所：筆者作成による表を訳者が日本語に翻訳。

らの多くはその性質上，地域全体を対象とし，イーストマン移民サービス，北西地域移民サービス，リージョナル・コネクションズ，ウェストマン移民サービスなどの包括的な組織が複数のコミュニティに対して直接的なサービスを提供している（上述の「ハブ・アンド・スポーク」モデルによる）。その他のSPOは，単一のコミュニティに事務所を構え，拠点とするコミュニティのみにサービスを提供している（トンプソン・ニューカマー定住支援サービス，ポルタージュ学習・リテラシーなど）。ひとつのSPO（ニーパワ地域移民定住支援サービス）は単一のコミュニティを拠点としているが，サービスの提供範囲を周辺地域にまで広げている。

　「ハブ・アンド・スポーク」モデルには，小規模なコミュニティにおける定住支援ワーカーやニューカマー自身が，個々のコミュニティが独自に運営している場合よりも大きな組織構造へアクセスできるという利点がある。このような形でまとまりを作ることで，多数のコミュニティ，中でも独自にこれらのサービスの多くを支援するには小さすぎるようなコミュニティに，より多くの定住支援サービスを提供することが理論的には可能となる。これは，小規模な組織にとって負担の重いプロセスでもある，各コミュニティの定住支援オフィスが自ら多様なサービスを提供し，報告する必要性を緩和する。そのニーズが複数のコミュニティにわたって存在することを示すことができれば，人的資源に対する要求をIRCCに承認してもらうことがSPOにとって容易になる可能性がある。団体の大小に関わらず個々のSPOはそれぞれの優先事項を決め，適切なスタッフを確保するための資金を調達するのだが，大規模なSPOでは，統合や包摂といった長期的なプロセスを含めたより多くの領域に特化して，より多様なスタッフを雇うことができるのである。

　資金提供者との資金に関する交渉，報告，クライアントへのサービス提供などの業務をすべてSPOの責任としてしまうと，小さく，資源も限られている独立したオフィスにとっては過度の負担となってしまう。そのような小規模な事務所では，提供できるプログラムやサービスの種類が限られている。にもかかわらず，「スポーク（拠点）」が十分に支援を受けていなければ，そこには大きな組織構造から疎外されているという感覚が生まれる可能性がある。遠隔地域におけるニュ

ーカマーが「ハブ（中心拠点）」によるサービスを十分に受けられない，または「ハブ」から疎外されないようにするために，注意が必要である。定住支援サービス担当者が１人しかいない５つのSPOのうち，４つがより大きな組織の一部である。

　したがって，特定のコミュニティにおけるニューカマー向け定住・統合支援サービス提供者は，潜在的なトレードオフに直面してきた。すなわち，提供できるサービスがより少なくなる可能性がありながらも，特定のオフィスやコミュニティにおける組織上の自律性の確保を重視するか，コミュニティや組織としての自律性が弱まったとしても，より幅の広いサービスの提供や，より多くの組織的資源の活用が可能になることを重視するかのトレードオフである。

　小規模なコミュニティにおけるオフィスは，「ハブ・アンド・スポーク」モデルの一部であるか独立しているかにかかわらず，サービスを提供する上でいくつもの課題に直面している。これらは，独立している状態と広域の地方事務所と提携している状態という問題に対して，異なるアプローチを示している。例えば「インターレイクオフィス」は，当初は独立を維持しようとしたものの，現在では「イーストマン」の一部となっている。その一方で，北部にあるトンプソンの街に位置している「トンプソン・ニューカマー定住サービス」は，現在もより大きな地方レベルの「ハブ・アンド・スポーク」構造から独立したままである。マニトバ州において最も小さいこの小都市圏SPOでは，その人的資源は常勤の事務局長と１人のパートタイムの言語スタッフで構成されている。特に他の小都市圏と比べてトンプソンに来るニューカマーの数が比較的多いことを踏まえると，組織の小ささとコミュニティが比較的遠隔地であることは，定住・統合支援サービスの提供を難しくしていると言える。とはいえ，現実的には，「ハブ・アンド・スポーク」モデルの一部となっている小規模なオフィスでも，大きな組織構造の一部であるにもかかわらずたった１人により構成され，該当するコミュニティにおける直接的な定住・統合支援サービスについてその人物が責任を負っているのである。

　個別のSPOは，提供したいサービスの程度を決め，出資額や提供する能力について IRCC（とその他の資金提供者）と交渉する。これらのSPOは，例えば住宅・雇用・学校・医療といったニューカマーが到着後直ちに直面する定住支援ニーズや，定住・統合・包摂の連続体の「後の段階」で現れるニーズに対応するために，異なる量の人的資源／スタッフの時間を割り当てることを試みるかもしれない。SPOは，定住や統合の支援の取り組みに人員および／または義務や責任の一部を割り当てるべきかどうか決める。定住支援ワーカーはニューカマーのニーズ評価と必要なサービスへの紹介を行い，ニューカマーが定住計画を策定するのを手伝うとともに，就労，住宅の確保，子どもの学校探しやその他の家族ニー

ズなどといった，カナダへの到着とともに直ちに現れるニーズの一部を支援する。

　ニューカマーがアクセスできるサービスの量と範囲を増やし多様化するために小都市圏が採用できるもうひとつの戦略として，都市部（州都ウィニペグ）を拠点とした，州政府の委任を受けているプログラムへの参加の促進がある。これについては，① インターネットを経由した英語の授業を州全体に提供する English Online，② ニューカマーが住宅の賃貸や所有に伴う権利や義務を理解できるよう州全体で利用できる，New Journey Housing が提供する住宅支援とワークショップ，③ オンラインでのカウンセリングやセラピーをニューカマーに提供するだけでなく，多くの場合彼らの第一言語を用い，文化的にも配慮した形で提供するオーロラ家族セラピープログラムの「ニューカマー協働コミュニティメンタルヘルスプログラム」という 3 つのモデルが挙げられる。

　一部の SPO には統合支援ワーカーがおり，初期定住からある程度時間の経ったニューカマーまたはその家族が，コミュニティにおける生活の質を高められるよう支援する。統合とは，定住してすぐに立ち現れるニーズに対応した後に，コミュニティでの生活をより豊かにするための次のステップである。ニューカマー関連の統合支援には，例えば，より満足のいく，あるいはキャリアを持続できるような雇用を見つけること，親や子どものコミュニティへの参加をより深いものにすることなどが含まれる。一方，包摂にはコミュニティ組織や組織の理事会におけるニューカマーの代表性の確保，コミュニティ内における人種差別（racism）や外国人嫌悪（xenophobia）との闘い，コミュニティ内の生活のあらゆる点でのニューカマーの参加の強化など，より複雑で体系的な事柄が含まれることもある。加えて，包摂にはニューカマーを含めるような形でコミュニティの意思決定のあり方を積極的に再構築することも含まれうる。そのような複雑な事柄に取り組むことは，個々の組織を越えて取り組むべきことである。

　これらの後者のニーズは，小規模なコミュニティにおいてニューカマーが長期的な生活の質や福祉を達成するためには必要不可欠である。しかし，そのようなニーズに対して具体的な予算や専属のスタッフを確保することは往々にして難しい。IRCC はニューカマーに特化していない，他のコミュニティサービス提供者がニューカマーのコミュニティへの統合や包摂といった長期的な取り組みを共有することを期待しているものの，この目的に向けたコミュニティの集団的な知識や能力を開発していく際には，ニューカマー SPO や，LIP や統括団体といったニューカマーに特化した取り組みが，中心的な役割を果たし続けていかなければならない。例えば，ニューカマー向けではない雇用プログラムは国外での業務経験を強調し考慮することの重要性を理解していない可能性があり，ニューカマー SPO，LIP，統括団体が持つ専門性の高い知識や経験から恩恵を受けることができよう。

　直接的・間接的サービスの提供については，SPO は初期の定住が開始されて
かなりの時間を経た後でも，定住や統合の専門性を提供できる無類の立場にある。
Silvius［2020］は，難民の再定住を成功させるにあたって，民間セクターやコ
ミュニティによる自発的な貢献に依存することへの懸念について言及している。
そのような貢献はカナダ政府が示した難民の再定住への「社会全体の」アプロー
チにとっての重要な一部分であるものの，難民の定住の基盤となっているのは，
専門的知識やサービス提供における一貫性，組織上の安定性を提供できる，政府
の資金提供を受け持続的に関与できるような人材である。この目的に関して類似
した例は，ボランティア・コーディネーターについての考え方にも見られる。一
部の小都市圏 SPO はボランティア・コーディネーターの役職を用意している。
これは，多くのコミュニティメンバーがニューカマーの「歓待」を支援したいと
考えるものの，そのための資源や知識を当初は持っていない場合があることへの
認識に基づいている。ボランティアは，例えば異文化コミュニケーションについ
て研修を受けることで恩恵を受けることができる。州や全国レベルでニューカマ
ー向けサービスのネットワーク（LIP や統括団体など）につながっている，専門性
があり訓練を受けたスタッフは，そのような取り組みの専門化を進めることがで
きる。

▶ 4　論理モデルを超えて？
──マニトバ州の小都市圏における定住支援サービスへのサポートに向けて

　小都市圏や地方部における直接的・間接的な定住・統合支援サービスのサポー
トに関する主な結論は，以下の通りである。

　第一に，そのような地域では大都市圏（urban center）と比較して，社会的なサ
ービスのうちでニューカマーに特化したものや一般的なものが比較的少ないこと
を踏まえると，望ましい定住・統合・包摂の成果を挙げることは容易ではない。
このタスクは，コミュニティのメンバーによる自発的な取り組みのみでは対応し
きれない。むしろ，コミュニティのメンバーやニューカマーに特化していないサ
ービス提供者の間で，間接的で「ソフト」なサービス提供者の存在が，定住・統
合・包摂に関する知識を高めていく上では欠かせないものとなる。

　第二に，IRCC の，現在の小都市圏でのニューカマーサービスの組織編成の下
では，SPO やコミュニティ全般との間での連携・接続・能力開発のような間接
的サービスは，LIP や統括団体のような組織のサポートを受けながら実行されて
いる。小規模 SPO は，出資された資金・職員数・能力が大きく増加されない限
り，ニューカマーの定住と統合への支援に関する州・地方・全国レベルでの意見
交換や取り組みに単独では十分に参加し，貢献し，そこから学びとることはでき

ない。しかし，そのような意見交換や取り組みの恩恵を享受することは，小都市圏におけるサービス提供の成功に欠かせない。

　第三に，場所と集団規模に関連して，小都市圏はニューカマーのためのサービスを組織化するにあたって特有のニーズを2つ有している。ひとつ目は，可能な際に現場でサービスを提供することを含め，「その場所に即した」コミュニティの現実を捉えることである。大都市圏では，ニューカマーに紹介されるサービスの多くはニューカマーに特化したサービス提供者によるものである。地方部では，そのようなサービスの密度が低いことから，ニューカマーを主な対象としていないようなサービス提供者へ紹介されることが多い。そのようなサービス提供者は，LIP や統括団体と連携することで便益を得ることができる。2つ目は，小都市圏が単独で提供できるものよりも大きな運営のスケールと業務の専門化による恩恵を享受することである。これには，LIP や統括団体などとの協力や，「リージョナル・コネクションズ」や「ウェストマン移民サービス」の例に見られるように，同じ業務組織の中に複数の小都市圏オフィスを設けることなどが考えられる。

　ニューカマーの定住・統合・包摂に関するニーズの一部には，住宅，雇用，学校，保育，医療，言語学習の授業，文化的資源，コミュニティへの適応やつながりなど，一貫して予測可能なものがある。その他のものについては，予測することが難しい。さらなる他のニーズには，コミュニティに「歓迎されている」という感情，在留資格（residency status）に関わらず必要なサービスにアクセスできること，個人の選好や人生の目標に沿いながらコミュニティや「カナダでの」生活のあらゆる側面に完全に参加するとともに，完全な社会的モビリティを達成することなど，定義すること自体が難しいものも挙げられる。

　連続体という考え方が示唆することは，ニューカマー本人やその家族ひとりひとりが，カナダ移住後の異なる時期に異なるニーズの組み合わせを，それぞれ違った形で体験するということである。ニューカマーの定住・統合・包摂のニーズを満たすためには，小都市圏は，連続体のさまざまな段階におけるサービスと支援を提供する態勢を整え，ニューカマーのニーズ，目標，選好に対してそれらが生じる際に応えなければならない。

　本章では，地方部や小都市圏において，ニューカマーの定住と滞在の維持に際して間接的・直接的な支援サービスの両方が肯定的な役割を果たしていることが認められた。しかし同時に，そのようなサービスを提供する上で課題が存在していることも認められる。これらの課題には次のようなものが挙げられる。

　　・歓待コミュニティの取り組みを発展させることについては進展がみられるものの，ニューカマーの定住・統合・包摂についての，コミュニティレベルでの戦略／計画が策定されていない場合がある。筆者のうちの一人（Boddy）は自治体

の政策決定者に対して,「ゴミの収集も移民政策と同様,計画なしでやってしまいましょう！」と冗談交じりに話したことがある。自然発生的かつ場当たり的にゴミ収集を行った場合にコミュニティで起こりうる混乱は想像に難くないが,残念ながらニューカマーの定住と統合の支援に関する計画立案や連携に際してもそのような欠如が存在することについてはあまり注意が払われていない。

・特定のクラスのニューカマーの新規到着人数に応じて定住支援サービスの資金額が決まる補助金モデルの構造は,新規到着者の人数は少ないがニューカマーを誘致し定住させるためのサービス提供を必要とするような地域には適していない。

・SPO は,ニューカマーに対して提供したニーズ評価と情報提供セッションの数に基づいて資金提供を受けている。したがって,補助金のモデルは移住当初のサービスの窓口が前提となっている。そのうえ SPO は,永住者でない者にサービスを提供するための資金提供は受けていない。これには,多くの地方部においてニューカマー人口の多くの割合を占めている,一時滞在の外国人労働者も含まれる。資金提供者は,「ウシの数を数えるかのようにして」この計画を決めている。言い換えると,IRCC はニューカマーあたりのコストを基に運営しているのである。地方部では,ニューカマーあたりのコストが都市部のそれを上回るため,そのようなモデルの下では直ちに不利な立場となるのである。

付　記

(筆者の1人である) Ray Silvius は本章に見識を提供してくれた Jill Bucklaschuk 博士と,歓待コミュニティの取り組みの研究を支援してくれた Riley Black 氏に感謝の意を述べる。筆者らは,マニトバ州の小都市圏 SPO が提供しているプログラムやスタッフ数に関する情報を集める際のサポートをしてくれたマニトバ州の小都市圏 SPO スタッフに厚く御礼申し上げる。また州の出資額については IRCC に,有用な情報提供については MANSO のスタッフにも感謝する。

●注

1）これらについては「定住・統合支援サービス（settlement and integration services）」と呼んだ方がより正確である可能性があるものの,定住支援サービスという言葉は,ここでは IRCC ならびに定住支援セクターが用いる用語と同じ意味で用いている。

2）Esses et al. [2010] は,歓待コミュニティについて17の特徴を記述している。

3）そのような組織は,カナダの政策実務家や研究者の間では一般的に SPO と略されている。

4）郵便局ボックスとは家から離れた場所にある鍵がかかった箱のことであり,人びとはそこから郵便物を回収できる。これらは,地方部において一般的である。

5）ただし,IRCC は近年になり,一時的なものであることを意図して設計されているビザであるにもかかわらず,カナダ＝ウクライナ非常時渡航承認ビザにより到着したウクライナ人を対象に一部のサービスを開設しており,永住による保証を伴わない形でプログラムが運営されている。

6 ）本節で提供している IRCC の定住プログラムの概要は次のウェブサイトから引用してい
る：*Summary of Settlement Program: Direct and Indirect Services*（https://www.canada.
ca/en/immigration-refugees-citizenship/corporate/transparency/program-terms-
conditions/settlement.html）。

7 ）ここには「ウクライナ情勢への対応：空港やホテルに関する支援」というカテゴリーは含
まれていないことに注意を要する。

● 訳注

[1] 本章は，Ray Silvius, Don Boddy 両氏より寄せられた書下ろしの英文原稿を，徳田によ
る下訳，古地による文体表現や専門用語の翻訳等に関する修正，徳田・古地による最終的な
訳文の調整作業という工程を経て日本語に翻訳したものである。Silvius 氏はカナダ・マニ
トバ州に所在するウィニペグ大学政治学部の Associate Professor で，The Community
Engaged Research on Immigration（CERI, https://www.uwinnipeg.ca/ceri-network/
index.html を参照）および The Migration in Remote and Rural Areas（MIRRA）という
研究ネットワークを主宰しており，訳者である古地，徳田ともに MIRRA Network のメン
バーであった。この度の本書への寄稿はこれらの研究交流の一環として実現したものである。
本章は両氏による現地での実践および研究を通じて培われた，外国人の地方移住促進に向け
た諸活動に関する貴重な情報や知見を提供するものである。執筆の労を取ってくれた
Silvius 氏，Boddy 氏に対し，訳者両名より感謝の意を表したい。

[2] マニトバ州はカナダ中央部の州で，平原三州のひとつ。州都はウィニペグ。面積は約 55
万 2 千平方キロメートル。ハドソン湾沿岸のツンドラ地帯と南部のマニトバ低地を除き，州
面積の 50％以上の地域は森林におおわれており，3 万 8500 もの湖沼が点在している。気候
は大陸性で寒暖差が激しく，夏は 20〜23 度，冬はマイナス 20〜30 度にもなる。有数の春小
麦栽培地域であり，食肉加工・石油精製・鉄鋼・化学・電機などの工業もさかん。北部では
ニッケル，銅，金などの鉱産資源の開発も行われている。＊『ブリタニカ国際大百科事典
（小項目電子辞書版，ブリタニカ・ジャパン）』および『日本大百科全書（電子辞書版，小学
館）』の「マニトバ州」の項を参照。

　2021 年のマニトバ州の人口は 134 万 2153 人で，2016 年が 127 万 8365 人，2011 年が 120
万 8268 人となっていて，ここ 10 年で州の人口は増加している。そのうち，ウィニペグ市の
人口は 74 万 9607 人（2021 年）であり，州人口の半数以上が州都ウィニペグ市に住んでい
ることになる。次に人口の多い都市が本章でも取り上げられるブランドンで人口は 5 万
1131 人（2021 年）。州都とそれ以外の都市や地域との人口差は大きい。＊カナダ統計局に
よるセンサス（国勢調査）の結果を参照。

[3] いずれも州内の市町村名。

[4]「ハブ・アンド・スポーク」モデルは物流分野などで用いられる語で，「中心拠点（ハブ）
に貨物を集約させ，拠点（スポーク）毎に仕分けて運搬する輸送方式」のことを言う。中心
拠点を設けて各拠点を結ぶことで，直接拠点同士を結ぶよりも少ない経路数で物資を運搬で
きるシステムを構築することができる。なお，ハブとは車輪やプロペラなどの中心部を指し，
スポークとは車輪の中心軸とタイヤなどの輪の部分をつなぐ棒のこと。　参照：大和物流株
式会社ウェブサイト「用語集」より。https://www.daiwabutsuryu.co.jp/useful/words/hub-
and-spoke

● 参考・引用文献

Agrawal, S. and Rutgers, J.［2014］"Welcoming Communities Initiative: A test in Toronto's

Thorncliffe Park," In Kilbride, K. M. (ed.), *Immigrant Integration: Research Implications for Future Policy*, Toronto: Canadian Scholars Press.

Brown, N. R. [2017] "Housing experiences of recent immigrants to Canada's small cities: The case of North Bay, Ontario," *Journal of International Migration and Integration*, 18(3).

Carter, T., Morrish, M., and Amoyaw, B. [2008] "Attracting immigrants to smaller urban and rural communities: Lessons learned from the Manitoba Provincial Nominee Program," *Journal of International Migration and Integration/Revue de l'integration et de la migration internationale*, 9(2).

Depner, W. P., and Teixeira, C. [2012] "Welcoming communities? An assessment of community services in attracting and retaining immigrants in the South Okanagan Valley (British Columbia, Canada), with policy recommendations," *Journal of Rural and Community Development*, 7(2).

Derwing, T. M., and Krahn, H. [2008] "Attracting and retaining immigrants outside the metropolis: Is the pie too small for everyone to have a piece? The case of Edmonton, Alberta," *Journal of International Migration and Integration/Revue de l'integration et de la migration internationale*, 9(2).

Esses, V., Hamilton, L. K., Bennett-Abu Ayyash, C., and Burstein, M. [2010] Characteristics of a welcoming community. http://p2pcanada.ca/files/2015/10/characteristics-1.pdf

George, G., Selimos, E. D., and Ku, J. [2017] "Welcoming initiatives and immigrant attachment: The case of Windsor," *Journal of International Migration and Integration*, 18(1).

Gibson, R., Bucklaschuk, J., and Annis, R. C. [2017] "Working together: Collaborative response to welcoming newcomers in Brandon, Manitoba," In Bonifacio, G. T. and Drolet, J. (eds.), *Canadian perspectives on immigration in small cities*, Springer.

Guo, S. and Guo, Y. [2016] "Immigration, integration and welcoming communities: Neighbourhood-based initiative to facilitate the Integration of newcomers in Calgary," *Canadian Ethnic Studies*, 48(3).

Ma, M. C. [2017] "Local Immigration Partnerships: How is Peterborough engaged with immigrant Integration?," In Bonifacio, G. T., and Drolet, J. L. (eds.), *Canadian perspectives on immigration in small cities*, Switzerland: Springer International Publishing.

Silvius, R. [2016] "Neo-liberalization, devolution, and refugee well-being: A case study in Winnipeg, Manitoba," *Canadian Ethnic Studies*, 48(3).

———— [2020] "Government as resettlement facilitator in the "Whole of Society" approach: Canadian refugee resettlement in a neoliberal era," In Korntheuer, A. Pritchard, P., Maehler, D. and Wilkinson, L. (eds.), *Refugees in Canada and Germany: From Research to Policies and Practice*, DEU.

Silvius, R., and Annis, R. C. [2007] "Reflections on the rural immigration experience in Manitoba's diverse rural communities," *Our Diverse Cities*, 3.

Walton-Roberts, M. W. [2011] "Immigration, the university and the welcoming second tier city," *Journal of International Migration and Integration*, 12(4).

Wiginton, L. [2014] Canada's decentralised immigration policy through a local lens: How small communities are attracting and welcoming immigrants. Brandon, Manitoba: Rural Development Institute, Brandon University.

終　章

「多文化共生のしくみづくり」に向けて

徳　田　　剛

1　日本の地方部における外国人の人口動態と受け入れ態勢
──序章，第 I 部のまとめ

　本書は，日本の地方部における外国人の受け入れとホスト社会における共生に向けた，各地での取り組みとそのしくみに着目し，研究者・実践者それぞれのフィールドや現場についての論考を集めたものである。本書を閉じるにあたって，これまでに論じられてきたテーマや内容について概観したうえで，これからの「多文化共生のしくみづくり」について考えていく際に有用と思われる知見を整理し，今後の方向性と課題を確認したい。

　まず序章では，この 10 年ほどの間に日本の地方部において急速に外国人人口が増加していることを確認した。全国的に見ても，2012 年から新型コロナウイルスの感染拡大直前の 2019 年までに外国人人口が大きく増加しているが，地方部においても同じような比率で増加しており，とりわけ地方部の各県がその間の人口増加率の上位にあることがわかった。また，外国人の数が多く集住傾向がみられる都市部などと比べると，比率としてベトナムやフィリピンなど東南アジアからの来住者の割合が比較的高いこと，在留資格では技能実習や特定技能の比率が高いことなどが明らかとなった。

　第 I 部では，日本の地方部における外国人受け入れ等に関する取り組み状況とそこでの課題について，関連セクターごとに詳述した。第 1 章では，地域社会において外国からの来住者を受け入れ，サポートするにあたってどのような組織・団体がどのような役割を果たしているかを整理するための概念図（ローカルガバナンス構造）を示した。また，各地域での取り組みに際しての特徴や長短所を判定するための指標として活動資源・政策資源のチェックリストを示した。

　第 2 章から第 5 章では，行政や地域国際化協会の立場からの考察が示された。行政は地域住民としての外国人住民への基本的なサービス提供，地域国際化協会は国際交流や多文化共生に関する体制整備や諸活動の遂行といった役割を果たす。近年の外国人住民の増加傾向を受けて各課題の取り組みが難しさを増していく中

で，体制整備の一環としての「多文化共生推進プラン」の策定や外国人住民の困りごとに対する各種サポート活動などが取り組まれている。最近では，法律の制定に伴って地域での日本語習得機会の提供と，日本語教室空白地域の解消に向けた取り組みに注力している傾向が見て取れた。

　だが，とりわけ地方部で散住するために問題状況が不可視化されやすい地方在住の外国人住民にとって，必ずしもこれらの公的な特徴の色濃い組織・団体が「困ったとき，いざという時に頼れる存在」となっているわけではない。地域の日本語教室は地方部に暮らす外国人住民にとってホスト社会と接触する貴重な結節点となるし，教員・スタッフや別の受講生が生活上の相談相手となることもある。家庭内や就労・実習先の企業での深刻なトラブルに巻き込まれた時などは，第9章で紹介されたような，日本国内の諸制度や法律面に詳しい専門家を擁する市民団体の存在が大きな支えとなる。また，異郷の地で病気やケガの治療の必要が生じた時に医療機関を受診した際にも大きな「言葉」や「制度」の壁に直面する。日本ではまだまだ「標準装備」には至っていない医療通訳業務に関しては，第10章で示されたように多くの地域でボランティアや市民団体などの尽力によって何とかしのいでいるのが日本国内の現状である。

　地方部ではベトナムやフィリピンなどからの技能実習生の割合が高いことから，その受け入れ先である企業や事業所の存在が，アクターとして重要度を増してきており，他のセクターとの連携も求められてきている。第6章から第8章では，地方部で技能実習生を中心に外国からの来住者を受け入れている農業，製造業，介護福祉を担う企業や事業所の状況を明らかにした。

　その一方で，多くの外国人の信者・信徒が集まる宗教団体の施設（キリスト教会，仏教寺院，イスラム教のモスクなど）とエスニック・コミュニティはとても近い関係にある。第11章で取り上げられた非都市部にあるベトナム人が集まる仏教寺院，第12章のテーマである地方のモスク（マスジド）は信仰上のニーズの充足にとどまらず，トラブル対応や地域社会への働きかけなども行っている。第14章で紹介された，フィリピンからの新規来住者のフィリピン・コミュニティへの接触機会は移住先のカトリック教会に足を運ぶことから起こっており，宗教行事とその後のパーティへの参加などを通じて，散住するフィリピンからの来住者のネットワークが形成・強化されていた。とりわけ在留期間が長くなってくると，2世や3世などの子どもたちに対する母語・母文化継承の問題や，高齢期のライフステージにおけるケア・看取り・葬送などの問題が生じてくる。これらの問題に対しては，エスニック・コミュニティや宗教セクターによる支えがきわめて重要な意味を帯びてくる。高齢期を迎えたフィリピン女性たちのネットワークや，第13章で取り上げられた民族学校をコアとする地方の在日コリアンコミュニティの記述において，そのことが明示されている。

　以上のような諸セクターが十分にその特長を生かして役割を遂行し，かつ相互に綿密な連携が図られた時，その地域における外国からの来住者の受け入れはスムーズとなり，何らかの問題が生じた際の対処能力も高いものとなるだろう。だが，地方部に位置する多くの地域や自治体では，それらのいずれかが欠けている。あるいは十分な活動資源（人員，組織の権限，予算など）を有しないためにそのポテンシャルを発揮できない状況にあるなどの事情で，問題状況の改善・解決が不十分なものにとどまりがちとなる。例えば，行政における外国人受け入れや多文化共生に関する専任の部署の不在，地域国際化協会やエスニック・コミュニティ，エスニック・チャーチ等の不在，地域在住の外国人住民へのサポート（相談対応や日本語習得機会の提供など）を行う市民団体の少なさなどが，地方部においては散見されるのである。近年急増している外国人住民へのサポートを必要最低限の水準に引き上げていくためにも，各地域において，第1章で示した「ローカルガバナンス構造」をバランスの良い形に近づけることは急務である。行政の部署や各種団体の運営基盤の確立・強化を図り，地域住民や地域に定着・適応した“ベテラン”の外国人住民がいずれかのセクターに参加し，活躍できるよう促すなどの働きかけが必要となるだろう。それに加えて，小規模でも公的予算を割り振ることによりサポートを正当化するとともに，実効性のある予算執行のための「政策資源」の充実（「多文化共生推進プラン」の策定，多文化共生・外国人住民の権利保障・ヘイト行為の禁止等に関する条例の制定など）もまた，必須である。そのための指針を得るために，本書の第II部において海外諸国の移民政策の基本的なしくみや実践について検討した。

2　諸外国の移民政策のしくみと地方部における外国人受け入れ——第II部のまとめ

　本書の第II部では，日本の「移民政策」（＝外国人政策，多文化共生政策など）の特徴と問題点を確認したうえで，その弱点を補うべく今後どのような方向性や態勢整備が必要であるかを，諸外国の事例を検討することを通じて明らかにした。

　第15章では，日本の移民政策の特徴および課題点について整理した。一連の政策が外国籍を持ったまま日本国内に在留している人たちを対象としており，日本国籍を持つ外国ルーツの人たちや無国籍者・難民認定待機者・非正規滞在者などをその枠外に置くものであること，出入国管理政策と統合政策を比較した時に，前者に比して後者の取り組みや（法整備などの）ルール化が非常に弱いこと，都道府県や市町村での取り組みやルール化についてはどの国・地域からの来住者の割合が高いか，どの時期に同政策への取り組みの必要性が生じたか等によって外国人受け入れ政策の内容や進度に著しい違いが見られること，などの諸点を確認し

た。そのうえで，労働人口の減少による働き手不足や少子高齢化・人口減少による活力低下がいっそう深刻となる日本の地方部において，将来的に外国人の受け入れ強化・誘致の必要性が高まり，そのための政策の整備が必要となって来るだろう，という将来予測を示した。

　韓国の移民政策を取り上げた第16章では，日本では整備が十分でない統合政策に焦点を合わせて，その基本的なしくみやルールについて詳述された。そこでは，韓国籍を持つ人が含まれる国際結婚世帯が優遇され，外国籍カップルの世帯や外国人労働者が別扱いになっているなどの問題点はあるものの，基本法の制定，地域内の支援拠点の全国的な設置と充実した予算措置，韓国語習得機会の公的な保障など，来住後の各種ニーズへの対応に際しての態勢整備が進んでいることが示されている。今後，移民政策担当省庁の設置などの新しい動きについても示唆があった。

　第17章の台湾においては，中華民国政府による第二次世界大戦後の戒厳令体制が続く中で，独特の社会状況と外国人受け入れニーズが存在したこと，1990年代ごろからは家事労働や介護労働の分野などで多くの東南アジア系外国人がやって来ており，市民セクターがリードする形で外国人住民への支援の充実や権利拡張などの動きが見られることが報告された。

　第18章では，ドイツの移民政策の変遷についてその歴史的経緯を中心に説明がなされた。高度経済成長期におけるガストアルバイターとしてのトルコ人労働者の招聘とその後の定住化や家族呼び寄せによる人口急増は，積極的な移民受け入れ政策の「失敗例」として参照されることが多い。だが，本書の問題関心からすれば，政府見解として「移民国ではない」と表明し続けてきたドイツがいかにして移民受け入れ国を公式に標榜し法整備や受け入れ態勢の構築を進めてきたか，その経緯を学ぶことは，わが国の政府の消極的な政策環境をどのような道筋で変化させていくかを考えるうえでとても重要である。また，難民受け入れについて批判の多い日本の現状を考えるうえでも，ドイツにおける難民受け入れの状況とそこでの課題を学ぶことの意義は大きい。

　この第Ⅱ部の主要テーマとも言える「地方誘導型移民政策」について直接的に触れているのが第19章である。ここでは，カナダの移民政策の変遷と基本的なしくみが示されたうえで，カナダの三大都市圏に集中しがちであった移民の流れをいかにして地方部に誘導するかについて紹介された。連邦政府と各州の協定に基づいた州推薦プログラムの運用についてはすでに一定期間が経過し定着しているが，近年では地方・北部地域への移住のパイロットプログラムなどが実施されており，「条件不利地」に移民を呼び込むための施策としてとても参考になる事例である。

　カナダからの特別寄稿による第20章では，同パイロットプログラムに指定さ

れたマニトバ州ブランドン市などでの，海外移民のコミュニティ単位での受け入れ態勢および現地での各種支援の取り組みについて，現地担当者ならではの詳しいレポートがなされた。それによれば，本書の枠組で言うところの「活動資源」となる現地の支援団体として「定住支援サービス提供機関（SPO）」があり，現地の支援対象者（移民）への直接的な支援を担っている。また，「地域移民パートナーシップ（Local Immigration Partnership；LIP）」および「統括団体（umbrella groups）」といった団体がSPOなどの現場支援者をサポートしたり，移民支援セクター以外の地域のアクターを巻き込むようなコーディネイト業務を行ったりしているようだ。州の中核都市（ウィニペグ都市圏）とそれ以外の地域の間での制度面・情報面での格差や，長期滞在・永住の移民と一時滞在労働者などの間での支援内容の格差が存在することについては先述の日本の地方部の事情と共通するが，カナダの地方部には移民受入業務に特化された複数種類のオフィスが配置されていて，それぞれがカナダ連邦政府やマニトバ州政府からの出資を受けている点で，わが国と比べると活動資源・政策資源ともにかなり手厚い状況にあることがうかがえる。受け入れた移民の定住支援に関する政策上のコンセプトと業務フロー，現場での具体的な支援リストなども紹介されており，本書が目指すところの「地方部での外国人受け入れにも対応した形での日本の『移民政策』のブラッシュアップ」を構想するにあたって，多くの示唆を含む内容となっている。

3　本書の考察を通じて得られた示唆

　ここで，以上のような本書の内容全体を通じて得られたいくつかの重要な知見について整理をし，若干の示唆や提案へとつなげたい。

3-1　「非集住地域」と「非集住者」

　筆者（德田）らは，これまでに一貫して外国人住民の集住が顕著ではない地域にフォーカスして調査研究を進めてきた。対象となる地域を表示する際，最初の共著書では「非集住地域」という用語を採用した。ただ，大都市圏や集住が顕著な地域以外の諸地域のすべてが「非集住（もしくは散住）」であるとは限らず，地方部においても集住傾向が見られるところもあるし，「集住か非集住か」は必ずしも2択ではなく，その地域の集住の度合いは一定のグラデーションの中で決まってくる。正直なところを言うと，研究上のキー概念において対象地域の「集住度」の問題をうまくクリアできなかったため，次の論集では「集住─非集住」の対比ではなく，「都市─地方」の対比のもとにキー概念を設定し，「地方在住外国人」や「地方部における外国人受け入れ」という表現を用いることとした。なお，序章で規定した通り，本書では「地方部」を「外国人の集住」と「日本人の

人口密集」がともに顕著ではない地域，と定義し用いている。

　もうひとつの対象地域の規定上の制約は，統計資料の分析の際の「各都道府県の外国人人口数」を基準としていて，「三区分」のうち「外国人人口が2万5千人未満」の数値をもって「地方部」の特徴を説明する手法を採用していることである。ここで生じるのは，先述の「地方部における集住傾向」をどう取り扱うかという問題と表裏の関係にある，「都市部における非集住（散住）傾向」の捉え方という"難問"である（表終-1 を参照）。都道府県単位の人口の多寡での分類では，市町村や小地域レベルでの集住・非集住（散住）およびその度合いを把握することはできない。となると，市町村単位や（メッシュデータなどの）小地域レベルでの外国人人口の多寡や密度を割り出すような手法が有効と思われるが，統計データ上の制約と筆者の技量上の問題（地域の人口分布に関する高度な統計分析の知識や技術の不足）により，最適な分類・分析方法の彫琢には至っていない。「対象地域をどう呼称するか」という問題とともに，「対象地域の人口分布・密度と地域特性の分析方法の彫琢」が研究上の大きな課題として残されている。

　ここに挙げた課題は，筆者（徳田）の主要な専門領域が「地域社会学研究」であるために地域特性の分析と把握が必須であることから，回避困難な「壁」となっているのだが，本書第11章において高橋典史が提示した「非集住者」という概念は，これに対する有効なアプローチ法を示唆するものとなっている。高橋は，「特定の地域において外国人の集住が見られるかどうか」という地域特性上の集住の度合いではなく，「特定の個人（外国人住民）に居住やライフスタイル上の"集住"という特徴が見られるか」という点に着目する。それによって，首都圏（本書では外国人人口の多い「第1群」にカテゴライズされる）において生活・就労するも「集住していない」ベトナム系移民に対して，先の「非集住者」という表現を当てている。「集住地域か非集住地域か」という地域特性に基づいた分類では，そこで描出されるのは「（特定の地域や自治体としての）ホスト社会」と「（地域住民としての）外国からの来住者」のありようと両者の関係性であり，その集団・関係上の特性は「地縁コミュニティ」に近い特性を帯びる。モバイル端末やSNSによって結びつけられた「オンライン・コミュニティ」の場合は，特定の地域社会の在住者によるコミュニティに比してより「広域的」あるいは「非空間的」な

表 終-1　日本人・外国人人口の多寡に基づく対象地域の分類

	都市部	地方部
集住地域	三大都市圏の人口集中地域・日系南米人等の集住地域	地方部における飛び地的な集住地域
非集住地域	上記地域の周辺部・郊外等における非集住地域	日本人・外国人人口がともに少ない非集住地域（中山間地域など）

出所：筆者作成。

集合・関係形態をとるため，それらを把握するには「非集住地域」よりも「非集住者」の方が適していると言ってよいだろう。

　このことは，第14章で取り上げられた関西のフィリピン系女性のネットワーク形成にもあてはまる。地域との結びつきで言えば，カトリック教会での行事やレクリエーションがネットワーク形成・強化の契機となっているが，必ずしもその近隣地域に住む人たちだけが集まってくるわけではなく，その集団・関係は広域的・散在的な広がりを有していることから，やはり「非集住者」たちのネットワークやコミュニティ，という形容がマッチしていると言える。地方部を考えるうえで重要なキーワードである「非集住（散住）」の使用にあたって，地域特性と人的特性，場所性と非場所性をそれぞれ「非集住地域」と「非集住者」という語で表現したうえで，両者をどう論理的に連動・整合させるかについて，研究対象の捉え方や概念上の課題としてここに確認しておく。

3-2 「標準装備」

　本書では，外国人受け入れ態勢の整備やそのための活動・政策資源の豊富さに関する「地域差」に着目し，外国人住民の生活環境とホスト社会側の受け入れ条件の両面において「条件不利地」である，地方部での外国人受け入れとそこでの社会的共生について考えてきた。本書の第Ⅰ部では，日本国内の現場における関連セクターごとに見た現状の把握と取り組み事例の紹介を行ってきた。第Ⅰ部の各章において企図された現状把握と分析は，これまでに筆者らの研究グループが積み重ねてきた種類のアウトプットに「上書き」をする性質のものであるのに対し，本書第Ⅱ部においては諸外国の移民政策（外国からの来住者の受け入れと定住・包摂に向けた基本的なしくみ）とその実践例の検討を通じて，日本の現状（とりわけ活動資源と政策資源のありよう）の違いを浮かび上がらせることをそのねらいとしている。

　この作業を通じて痛感させられるのは，第Ⅱ部で取り上げた各国においては当然のごとく整備されているものが（地方部に限らず）日本国内の各地域，各現場ではそのような形では備えられていない，という実態であった。医療通訳について取り扱った第10章において，田村周一が「標準装備」という語を用いてその不備を指摘しているが，そうした事態は日本国内における外国からの来住者の受け入れに関する他のさまざまな課題についてもあてはまる。移民先進国において「標準装備」となっているものの多くが，日本国内の各地では「自助」ベースの（時には個人や団体の活動限界を超えての）現場の努力や頑張りによってようやく整備・調達され，そうした営みに多くを依拠する形で運営・維持されている。逆に言えば，担い手の不在や諸資源の不足によって「標準装備」どころではなく，課題が山積しているような地域が（特に地方部には）少なくない，ということでもある。

　都市部や地方部での取り組みの「グッドプラクティス（好例）」をいくら積み上げて，それらのリストを提示したとしても，それを実行できる知恵と経験，体力に事欠く多くの地域ではそれらの取り組みをキャッチアップすることなど到底かなわない。地方の多国籍化，多文化化対応に貢献できる人材のリクルートと研修機会の確保，行政・地域国際化協会・市民団体／NPO 等の安定的な組織運営が可能な形での人員配置や予算措置などによって資源の不足を底上げしつつ，それぞれの役割を全うする諸団体による連携・協働体制（本書で言う「ローカルガバナンス構造」）をいかにして構築するかが求められてくるが，そのためには何らかの法的なルールによる正当化や義務化のプロセスを経ることが必要となる。

　日本各地における外国人受け入れ等に向けた諸資源の「地域差」の縮小・解消は，諸外国で制定されている「移民基本法」のような法律の存在によって大きく前進する。その一例として，第 2 章と第 4 章で紹介された日本語教室等の「空白自治体」の解消に向けた動きは，全国における日本語習得機会の提供に向けた環境整備に関する法律の制定・施行によって一気に加速している。この日本語教室の「空白地」を無くすという課題は一朝一夕に実現するものではないが，未整備状態が長く続いていた地方部の各地において，日本語教育の提供についての状況は急速に改善が進みつつある。第 II 部で取り上げた各国では，海外からの来住者の受け入れや生活課題の解消に必要な制度やサービス等が「標準装備」されていることを確認したが，その背景には一定の強制力を持ってそれらの正当化や義務付けを成すような法律の存在がある。わが国においても，「日本語教育」に続く諸課題に対する法律と，関連する法律間の整合性を担保する「移民基本法」のような上位法の制定についても「標準装備」とすべきであろう。

　また，これらの立法上の課題とともに，出入国管理政策（法務省・出入国在留管理庁），自治体における多文化共生政策（総務省），外国ルーツの子どもたちの教育に関する政策（文部科学省），外国人労働者に関する政策（厚生労働省）といったように，複数省庁による複雑な分業のもとに（もしくは各省庁が無連携なまま）進められている外国人政策・多文化共生政策の実施体制の効率化・一本化と，それに向けた諸業務の整理も必要になってくるだろう。第 16 章の韓国の例で紹介された，移民政策に関する「関係閣僚会議」の設置，そして将来的には外国人受け入れ政策全体をカバーするような専従の省庁への再編といったことも検討に値する。外国人の受け入れ態勢に見られる「地域差」の解消と必要な諸施策の「標準装備」を実現させていくためには，これらの「政策資源」の底上げが必須である。

　もちろん，国レベルの法制度と施策の整備は急務である。人種差別撤廃条約に基づく人種差別撤廃委員会がこれまで日本政府に対して 4 度にわたって勧告を行ってきた包括的な差別禁止法が制定されると，外国人差別の抑止力になる。外国人の人権を蹂躙する行為を国が行う事態は，必然的に一般の人びとをヘイトク

ライムに誘導するが，特に出入国管理行政の現場で死亡事故が続発している現状を早急に透明化し，処遇の改善を行う必要がある。在留資格を問わず，外国人の人命と人権を守る姿勢を国と地方自治体が率先してアピールし，それぞれの地域における啓発と多文化共生を推進すべきである。

4 「地方部での外国人受け入れ態勢の整備」に向けた いくつかの提案

　本書においてこれまで取り上げてきた，地方部における外国人人口の増加傾向は，それらの地域において今後さらに人口減少が進行し，地域社会の存続が危ぶまれるほどに各地の活力が低下していくことへの懸念と「表裏一体」の関係にある。「外国人受け入れ態勢」の基本的な枠組は国の所掌事項であり，地方部のことだけでなく，これまでに先行して外国人政策が展開されてきた大都市圏や外国人住民の集住地域に見られる諸課題をもカバーする形で諸改革が進められなければならない。地方部において外国人人口が急増し，その地域性にも配慮した受け入れ態勢の構築が重要課題となってきたのはここ十年ほどのことであり，地方部の各地域の取り組み状況と課題点についてさらに情報を収集し，論点整理を進めていかなければならない状況にある。

　そのような形で，日本全体において外国人受け入れの態勢の「底上げ」が必要である一方で，それぞれの地域における受け入れニーズや環境・インフラの整備状況の「違い」に留意しながら，各地で独自の「移民政策」について検討し，立案・実行していくことも重要である。本書で取り上げた「移民先進国」のひとつであるカナダでもそうであるように，「どの国からどのような人材をどのような形で受け入れていくか」について（連邦）政府が一律に決めていくのではなく，州単位あるいは市町村やコミュニティ単位でそのニーズをボトムアップした上でそれに基づいた移民受け入れ計画を策定し，それに政府がさまざまなサポートを付与していく形が「定型」をなしており，その中で「地方部」での人口減少対策の一環として「地方誘導型移民政策」が展開されているのである。こうした動向を鑑みれば，外国人受け入れ政策について「国・政府任せ」にするのではなく，各地域や自治体ごとに「どの国からどのような人材をどのような形で招致し受け入れるか」について議論を詰めて，政策立案とその試行を前もって進めていくことがとりわけ重要となるだろう。

　地方部に位置する多くの地域では高齢住民が多くを占め，労働力の担い手の慢性的な不足に対しては彼ら・彼女らが何とか「現役」として地域の各種産業（農漁業，製造業，商業・サービス業など）を支えてきたが，遠からず「世代交代」と代わりとなる労働力確保の必要性がいっそう高まってくる。また，高齢住民の割合

が増えるに従って，地域における医療や福祉などの基本インフラの充実が求められるが，そうした高齢化社会を支える諸事業の現場スタッフの確保についても厳しさを増している。現在はその多くが技能実習生の充当によって賄われているが，同制度の先行き不透明感の問題とともに，国内外での人材獲得競争の激化も予想される中で，いかに技能実習制度に頼ることなく外国から必要な人材を招致するか，そのための魅力ある地域づくりと受け入れのための政策の充実を図りながら，各地が独自の「移民政策」をどのようにして立案・展開していくかが重要となってくるだろう。具体的な整備課題としては，行政における担当課の設置と専従の担当職員の配置，地域国際化協会（国際交流協会など）の設置，「多文化共生推進プラン」等の制定による施策目標の明確化，多文化共生に関する諸課題の重要性をホスト社会の住民（地域住民や一般市民など）に周知し，それらの活動の担い手（ボランティアや市民団体・NPOスタッフなど）を発掘・育成することなどが挙げられる。各地域で「最低限」に取り組まれるべき，これらの諸課題の推進は今後いっそう「不可避」なものとなってくるだろう。

　このように技能実習制度への過度の依存から脱却しつつ，外国からの来住者の受け入れを進めていくためには，代替案としての「地方誘導型移民政策」について国内外の動向を把握し，自地域の運営戦略におけるオプションのひとつとして位置付けておくことを推奨したい。地方部における少子高齢化や人口減少による活力低下，それを補う存在として「外国人労働者の誘致」を重要視する方向性は，すでに世界各国で見られている。地方部への外国人誘致については，国内都市部での誘致活動との「競合」とともに，世界各国の地方部による「国際移民の誘致」活動との「競合」も激しくなってきていることに留意が必要である。各国の地方部へ移民労働者を誘致する方策としては，農業労働者や医療・福祉事業従事者（ケアワーカー）など，地方において特に人材不足が著しい分野に特化した誘致制度を設ける方式と，広域自治体（州や都道府県）および基礎自治体（市町村）ごとに自地域に必要な人材ニーズに基づいた誘致活動を策定する方式がある。

　また，賃金格差や都市的なライフスタイルの存否などの点で「条件不利地」といえる地方部へと外国から人を誘致しようとするならば，その地域にやって来ることに何らかのインセンティブを付加することも必要となる。カナダやオーストラリアなどの「移民受け入れの先進国」における地方誘導移民政策の事例では，三大都市圏（カナダならモントリオール・トロント・バンクーバー，オーストラリアならばシドニー・メルボルン・ブリスベン）以外の，あるいは特定の州や地域への外国からの来住者に対して，必要とされる語学力要件の緩和，在留年数の延長，就労可能な業種・職種の拡大，特定地域への定住に対する資金援助や各種サポートの提供などが行われている。このような先行事例がモデルとなって「地方誘導型移民政策」に類する政策が今後展開されていくとすれば，おそらく現行の「特区制

度」の移民政策版のような体裁が取られることになると予想される。すなわち，まずは都道府県か「〇〇地方」のような広域自治体レベルでの地域ニーズの提示とそれに対する政府の承認と資源配分が行われ，政策の積み重ねと深化が進むと，市町村や小地域などのより小さな単位での，特色の異なる独自の移民誘致政策へと展開されていくことになるのではないか。

　このような政策展開の予想が的を射ているとするならば，いずれは地域社会の一員であり支え手となる存在として外国からの来住者を迎え入れられるように，各種の支援施策やホスト社会への定着・参加を促すような取り組みを積み重ねて，国内外を問わず外来者が住みたく感じられるような「しくみ」を各自治体や地域が“率先して”整えていくべきである。

　そして，世界各国で移民受け入れのニーズが高まっていく中で，「移住先」としての日本が魅力的に映るかどうかのポイントは，上述のような「入口」における基本条件の整備や優遇策にとどまらず，長期滞在や永住を考えたときに「日本という国が“長く住む”にあたってどのくらい魅力的か」という視点も考慮されるようになっていくだろう。「技能実習」から「特定技能」へ，「留学」から高度人材の在留・移住へと，日本の外国人受け入れ政策の力点も「短期ローテーション型」から「（技能の高低に関わらず）優良・有用な人材の長期的な滞在・雇用」へとシフトしつつある。そうなってくると，単に雇用条件の良し悪しにとどまらず，語学力の初期条件の緩和と来日後の語学力向上のための態勢整備，移住モデルの「個人」単位から「家族」単位への転換（そのためには子どもや孫の世代に対する教育・キャリア形成・雇用促進などの諸施策，親世代の帯同に際しての多文化医療・福祉制度の充実なども考えなければならない），外国人差別やヘイト行為の禁止など外国人住民の基本的人権への配慮とそのための法制度の改革，地方政治さらには国政への参政権の付与（選挙権・被選挙権の保障）といった諸課題への梃子入れも考えなければならないだろう。

　これらの諸課題は，在日コリアン住民への待遇や生活環境の改善に向けた運動などで長年にわたって求められつつもその多くが改善・実現されてこなかったものであり，旧植民地出身者の在留管理とニューカマー外国人の招致という，趣旨の異なる２つの政策課題が十分な議論および政策調整を経ないまま「同居」させられてきた，日本の外国人政策の“宿痾”といっても過言ではない。したがって，海外からの移住者の定住・永住・帰化とそれに伴う問題や支援ニーズについては，第一世代からすでに数世代を数える在日コリアン住民や，第一世代が高齢期を迎えつつある日系南米人やフィリピン系住民の動向から学ぶべきところは多い。とりわけ地方部においては，地方都市や中山間地域に「国際結婚移住」したフィリピン出身女性らや，地方部で縮小傾向にある在日コリアンコミュニティが抱えてきた諸課題とそれらへの取り組みが参考になる。

おわりに

　スイス人の作家であるマックス・フリッシュの有名な言葉に「我々は労働力を呼んだが，やって来たのは人間だった」というものがある。2020年代に入った現時点においてこの言葉の含意を最も強く実感させられている現場が，ここ10年ほどで外国人人口が急増し「隣人」としての外国ルーツの人たちの存在感がにわかに増してきている，日本の地方部なのではないか。彼ら・彼女らの存在は，今後さらに進行する人口減少とそれに伴う活力低下への対応においていっそう重要度を増していくことになるだろう。その時に「日本のこの地域に来て住みたい」，「この職場で長く働きたい」と思ってもらえるような地域や就労現場になっていなければ，「お願いしても来ていただけない」ことになりかねない。本書で取り上げた諸課題は，「彼ら・彼女らの問題」であると同時に「われわれの問題」でもあり，地方部に暮らすすべての人たちにとって「地域社会の持続可能性」を大きく左右するものにすでになってきている。そして，移民受け入れの先進諸国には備わっているが日本においては「標準装備」にはなっていない，移民政策上の諸課題の改善や「底上げ」に際しては，地方部における「多文化共生の地域づくり」に固有の課題点の把握と基本政策への反映が不可欠である。本書の各章やコラムには，それに向けた具体的な取り組みやよりよい「しくみづくり」のためのヒントが多く示されている。
　わが国の「場当たり的な」外国人政策の「産物」のひとつとも言える外国人受け入れに際しての「地域差」の解消を進めながら，日本の「移民政策」のグランドデザインの再構築に向けた提案と実践を促すアウトプットを「地方からの視点」とともに進めていくこと。これこそが，「地方発」を冠した二冊目の論集となる本書を閉じるにあたって，筆者らが取り組むささやかな共同研究が目指すべき，今後の壮大な課題である。

●注
1）最近の報道において，技能実習制度の「廃止」に向けた動きが現実味を帯び始めたことを示唆するニュースが報じられている。外国人の技能実習・特定技能両制度の見直しを検討する政府有識者会議が2023年4月10日に開催され，これまでの議論をまとめた中間報告書のたたき台が示された。そこでは技能実習を廃止し新制度の創設が提案されており，新制度の目的として技能実習には記載のなかった「人材確保」という表現を盛り込み，労働力としての受け入れである点を明記すること，同一業種内での受け入れ先の「転籍」をしやすくすることなどを求めている。4月中に中間報告をまとめ，秋ごろの最終報告を目指すとされ，政府はこの有識者会議の結論をもとに新制度の設計を行う予定とのことである。現行の技能実習制度の廃止もしくは大幅な変更に向けたカウントダウンがすでに始まっている（共同通信社配信のニュースより。　https://news.yahoo.co.jp/articles/957662a41ad1a1f1b8ff777076fa2045e519da36　2023年4月11日閲覧）。

あとがき

　2023年3月，ベトナム・ホーチミンのタンソンニャット空港に降り立つやいなや，東南アジア独特の体にまとわりつくような蒸し暑さと，ほのかな甘い香りを感じて，ようやくベトナムに来ることができた喜びをかみしめました。コロナ禍の出入国規制によって，3年半の間，訪越が叶わなかったのです。久々に訪問してみると，ベトナム社会がこの間に大きく変容を遂げたことを実感したのでした。

　まず，ホーチミンでは，ベトナムの若者を技能実習生として日本に送り出している機関へお邪魔しました。この送り出し機関S社は，1980年代より人材育成と海外への人材派遣を行っており，ベトナムの派遣業界では老舗の大手企業です。私は，2019年3月にS社を訪れており，今回が2回目の訪問となりました。

　このときに私が感じたのは，技能実習生の受け入れをめぐって，すでに淘汰が進みつつあるということです。最初の訪問時と同じく，2回目の訪問の際にも，技能実習生の送り出し事業の現状やコロナ禍の影響を知るため，職員に対する聴き取りを行いました。しかし，2回目の訪問が1回目のそれと異なったのは，対応してくださった職員からある依頼をされたことです。それは，「今後，日本の善良な受け入れ機関や企業とさらに契約したいので，ぜひ紹介してほしい」というものでした。

　コロナ禍前にベトナムを訪問した際は，S社に限らず，他の送り出し機関においても，提携先となる日本の受け入れ機関（監理団体）を「厳選する」といった志向を感じ取ることがほとんどありませんでした。けれども，これからは，技能実習生が就労する企業と適切に連絡を取り合い，技能実習生の就労や生活をしっかりとサポートする受け入れ機関でなければ，契約関係を結ぶにはおよばない，というのです。

　こうした志向の変化の背景には，2022年1月1日にベトナムの「派遣契約によるベトナム人労働者海外派遣法」が改正され，ベトナムの送り出し機関がより多くの日本の受け入れ機関と協定を締結できるようになったことがあげられます。しかし，それ以上に，近年，ベトナム国内で送り出し機関が急増したことが影響しているのではないかと考えています。つまり，送り出し機関が，「善良な受け入れ機関」を通じて，「善良な企業・事業所」へ技能実習生を派遣できないようであれば，そうした機関はベトナムの若者から選ばれず，結果として生き残ることができないのでしょう。情報化社会の今日，ベトナムでも悪い評判はすぐに広まってしまいます。こうしたベトナム国内での競争激化の結果として，送り出し

機関の淘汰が起こるのと同時に，日本側の受け入れ機関や企業も「善良か否か」によって振るい分けられてしまうのだろうと考えます。

それから，2023年3月のベトナム訪問の際に，私がもっとも驚いたのは，ベトナムへの往復路の飛行機内で技能実習生らしき乗客の姿がほとんどなく，代わりに観光を目的に来日する／したと思われるベトナム人旅行者が大勢搭乗していたことでした。かつては，空港でも機内でも，お揃いのユニフォームを身に着けた技能実習生のグループを必ずいくつも見かけました。しかし，2022年3月より，ドル高円安の傾向が続いていることが影響しているのでしょうか，彼・彼女らと出会う機会が激減したのです。一方，（一部の）ベトナム人富裕層にとって，日本は買い物や観光を楽しむ国となっていることを肌で感じました。

このように，日本の国外から技能実習生の活用をめぐる動向を眺めてみると，「こちら側（日本側）が望めば，いつでも望みどおりに技能実習生を呼び入れることができる」と安易に考えるのは，大きな誤解であろうという思いを，改めて強くせざるをえません。なぜなら，技能実習生の出身国の多くは（日本とは異なって）めざましい経済発展の最中にあり，これまで海外就労を希望していた人びとにとっても，「自国での就労」という選択肢がいずれ大きなウエイトを占めるようになるでしょうし，たとえ海外渡航を望む場合でも，渡航先の選択肢は大きく広がりつつあるからです。

ずいぶん，前置きが長くなってしまいました。本書の第Ⅰ部を構成する各章では，日本における地方部の外国人受け入れに焦点を当て，都市部よりも活動資源が圧倒的に乏しいなか，行政，地域国際化協会，企業・事業所，市民活動団体，宗教団体などがどのような壁に直面しつつ，それをいかにして乗り越えようとしているのかを記述しています。また，終章では，第Ⅱ部で取り上げた海外の事例と照らし合わせたうえで，今後，関連セクターがヨコのつながりを構築しつつ，魅力ある地域づくりと外国人受け入れ体制の整備を図るとともに，日本政府による実効性に富んだ「移民政策」の立案と遂行が急務であると論じています。

こうした焦眉の課題に取り組むうえで，欠くことができないのは，先ほど述べたような，自分たちの地域社会や事業所，さらに日本そのものが，今後「選ばれないかもしれない」という強い危機感の共有ではないかと考えます。日本社会や各事業所が外国人を「選んでいる」つもりでも，実は「選ばれている」側でもあることを忘れるべきではないでしょう。本書で取り上げた地方部における先行的な取り組みは，すでにそうした危機感が背中を押しているのかもしれません。

世界一の超高齢社会であり，人口減少と深刻な労働力不足を経験している日本が，今後も社会を維持していくために，技能実習生に限らず，他の在留資格の労働者や留学生などを迎え入れていくことは，不可避の情勢でしょう。そうであれ

ば，地方部か否か，また企業や行政の職員などとして，外国人の受け入れに直接
関わる立場であるか否かを問わず，「選ばれないかもしれない」という危機感の
もと，当該社会を構成する人びとがこれからの社会をともに担ってくれる外国人
の受け入れのあり方を，「自分事」として真摯に検討すべき時期に来ています。
私たちは，海外の人びとから「選ばれる」ために，いや「選ばれ続ける」ために
何ができるか。何をなすべきか。

　そうした気運醸成に向けて，もし本書が少しでも貢献できるならば，編者のひ
とりとしてこれに勝る喜びはありません。また，本書を手に取ってくださったみ
なさまより，忌憚ないご意見・ご感想をお寄せいただければ大変ありがたく思い
ます。

　本書の土台となった私たちの共同研究は，日本学術振興会の科学研究費補助金
（基盤研究C）「人口減少時代の地方都市・中山間地域の多文化化と地域振興に関
する社会学的研究」（16K04130），および同補助金（基盤研究B）「日本の地方部に
おける多文化化対応とローカルガバナンスに関する地域比較研究」（19H01579）の
おかげで，実施することができました。誠にありがとうございました。

　また，私たちが調査のために赴いた各地の現場で，多くの方々から温かく迎え
ていただき，諸々の取り組みの現状や課題などを詳しくご教示いただきました。
ここに記して，謝意を表します。

　そして，共同研究の成果を書籍化し，世に問うてみたいという私たちの申し出
を快諾してくださった晃洋書房編集部の阪口幸祐さん（当時）と，彼の後継者と
して私たちを支えてくださった徳重伸さんには，心からの感謝とともに，お詫び
を申し上げなければなりません。刊行が決まったものの，とりわけ私の怠惰のせ
いで各章の原稿が出揃うまでに長時間を要してしまい，少なからずご迷惑をおか
けいたしました。要所要所で示されるお二人からの提案や示唆に富むアドバイス，
また何よりも，根気強く入稿を待ってくださる姿勢がなければ，本書が生まれる
ことはありませんでした。重ねて，感謝申し上げます。

　　2023年7月30日

　　　　　　　　　　　　　　　　　　編者を代表して　二階堂 裕子

《執筆者紹介》（執筆順，＊は編著者）

＊徳田　剛　　奥付参照 ……………… 序章，第1章，解説1～5，第12章，第15章，第20章訳，終章

新矢麻紀子　大阪産業大学国際学部教授 ………………………………………………… 第2章

明木一悦　　特定非営利活動法人安芸高田市国際交流協会代表理事 ………………… 第3章

近藤徳明　　公益財団法人京都府国際センター事業課長 …………………………………… 第4章

大久保雅由　城陽市国際交流協会事務局長 ……………………………………………… 第5章

＊二階堂裕子　奥付参照 ………………………………………………………… 第6章，あとがき

大久保元正　聖カタリナ大学人間健康福祉学部教授 …………………………………… 第7章

梅村麦生　　神戸大学文学部講師 …………………………………………… 第7章，第18章

大黒屋貴稔　聖カタリナ大学人間健康福祉学部教授 …………………………………… 第8章

村岡則子　　聖カタリナ大学人間健康福祉学部教授 …………………………………… 第8章

大城慎也　　アトム総業株式会社国際事業部専務取締役 ……………………………… コラム

＊魁生由美子　奥付参照 …………………………………………… 解説4・6，第13章

中島眞一郎　コムスタカ―外国人と共に生きる会代表 ………………………………… 第9章

田村周一　　聖カタリナ大学人間健康福祉学部教授 ……………………………… 第10章

高橋典史　　東洋大学社会学部教授 ……………………………………………………… 第11章

岡井宏文　　京都産業大学現代社会学部准教授 …………………………………… 第12章

高畑幸　　　静岡県立大学国際関係学部教授 …………………………………… 解説6，第14章

加藤真　　　三菱UFJリサーチ＆コンサルティング株式会社経済政策部主任研究員 …………… 第16章

藤岡達磨　　神戸女学院大学文学部総合文化学科専任講師 ………………………………… 第17章

古地順一郎　北海道教育大学教育学部函館校国際地域学科准教授 ……………… 第19章，第20章訳

Ray Silvius　Dept. of Political Science, the University of Winnipeg, Associate Professor ……… 第20章

Don Boddy　Manitoba Association of Newcomer Serving Organizations, Small Centre Support Manager
　　　　　　………………………………………………………………………………… 第20章

《編著者紹介》

徳田　剛（とくだ　つよし）
　　大谷大学社会学部准教授
主要業績
『外国人住民の「非集住地域」の地域特性と生活課題』（共著，創風社出版，2016 年）
『地方発　外国人住民との地域づくり』（共編著，晃洋書房，2019 年）
『よそ者／ストレンジャーの社会学』（晃洋書房，2020 年）

二階堂　裕子（にかいどう　ゆうこ）
　　ノートルダム清心女子大学文学部教授
主要業績
『民族関係と地域福祉の都市社会学』（世界思想社，2007 年）
「過疎地域における外国人技能実習生と受け入れ企業の相互依存関係──コロナ禍における国際移動
　　の制限がもたらしたものとは何か」（『地域社会学年報』35，2023 年）

魁生　由美子（かいしょう　ゆみこ）
　　愛媛大学教育学部教授
主要業績
「在日外国人の地域支援──在日コリアン集住地域におけるコミュニティケアから」（『現代の社会病
　　理』35，2020 年）
『インターネット時代のヘイトスピーチ問題の法的・社会学的捕捉』（共編著，日本評論社，2023 年）

地方発　多文化共生のしくみづくり

2023 年 10 月 20 日　初版第 1 刷発行　　＊定価はカバーに
　　　　　　　　　　　　　　　　　　　　表示してあります

　　　　　　　　　　　　　　徳　田　　　剛
　　　　　　　編著者　　　二 階 堂 裕 子ⓒ
　　　　　　　　　　　　　　魁 生 由 美 子
　　　　　　　発行者　　　萩　原　淳　平
　　　　　　　印刷者　　　田　中　雅　博

発行所　株式会社　晃　洋　書　房
〒615-0026　京都市右京区西院北矢掛町 7 番地
　　　　　　　電　話　075（312）0788番代
　　　　　　　振 替 口 座　01040-6-32280

装丁　野田和浩　　　　　印刷・製本　創栄図書印刷㈱
ISBN978-4-7710-3777-9